Permakultur Design

von Aranya

Schritt für Schritt

OLV
Fachverlag für
Garten und Ökologie

Bibliografische Information der Deutschen Bibliothek
Die Deutsche Bibliothek verzeichnet diese Publikation in der Deutschen Nationalbibliographie; detaillierte bibliografische Angaben sind im Internet unter http://dnb.d-nb.de abrufbar.

Übersetzt von Vera Hemme, Petra Krubeck und Alexandra Korte in Kooperation mit dem „Permakultur Institut e.V."
Permakultur Institut e.V.
http://www.permakultur-institut.de

Permakultur Institut e.V.

Original edition published in English in the United Kingdom, under the title: Permaculture Design – Step By Step Copyright® Permanent Publications, The Sustainability Centre, East Neon, Hampshire GU32 1 HR, United Kingdom www.permaculture.co.uk

Redaktion: Kurt Walter Lau
Korrektur: Dorothe von der Höh
Satz: Danka Wijnhoven, OLV Verlag
Druck und Bindung: Interpress, Ungarn
ISBN 978-3-922201-97-7

Gerne senden wir Ihnen unser Verlagsverzeichnis:
OLV Organischer Landbau Verlag Kurt Walter Lau
Im Kuckucksfeld 1
D-47624 Kevelaer
Tel. (02832) 9727820
Fax: (02832) 9727869

Besuchen Sie uns im Internet auf www.olv-verlag.eu
Dort finden Sie aktuelle Informationen zu unseren Neuerscheinungen und können unseren kostenlosen Newsletter abonnieren.

Nach reiflicher Überlegung haben wir uns zugunsten der inhaltlich flüssigeren Lesbarkeit entschieden, im Text nur die männliche Form zu verwenden. Selbstverständlich sind alle Geschlechter angesprochen.

Klimaneutral
Druckprodukt
ClimatePartner.com/12667-2011-1003

FSC
www.fsc.org
MIX
Papier aus verantwortungsvollen Quellen
FSC® C114504

Inhaltsverzeichnis

Teil Eins - Vorbereitungen

Teil Zwei - Der Gestaltungsprozess

Teil Drei - Mehr als Landschaftsgestaltung

Danksagungen

Es scheint mir am einfachsten, meinen tiefsten Dank in chronologischer Reihenfolge auszusprechen, ich beginne also mit meinen Eltern, Rod und Val, die immer für mich da waren, auch wenn sie manchmal gedacht haben mussten, dass ich nicht mehr alle beisammen habe. Ich liebe euch beide sehr. Als nächstes Bill Mollison und David Holmgren, ich danke euch dafür, dass ihr die besten Visionen der Menschheit zusammengeführt und es Permakultur genannt habt. Wie diese beiden widme auch ich mein Buch Gaia und allen, die auf ihr reisen…

Von den frühen Pionieren war Tanya die erste, die mich vor all den Jahren in das „P"-Wort eingeführt hat. Steve Charter hat dafür gesorgt, dass ich nicht mehr aus der Sache rauskam, indem er Stephen Nutt einlud, in unserem gemeinsamen Haus einen Designkurs zu unterrichten (ich bin sehr froh, dass du den Kurs nur für uns zwei gegeben hast). Tony Wright hat dem bei mir entstehenden großen Bild einen ganz neuen Blickwinkel hinzugefügt. Ich danke euch allen. Meine Erfahrungsreise begann dann in Irland im Projekt Tiaia, wo ich die Segnungen des Barfußlaufens kennenlernte und viele andere Dinge. Giri und Sagara, ihr habt mich stark herausgefordert, aber mir in dem einen Jahr auch so viel gezeigt. Dort habe ich durch Umsetzung gelernt, was ich in Büchern von Robert Hart, Patrick Whitefield, Ken Fern, Masanobu Fukuoka und Robert Kourik gelesen hatte.

Nach meiner Rückkehr nach England gestaltete ich Gärten und verband mich mit dem Netzwerk. In diesen frühen Jahren habe ich viel von Kollegen und Mentoren gelernt – Julia, Sandra, Jane, Simon, George, Pat, Sue, Ann and Phil – ihr habt alle eine wichtige Rolle gespielt. Andy, Chris und Looby, danke dass ihr so vorausschauend wart, Designed Visions aufzubauen, und danke für all das, was ihr mich währenddessen gelehrt habt. Ein Riesendank an Andy Goldring für alles, was er bei der Permaculture Association getan hat. Hannah, Peter, Klaudia, Mel B. und alle anderen, mit denen ich unterrichtet habe, ich liebe diesen gemeinsamen Weg. Mel C., danke, dass du mir den Rücken zum Schreiben freigehalten hast.

Was das Buch selbst betrifft, danke ich Tim und Maddy sehr dafür, dass sie sich für mich eingesetzt und mein erstes Buch veröffentlicht haben. Gary und Katy, Dank an euch für das wertvolle Feedback zum Manuskript.
Schlussendlich, Jules. Ohne dein Korrekturlesen und Erledigen von weltlichen Aufgaben, um mir Zeit zum Schreiben zu verschaffen, wäre ich sicher nicht so weit gekommen. Das größte Geschenk jedoch ist dein Glaube an mich und deine Liebe. Vielen Dank dafür, dass du in meinem Leben bist und wir soviel Spaß haben. Möge es eine lange Reise sein.

Vorwort
von Patrick Whitefield

Manche Leute lagern ihre Werkzeuge auf einem wirren Haufen, angestoßen, stumpf und ungepflegt. Andere legen sie in perfekter Ordnung in einen sauberen Werkzeugkasten, jedes an seinen Platz, geölt, geschärft und bereit zum Einsatz. Aranya gehört zu den Letzteren, und dieses Buch ist sein Werkzeugkasten. Öffne seine Seiten und du findest genau das Werkzeug, das du brauchst, von Triangulation bis zum Wegesystem. Es ist alles hier.

Aber die Werkzeug-Metapher sollte nicht zu weit getrieben werden: Permakultur-Gestaltung ist keine zufällige Sammlung von guten Ideen, sie ist ein Prozess. Er beginnt mit der wahrnehmenden Phase von Beobachten und Zuhören, geht durch die kreative Phase, in der Entwurfsentscheidungen getroffen werden, und führt dann zur Umsetzung vor Ort und zur Reflektion darüber, ob eine kleine Optimierung hier oder da vielleicht angemessen wäre. Während er die einzelnen Gestaltungswerkzeuge beschreibt, führt Aranya mit messerscharfer Klarheit durch diesen Prozess.

Für die meisten Menschen ist der Besuch eines Permakultur-Designkurses ein wichtiges Lebensereignis. Er öffnet die Tür zu einer neuen Sichtweise auf die Welt, auf eine neue Art in der Welt zu sein. Er berührt dich auf so vielen Ebenen, dass trotz sorgfältiger Notizen so manche Information an dir vorbeigeht. Das ist der Grund, warum ich das „Earth Care Manual – Permakultur-Handbuch für die gemäßigten Klimazonen“ geschrieben habe, und warum Aranya das Buch schrieb, das du in den Händen hältst.

Patrick Whitefield († 2015)
Permakultur-Gestalter, Lehrer und Autor
Glastonbury 2012

Vorbemerkung

Dies ist nicht einfach nur ein neues Buch über Permakultur. Es gibt schon viele exzellente Texte[1] zu diesem Thema, die die vielen Permakultur-Gestaltungsprinzipien-, Strategien und -Techniken erklären, welche dazu beitragen können, die Welt zu einem besseren Ort für uns alle zu machen. Dieses Buch ist ein bisschen anders. Es wurde geschrieben, um denjenigen mit einem Grundverständnis von Permakultur dabei zu helfen, mehr Klarheit über den allgemeinen Gestaltungsprozess zu gewinnen.

In meiner Rolle als Lehrer treffe ich viele Lernende, die einen Einführungskurs gemacht oder ein, zwei Bücher gelesen haben, und dadurch ein Grundverständnis der Schlüsselkonzepte von Permakultur-Gestaltung gewonnen haben, denen es aber noch nicht klar ist, wie man das alles zusammenbringt. Da bei einem guten Gestaltungsentwurf das integrative Verbinden zu einem Ganzen das Wichtigste ist, soll dieses Buch den Sinn dahinter verständlicher machen und ein nützliches Muster anbieten, das für die eigene Gestaltungsarbeit angewendet werden kann.

Es begann zunächst mit einer Sammlung von Arbeitsblättern für die Teilnehmenden meiner wochenendbasierten Permakultur-Designkurse. Mir war aufgefallen, dass sie durch die langen Zeitabstände von mehreren Wochen zwischen den Kursteilen oft wichtige Details vergaßen. Ich wollte ihnen einen klaren Leitfaden zur Verfügung stellen, an dem sie sich während ihrer Gestaltungsarbeit zuhause orientieren konnten.

Nachdem ich die neuen Arbeitsblätter eingeführt hatte, verbesserte sich die Gestaltungsarbeit der Teilnehmende deutlich, und ich begann versuchsweise, sie auch den Arbeitsgruppen meiner durchgehenden Designkurse auszuhändigen. Die Rückmeldung war wieder sehr positiv. Dann haben einige Teilnehmenden vorgeschlagen, dass ich sie als Buch veröffentliche.

Hier ist es also. Ich hoffe, dass dieses Buch dabei hilft, den Gestaltungsprozess für dich zu klären, und dir das Vertrauen gibt, hinauszugehen und die Erfahrungen zu sammeln, die dich letztendlich zu dem versierten Permakultur-Gestalter machen, der du sein willst.

Genieße die Reise!

[1] Siehe Literaturempfehlungen im Anhang.

Die beste Nutzung dieses Buches

Zuallererst soll dieses Buch dazu da sein, mit dir Zeit draußen zu verbringen, als Begleiter auf deinen Permakultur-Gestaltungsprojekten. Daher habe ich es klein genug gemacht, um in einen Beutel oder eine große Hosentasche zu passen. Im Sinne der permakulturellen Multifunktionalität habe ich es so geschrieben, dass es entweder kapitelweise gelesen werden kann, oder man zwischendurch hineintaucht als Inspiration für neue Ideen. Dennoch empfehle ich, dass du es zumindest einmal ganz durchliest, um einen vollständigen Überblick über die Arbeit des Permakultur-Gestalters zu bekommen, und dann damit arbeitest, um alles, was du schon über Permakultur gelernt hast, mit dem Gestaltungsprozess abzugleichen. Ich habe viele Details für erfahrene Gestalter eingebaut, aber auch wenn für dich das Ganze noch recht neu ist, fühle dich nicht verpflichtet alles genau zu befolgen, sondern folge einfach deinem Interesse. Es wird Zeit genug geben, um die Feinheiten zu lernen.

Als ich mit dem Schreiben dieses Leitfadens begann, wollte ich mich eigentlich ausschließlich auf den Gestaltungsprozess konzentrieren, und dachte, die Leser könnten sich die Details zu bestimmten Techniken aus anderen Permakulturbüchern holen. Letztendlich habe ich aber doch einen Teil am Anfang eingefügt, der in die Welt der Systeme und Muster einführt, weil ich das Gefühl habe, dass ein grundlegendes Verständnis darüber, wie die Welt um uns herum funktioniert, wesentlich ist, um etwas darin zu gestalten, und dass diese Dinge nur selten an anderer Stelle gelehrt werden.

Das Buch hat drei Hauptteile, von denen jeder in Abschnitte unterteilt ist. Jeder Abschnitt hat sein eigenes Symbol bekommen, das oben auf den Seitenrand gedruckt ist, damit du es leicht finden kannst. Alle Abschnitte enden mit einer Zusammenfassung der wichtigsten Punkte, und meist auch mit einem Flussdiagramm für diejenigen, die so etwas bevorzugen. Im Text habe ich Prinzipien und Richtlinien sowie Gestaltungswerkzeuge und –techniken farbig so hervorgehoben, wenn sie zum ersten Mal erwähnt werden. Im Anhang finden sich ein Glossar der weniger üblichen Begriffe und eine Sammlung weiterer Ressourcen und Informationsquellen, einige davon habe ich zum Herunterladen online zur Verfügung gestellt, diese sind im Text mit ¤ markiert. Ich hoffe, dass sie deine Lernreise unterstützen und dir helfen, ein besserer Designer zu werden.

Also denk daran – obwohl es natürlich auch sehr gut auf einem Bücherregal aussehen würde, möchte dieses Buch ein bisschen leben und an den Ecken zerknittert werden. Bitte mache es zu deinem Freund. ☺

Einleitung

Was hat dich an Permakultur angezogen? Wenn es dir so geht wie den meisten Menschen, die ich auf Kursen getroffen habe, hattest du das Gefühl etwas entdeckt zu haben, das dir helfen kann, etwas in der Welt zum Positiven zu verändern.

Vielleicht hast du ein inspirierendes Projekt besucht und jemand hat Permakultur erwähnt, oder jemand hat dir ein Buch gegeben und du fandest es spannend, etwas darüber zu lesen, wie man sowohl Nahrung als auch Gemeinschaft besser wachsen lassen kann?

Permakultur zieht viele Menschen aus unterschiedlichen Altersgruppen und Lebensbereichen an. Allen gemeinsam ist meiner Beobachtung nach der dringende Wunsch, etwas gegen die Probleme, die wir in der Welt verursachen, zu tun. Ich selbst fühle auch diese Dringlichkeit, habe aber ironischerweise durch die Permakultur entdeckt, dass der Igel wirklich schneller sein kann als der Hase. Oder zumindest weniger hart arbeitet, um anzukommen.

Das habe ich allerdings auf die harte Tour gelernt, zum Beispiel durch meine Ungeduld bei der Gartengestaltung. Einmal habe ich ein paar Holzpaletten um einen Bauwagen gelegt, wo eine Terrasse geplant war, damit ich wusste, wo ich mit meinen Mulchbeeten anfangen konnte. Erst später begann ich über die verschiedenen Nutzungsmöglichkeiten solch einer Terrasse nachzudenken, und stellte fest, dass eine Breite von zwei Paletten viel schlauer gewesen wäre. Ich habe dann viel Zeit damit verbracht, Pflanzen aus dem Schattenbereich unter dieser Konstruktion zu retten, während ich sie baute.

Ironischerweise ist also das Wichtigste, das ich heutzutage tue, Leute zu bremsen: sicherzustellen, dass sie sich die Zeit nehmen, die Landschaft, mit der sie interagieren, wirklich wahrzunehmen. Dass sie alle Optionen, die sich ihnen bieten, wirklich in Betracht ziehen, und nicht nur diejenigen, die ihnen als erstes einfallen (weil sie sie vielleicht am Vorabend im Fernsehen gesehen haben). Dass sie darüber nachdenken, wie ihre eigenen Bedürfnisse und die der Landschaft um sie herum sich langfristig verändern könnten (und das werden sie).

Wir müssen handeln, aber lasst uns darauf achten, dass wir unsere Aktionen gut planen, damit wir sie später nicht bereuen. Die gute Nachricht ist: mit Permakultur in deinem Werkzeugkasten hast du schon fast alles, was du für eine gute Arbeit brauchst. Lass uns den Deckel öffnen und hineinschauen…

Du bist bereits Gestalter

Jedes Mal, wenn du eine Mahlzeit zubereitest oder deine Möbel umstellst, gestaltest du. Das mag dir nicht bewusst sein, weil du in deinem Kopf analysierst und auf frühere Erfahrungen zurückgreifst, aber dennoch gestaltest du. Du bist bereits Gestalter! Was der permakulturelle Gestaltungsprozess und auch dieses Buch bezwecken, ist dir einen Rahmen und eine gute Sammlung von Denkwerkzeugen zu geben, um deinen Prozess sowohl klarer als auch dauerhaft erfolgreich zu machen.

Wenn du kochst oder Möbel umstellst, ist das ein relativ schneller Prozess mit sofortigem Ergebnis. Bei beidem werden Ideen in der realen Welt ausprobiert: wenn das Essen nicht so gut schmeckt, wird es bald die nächste Gelegenheit geben, es besser zu machen. Wenn die Möbel nicht so gut zusammen aussehen, kannst du sie leicht wieder umstellen. Es ist nicht schlimm, wenn diese Aktionen nicht ganz nach Plan verlaufen, weil relativ wenig Energie in diesen Prozess investiert wird.

Wenn du jedoch mit der Gestaltung eines Gartens, eines Gebäudes, oder einer neuen Existenzgrundlage beginnst, steht viel mehr auf dem Spiel. Sobald das Haus gebaut, der Garten eingerichtet oder deine Kündigung bei der Arbeit eingereicht ist, sind Fehler viel schwerer zu korrigieren. Bill Mollison nennt dies „Typ 1"-Fehler – wir bereuen sie jeden Tag, weil sie alles weitere richtige Handeln so erschweren.

Unsere Lebenserfahrung mag ein verlässlicher Ratgeber sein, wenn es um die Interaktionen mit kleinen alltäglichen Dingen geht (es ist ungefährlich, dieses zu essen oder jenes zu tun), aber wenn wir beginnen, mit der Welt in einem größeren Zusammenhang zu interagieren, bekommen wir häufig unerwartete Ergebnisse. Diese größeren Systeme verhalten sich nicht immer so, wie wir es von ihnen erwarten. Es ist also hilfreich, einige Gestaltungswerkzeuge an der Hand zu haben, um Dinge vorherzusehen, die schiefgehen könnten, und „Sicherheitsnetze" einzuplanen.

Permakultur bietet uns einen sich ständig weiterentwickelnden Werkzeugkasten[2] zur erfolgreichen Gestaltung von komplexen Systemen. Der in diesem Buch beschriebene Prozess ist nicht „der einzige Weg", sondern eine mögliche Strategie, die für dich hoffentlich nützlich ist als Ausgangspunkt für deine eigene.

[2] Jeder der mit Permakultur arbeitet, trägt zu dessen Umfang bei und entwickelt ihn weiter.

Teil Eins - Vorbereitungen

Kunst des Beobachtens

Wirksame Gestaltung

Die Kunst des Beobachtens

In der Natur finden wir die besten Beispiele für komplexe Systeme, die nicht nur ergiebig, sondern auch belastbar und selbstausgleichend sind. Wir sind tatsächlich ständig umgeben von exzellenten Praxisbeispielen – einschließlich unseres eigenen Körpers. Angesichts des Ungleichgewichtes, das wir heutzutage in natürlichen Systemen erzeugen, wird allerdings deutlich, dass unser gegenwärtiges Handeln meist nicht so gut durchdacht ist. Wir wissen, dass wir es besser können, und die Rückmeldung, die wir aus diesen Systemen bekommen, ist Teil unserer Lernerfahrung.

Die Schnelligkeit des modernen Lebens bedeutet, dass wir zwar hinschauen, aber nicht immer wirklich sehen. Durch den Informationsüberfluss, dem wir ausgesetzt sind, wird unsere Aufmerksamkeitsspanne kürzer, und doch sind die Dinge, die wir am wenigsten bemerken diejenigen, die uns täglich am Leben halten. Um dies zu verändern müssen wir lernen, wieder richtig hinzusehen – darum ermutigt uns die Permakultur, bessere Beobachter zu werden. In ihrem Buch „The Earth Path“ beschreibt Starhawk neun verschiedene Wege dorthin, und auch die Wildnispädagogik hält viele solcher Einsichten bereit.

Für das Überleben unserer Vorfahren waren Beobachtungsfähigkeiten oft entscheidend, und trotz unseres scheinbar bequemen modernen Lebens gilt das auch heute noch für uns.

Die Gefahren mögen nicht mehr so offensichtlich sein, können aber genauso tödlich wirken, wenn wir sie ignorieren.

Zum Glück haben viele von uns schon eine Beobachterrolle für die Menschheit eingenommen und weisen auf die potenziellen Gefahren hin, die vom Klimawandel und Peak Oil[3] ausgehen. Als wache Beobachter dessen, was bisher schiefgelaufen ist, sind wir auch Teil des Lösungsweges. Wir müssen nur aus unseren Fehlern lernen und erkennen, wo wir in Zukunft bessere Entscheidungen treffen können. Gute Beobachtungsgabe ist also eine wichtige Fähigkeit für uns, um alle wichtigen Informationen für die Ausarbeitung dieser sinnvolleren Gestaltungskonzepte zu sammeln, und sie hilft uns auch, die Wirksamkeit unserer anschließenden Handlungen zu überprüfen.

[3] Der Punkt, an dem die globale maximale Ölfördermenge erreicht ist und Knappheit zum Problem wird. Viele Ölexperten warnen, dass wir diesen Punkt schon erreicht haben.

Muster

Eine unserer ersten Erkenntnisse bei der Beobachtung natürlicher Ökosysteme ist, dass bestimmte Muster auftauchen, in verschiedenen Situationen und verschiedenen Größenordnungen. Diese Muster erscheinen sowohl in der Zeit als auch im Raum, und während erstere unsere Routinen bestimmen, werden letztere oft nur aufgrund ihrer Schönheit beachtet. Die verbreitetsten Muster in der Natur haben sich über viele Jahrtausende[4] entwickelt und als die effektivsten für das Überleben erwiesen.

Während sich die Bedingungen auf der Erdoberfläche über die Zeit[5] beträchtlich veränderten, haben sich die Lebensformen immer angepasst, um zu überleben und zu gedeihen. Unsere Herausforderung als Gestalter ist es also herauszufinden, was genau diese Überlebensmuster auszeichnet und sie in angemessener Form in unseren Designs anzuwenden.

Muster im Raum

Die Untersuchung von Mustern und deren erfolgreiche Anwendung in der Gestaltung ist ein faszinierendes und facettenreiches Thema, das natürlich weit über den Rahmen dieses Buches hinausgeht. Nichtsdestotrotz gibt es einige Schlüsselprinzipien, die uns helfen können, Muster effektiv in unseren Designs anzuwenden.

Erstens treten Muster an den Randzonen zwischen zwei verschiedenen Medien oder Systemen auf. Die sich verzweigende fraktale Form eines Brokkolikopfes ist also einfach die Randzone

[4] Die Natur hat 3.500.000.000 Jahre Forschung und Entwicklung betrieben!

[5] Der Sauerstoffpegel in der Atmosphäre war früher viel niedriger und die Sonnentemperatur beträchtlich kühler, wodurch höhere Mengen von Treibhausgasen vorkamen.

zwischen der Pflanze und der Atmosphäre, oder die Wellen des Meeres sind die Stellen, an der die Luft sich mit dem Wasser mischt. Entlang dieser Randzonen werden Ressourcen ausgetauscht, Bedürfnisse befriedigt und Abfallprodukte beseitigt – durch die Vergrößerung von Oberfläche erhöht die Natur also den Nutzeffekt dieser Interaktion und letztendlich die Größe und den gesunden Zustand des Organismus. Daher können wir feststellen, dass viele der üblichen Muster, die wir um uns herum in der Natur sehen können (Zweige, Wellen, Spiralen, Netze etc.) alle eine ausgedehnte Randzone haben. Natürlich ist die ultimative Randzone auf diesem schönen Planeten die zwischen der Erdoberfläche und der Atmosphäre, wo nahezu alles Leben existiert, weil hier all die Schlüsselbedingungen für Leben gemeinsam auftreten.

Denk mal darüber nach, was Boden eigentlich ist – Mineralien aus der Erde, gemischt mit Gasen aus der Atmosphäre und Wasser aus beiden Bereichen. Deswegen braucht gesunder Boden eine gute Struktur, mit anderen Worten viel Randzone, um Leben zu unterstützen! Die Lebensformen wiederum beschleunigen das Zusammenspiel zwischen Erde und Atmosphäre: dies gilt für Pflanzen und Bäume besonders, da sie die Austauschfläche zwischen den verschiedenen Bereichen erheblich vergrößern durch ihre verzweigten Kronen- und Wurzelsysteme. Diese Vermittler halten so die Energie und Ressourcen wie Sonnenlicht, Mineralien, Wasser und Gase innerhalb dieser Randzone im Umlauf; dabei ernten sie genug für ihr Wachstum und machen sich selbst noch effektiver darin, diese Leistung zu erbringen, während sie als Nebenprodukt Boden aufbauen, der wiederum mehr Leben nährt.

Natürlich gibt es auch Zeiten, in denen es von Vorteil ist, die Randzonen zu minimieren, um Austausch zu vermindern. Wir sehen dies am Beispiel der Kellerassel, die sich zum Schutz in eine Halbkugel zusammenrollt, oder der Katze, die durch das Zusammenrollen ihre Körperwärme erhalten will. Kugelformen haben also nicht nur die kleinste Randzone, sondern auch die stabilste Form, und doch sucht die Natur immer nach Wegen, diese Randzone zu vergrößern und gleichzeitig eine dynamische Stabilität zu erhalten.

Eine Zelle streckt sich, um ihre Oberfläche zu vergrößern, doch sobald sie einen gewissen Punkt der Instabilität erreicht hat, wird sie sich in zwei stabile Formen teilen, die nun insgesamt eine größere Oberfläche besitzen. Dieser Prozess ereignet sich immer wieder in einer pulsierenden Form. Unser eigener Körper wird nur dadurch davon abgehalten, wieder zu einem stabilen kugelförmigen Klumpen zu werden, weil wir in ein Skelett investiert haben, das uns aufrecht hält. Viele andere Lebensformen entwickeln ähnliche Strukturen, um ihre Oberfläche zu vergrößern.

Auch die Oberfläche der Erde wird, obwohl sie nahezu kugelförmig ist, andauernd gestört durch tektonische Aktivität, die Gebirgszüge hinaufdrückt, und durch Wind, der Wellen auf den Meeren aufbaut. Die großen Gebirgszüge werden allmählich durch Naturkräfte in immer kleinere Stücke abgetragen, wobei jeder Bruch die Randzone vergrößert, in der sich Leben ansiedeln kann. Obwohl wir also oft Angst vor dem Verfall haben, bieten diese Abbauprozesse tatsächlich mehr Gelegenheiten für neues Leben.

Uns wurde beigebracht, Entropie[6] zu fürchten, doch ohne diesen Prozess gäbe es keine Rohmaterialien, aus denen heraus sich das Leben neu erschaffen könnte.

---

[6] Entropie ist ein Begriff aus der Thermodynamik, der besagt, das in einem gut geordneten System durch innere Prozesse die Ordnung nur abnehmen kann. Das führt dazu, dass umgangssprachlich Entropie oft mit „Unordnung" gleichgesetzt wird. Damit wird Entropie oft als eine unaufhaltbare zerstörerische Kraft betrachtet, gegen die um jeden Preis angekämpft werden muss. Wir haben Angst, dass unsere Nahrung verrottet und unsere Autos und Häuser auseinanderfallen, und deswegen haben wir Konservierungsstoffe und nichtabbaubare Plastikstoffe erfunden. Diese Dinge verschließen jedoch vitale biologische Nährstoffe in sich, die gebraucht werden, um neues Leben zu formen.

Das gelappte Muster, das durch Verwitterung entsteht, macht einen gut strukturierten Boden fruchtbar und dient auch der effektiven Säuberung von Wasser, das mit Fäkalien überlastet ist; dieses Muster imitieren wir mit Kiesbetten in Abwasserreinigungsanlagen, wobei der Kies reichlich Oberfläche bietet für Bakterien, die das Abwasser verarbeiten. Auch in unseren eigenen Därmen finden wir dieses Muster, wo Bakterien unsere Nahrung durch ihre enorme gemeinsame Oberflächengröße[7] vorverdauen. Die Zersetzer spielen auch eine entscheidende Rolle beim Recycling innerhalb von Ökosystemen.

Strandkiesel weisen ein gelapptes Muster auf

In der Natur sehen wir viele Muster um uns herum, die in nützlicher Wechselbeziehung miteinander stehen. Unser Körper ist natürlich ein wesentliches Beispiel für den Nutzen von erfolgreichen kooperativen Beziehungen zwischen Zellen.

Zusätzlich zu der Fülle an vielzelligen Organismen ist die Natur reich an Symbiosen – enge und oft langfristige Wechselbeziehungen zwischen verschiedenen biologischen Arten – und wir können Muster erkennen in der Art und Weise, wie sie miteinander interagieren. Sogar in scheinbar parasitären Beziehungen kann man bei näherem Hinsehen den gemeinsamen Nutzen erkennen. Efeu wird oft für das Absterben von Bäumen verantwortlich gemacht und daher zurückgeschnitten. Aber wie kann eine solche, relativ kleine Pflanze, jemals einen großen gesunden Baum besiegen? Efeu bietet wichtigen Lebensraum für Wildtiere, und es verursacht mehr Schaden als Nutzen, ihn zurückzuschneiden. Sorgfältige Studien zeigen, dass er nur Bäume überwächst, die schon

[7] Andererseits, sind diese Bakterien eigentlich separat oder als Teil von uns zu betrachten? Manche Wissenschaftler glauben, dass 90% der Zellen in unserem Körper Mikroorganismen sind, hauptsächlich Bakterien.

absterben und daher nicht mehr mit dem Efeu um Nährstoffe konkurrieren. Aus dieser Perspektive erfüllt der Efeu also einen wichtigen Dienst im Ökosystem, indem er die Windlast auf den Baum erhöht und ihn dadurch schneller zurück zum Erdboden bringt, wo er wieder in fruchtbaren Boden umgewandelt werden kann, der neues Leben nährt. Dies ist besonders wichtig in kühlen gemäßigten Klimazonen, wo dieser Prozess sowieso recht langsam abläuft.

Durch die Untersuchung dessen, was die Natur erfolgreich macht, können wir also ökologische Prinzipien ableiten, die uns bei der Nachahmung von Strategien aus der Natur Orientierung geben. Das Leben strebt immer danach, nützliche Wechselbeziehungen zu erhöhen sowie Energie und Ressourcen in Bewegung zu halten[8]. Das macht ein ergiebiges und stabiles, aber komplexes System aus.

Muster in der Zeit

Diese Muster sind uns vertrauter, da wir in unserem Alltag immerzu darauf reagieren. Primäre (steuernde) Muster, wie die Jahreszeiten und der Tag-Nacht-Zyklus, lösen durch Anpassung an sie sekundäre Muster aus. In den gemäßigten und polaren Regionen passen sich die Pflanzen den jahreszeitlichen Veränderungen dadurch an, dass sie wachsen, wenn ausreichend Wärme, Licht und Feuchtigkeit vorhanden sind, und ruhen, wenn es daran mangelt. Dies wiederum steuert das Verhalten der Arten, die sich von diesen Pflanzen ernähren, und dadurch drei Hauptstrategien entwickelt haben, um die Wintermonate zu überleben.

[8] Energie in all ihren Formen muss in Bewegung bleiben, um Stagnation zu vermeiden, zum Beispiel enthält fließendes Wasser mehr gelösten Sauerstoff als stehendes und unterstützt dadurch mehr Leben.

Jede dieser Strategien nutzt die Fülle an verfügbarer Nahrung im Herbst. Einige Tierarten legen an Gewicht zu und überstehen den Winter durch das Anlegen von Vorräten, andere gehen in Winterschlaf, und manche wandern fort. Vielleicht sind unsere Vorfahren auch einmal in wärmere Gegenden abgewandert, aber für diejenigen von uns, die nun in diesen Klimazonen leben, bieten unsere festen Behausungen eine neue Art des Winterschlafs. Leider nutzen wir heutzutage uraltes Sonnenlicht (fossile Brennstoffe), um sie zu heizen, was eine energieaufwändigere Wahl sein mag als fortzuziehen. Nicht dass wir diese Wahl noch hätten, da unsere Art die ganze Erde bevölkert – wir können also nirgendwo hin...

Indem wir zeitliche Muster studieren, können wir nun genauer vorhersagen, wann der Frühling kommt, wann die beste Zeit der Aussaat für eine gute Ernte ist, und wieviel Zeit wir für den Hausbau haben, bevor das unfreundliche Wetter kommt. Leider berücksichtigen unsere aktuellen gesellschaftlichen Konzepte, wie zum Beispiel ein den üblichen Bürozeiten angepasstes Arbeitsmuster, noch nicht die täglichen oder jahreszeitlichen Fluktuationen in unserem persönlichen Energieniveau. Hier muss eine Neugestaltung her!

Eine Einführung in Systeme

Ein grundlegendes Verständnis über die Art, wie Systeme sich verhalten, ist einer der Schlüssel zu gutem Design. Es gibt eine ganze interdisziplinäre Forschungsrichtung, die Systemtheorie, die sich damit beschäftigt, wie sich komplexe Systeme in der Natur, der Gesellschaft oder der Wissenschaft verhalten. Dies ist ein wichtiger Teil des Permakultur-Puzzles, und Howard T. Odum, ein früher Anhänger der systemischen Ökologie, hatte einen deutlichen Einfluss auf die frühe Arbeit von David Holmgren.[9]

[9] Davids Buch „Permakultur – Gestaltungsprinzipien für zukunftsfähige Lebensweisen" ist Howard T. Odum gewidmet.

Wenn wir also bestimmte Dinge (Elemente) zusammenfügen (in Systeme), wie verhalten sie sich (Funktionen)? Um dies zu betrachten, nehmen wir ein Beispiel aus einem zentralen Lebensbereich: unser eigenes Verdauungssystem (Systeme werden oft nach ihrer Hauptfunktion benannt).

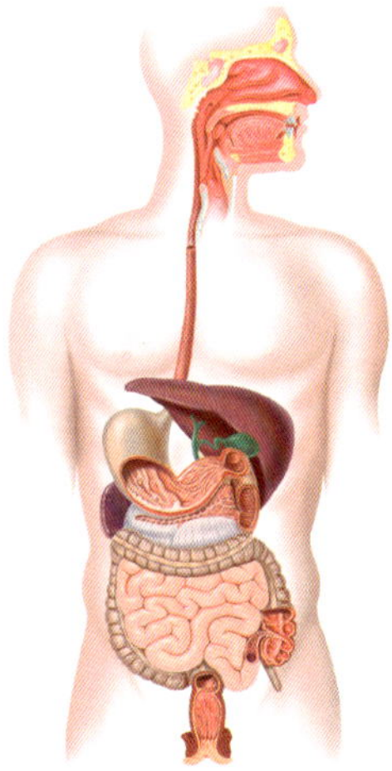

Während wir alle schon erlebt haben, wie es sich anfühlt, wenn unser Verdauungssystem mit unserer Auswahl an Nahrungsmitteln zu kämpfen hat, sind einige von uns etwas vertrauter mit den näheren Details seiner Funktionsweise. Aus welchen Elementen besteht deiner Ansicht nach unser Verdauungssystem? Nun, das kommt darauf an wen man fragt. Schau dir einige medizinische Bücher an, oder suche im Internet nach Bildern, und du bekommst verschiedene Antworten. Einige Abbildungen zeigen nur Unterleibsorgane, während andere den Mund, die Speicheldrüsen etc. einbeziehen.

Diese Diskrepanz kommt daher, dass zwar der menschliche Körper als Ganzes eine klar definierte Grenze[10] hat, seine Untersysteme (zu denen dieses gehört) aber nicht. Ich habe diese Abbildung gewählt, weil sie die Zunge, die Zähne und die oft vergessene Nase enthält. Unser Riechsinn ist tatsächlich ein wichtiger Bestandteil von Geschmack. Dieser wiederum stellt sicher, dass das, was wir in unseren Mund stecken, für die Verdauung geeignet ist, und wirkt so als wichtiger Filter nicht nur für das Verdauungssystem, sondern für den ganzen Körper.

Es ist also recht schwer, die Bestandteile des Verdauungssystems exakt zu definieren, da die Grenze zwischen ihm und den anderen Untersystemen des Körpers eher subjektiv ist. Die gleiche Beobachtung könnten wir mit dem Atmungssystem, dem Kreis-

[10] Was natürlich eine Illusion ist. Wir sind in ständigem Austausch mit unserer Umwelt.

laufsystem oder dem Fortpflanzungssystem machen. Das kommt daher, dass Elemente (oder Untersysteme[11]) innerhalb von Systemen oft multifunktional sind, wobei jedes von ihnen wichtige, manchmal lebensnotwendige Funktionen für verschiedene Elemente ausführt und letztendlich immer das Hauptsystem unterstützt, während es gleichzeitig vom Hauptsystem unterstützt wird.

Entferne das Verdauungssystem aus dem Körper und es würde schnell absterben, genau wie der Rest des zurückgelassenen Körpers. Während es also manchmal hilfreich sein kann, Systeme zum Verständnis ihrer Funktionsweise in Untersysteme zu unterteilen, dürfen wir nicht aus den Augen verlieren, dass kein Teil eines Systems jemals isoliert existiert. Sogar die kleinsten Elemente in einem System können Funktionen ausführen, die entscheidend sind für die Gesundheit und Stabilität des ganzen Systems, und gleichzeitig völlig davon abhängig sein. Stell dir ein Leben vor ohne deine Augen, deine Daumen oder die halbrunden Bogengänge in deinen Ohren, die dich das Gleichgewicht halten lassen.

Als Permakultur-Gestalter ist es immer unser Ziel, kleine Veränderungen vorzunehmen, dann zu beobachten, welche Auswirkungen sie auf das System haben und sicherzustellen, dass sie förderlich sind, bevor wir weitergehen. Im Gegensatz dazu stehen heute gewinngesteuerte Entscheidungen, die uns alle sehr schnellen Veränderungen in unserer Umwelt aussetzen, wie zum Beispiel den erheblich erhöhten Strahlungswerten durch elektromagnetische Felder von Computern, Handys etc. Wir hatten noch nicht genug Zeit, die möglichen Nebeneffekte von solchen Feldern zu beobachten, die in der Natur so nicht vorkommen. Diese Situation entsteht, weil jemand schnelles Geld machen will, bevor die Konkurrenz auf den Markt drängt.

[11] Wir reden zwar oft von den „Elementen" innerhalb eines Systems, diese „Elemente" sind aber oft selbst Systeme, die aus noch kleineren „Elementen" bestehen. Daher sind die meisten „Elemente" eigentlich Untersysteme innerhalb größerer Systeme. Innerhalb der Größenordnung, die wir hier behandeln, macht es die Dinge aber einfacher, sie als einzelne „Elemente" zu betrachten.

Aufgrund der Komplexität von Systemen finden wir es oft schwierig, das ganze Bild mit all seinen Vorgängen zu sehen. Es ist daher eine weitere wichtige Schlüsselerkenntnis, dass Systeme sich manchmal sehr unvorhersehbar verhalten (denke zum Beispiel daran, wie wenig verlässlich die Wettervorhersage sein kann, trotz all der technischen Möglichkeiten, die den Meteorologen zur Verfügung stehen).

Während die Elemente, die ein System ausmachen, alle in eine Richtung wirken können, kann die Kombination von allen eine völlig andere Wirkung erzielen. Es ist ebenfalls wichtig zu erkennen, wo genau Elemente in Systemen verortet sind. Alles nicht-menschliche Leben nutzt nur lokale Ressourcen und Fähigkeiten – und das bedeutet nicht, die Nahrung in einem Umkreis von 50 km zu beschaffen (versuche das mal regelmäßig zu laufen oder mit dem Rad zu fahren). Nein, Pflanzen und Tiere gedeihen nur dort gut, wo die Natur für ihre Bedürfnisse sorgt und wo ihre Abfallprodukte wiederverwendet werden können. Wenn wir Arten woanders hinbewegen, riskieren wir ein Ungleichgewicht in der lokalen Ökologie.

Genauso können wir ein System aus der Balance oder sein Funktionieren sogar zum Stillstand bringen, wenn wir eines seiner Elemente verändern oder entfernen. Stell dir vor, deine Zähne würden zwischen deinen Magen und deine Gedärme versetzt. Dann würde unsere Verdauung etwas weniger gut funktionieren. Die Dinge müssen sich am richtigen Platz befinden. Entfernen wir unsere Zähne – naja, einige von uns wissen schon, wie das ist. Zumindest können wir ohne Zähne noch irgendwie zurechtkommen, aber wenn wir unsere Leber verlieren, haben wir ein richtiges Problem.

Die Yellowstone-Wölfe

Fast 70 Jahre lang gab es in diesem großartigen Naturschutzgebiet keine Wölfe mehr – sie wurden durch den Menschen gejagt und getötet. Während dieser Zeit stieg die Population der Rothirsche stark an, und sie wurden zur Plage. Junge Bäume konnten die alten nicht mehr ersetzen, weil sie stärker abgefressen wurden, und die Wälder starben. 1985 wurden 31 Wölfe im Yellowstone Park freigelassen, und in den letzten 25 Jahren ist die Rothirschpopulation wieder auf ihren früheren Bestand geschrumpft. Die Herden sind gesünder, weil sie sich mehr bewegen, und die Wälder wachsen nach. Auch Biber haben sich wieder angesiedelt – sie brauchen ausreichend große Weiden am Gewässerrand. Ihre Dämme wiederum haben den Flusslauf verlangsamt und dadurch sowohl die Bodenerosion durch Oberflächenwasser als auch das Risiko von Überflutungen flussabwärts reduziert. Und das alles wegen der Wölfe.

Systeme haben auch immer Funktionen[12]. Ein System über einen gewissen Zeitraum zu beobachten lässt uns ermitteln, was genau diese Funktionen sind (und in menschengemachten Systemen wie Geldinstituten oder Unternehmen sind das oft andere als behauptet wird!).

Für die meisten Systeme ist eine der Schlüsselfunktionen die „Sicherstellung der eigenen Erhaltung“. In der Permakultur streben wir also an, einen Ertrag zu erzielen und auch einen Überschuss, den wir wieder investieren können. Die Gesamtfunktion eines Systems wird nicht nur von den Funktionen seiner Elemente oder Subsysteme bestimmt, sondern auch von deren Vernetzungen (Beziehungen) untereinander. Alle Elemente eines Systems können ersetzt werden (zum Beispiel Zellen im menschlichen Körper, Leute in einer Universität), aber wenn die Vernetzungen die gleichen bleiben, wird das System weiterhin auf die gleiche Art funktionieren.

[12] In der Systemtheorie haben nicht-menschliche Systeme „Funktionen“ und menschengemachte Systeme haben „Zwecke“.

Diese Beziehungen untereinander sind das, was ein System stark macht (wie ein Netz), aber auch komplexer werden lässt. Daher ist unser Bedürfnis verständlich, die Dinge möglichst zu vereinfachen, damit wir weniger bedenken müssen (monokulturelle Landwirtschaft ist ein perfektes Beispiel dafür). Allerdings sind einfachere Systeme viel weniger resilient und weitaus anfälliger gegenüber äußeren Veränderungen, wie die Reduzierung der Verfügbarkeit von einem oder mehreren wichtigen Faktoren, wie zum Beispiel Öl. Im Gegensatz dazu kann bei einem Netz oder vernetzten System mehr als die Hälfte der Verbindungen brechen und es ist immer noch in der Lage, Erträge zu erzielen.

Rückkopplung

Ein weiteres Schlüsselprinzip von Systemen ist, dass diese vernetzten Beziehungen häufig Rückkopplungsschleifen hervorrufen, die Veränderungen entweder entgegenwirken oder sie fördern. Die erste Art von Rückkopplung, die negative Rückkopplung, hält ein System im Gleichgewicht und ist natürlich in der Natur zahlreich zu finden. Negative Rückkopplungen halten alles Lebenswichtige wie Sauerstoffgrad, Temperatur etc. beständig auf dem richtigen Level. Sie funktionieren, indem sie eine entgegengesetzte Reaktion erzeugen, wenn sich etwas verändert, und stellen dadurch das Gleichgewicht wieder her. Ein Beispiel dafür ist, wie wir ständig unsere Haltung korrigieren, um aufrecht zu bleiben wenn wir laufen oder fahrradfahren, besonders an einem windigen Tag. Wenn wir diese Dinge das erste Mal lernen, trainieren wir eigentlich die Rückkopplungsmechanismen unseres Körpers, die uns aufrecht halten.

Die zweite Art von Rückkopplung ist ein verstärkender Prozess, die positive Rückkopplung, bei dem jede aus der Balance führende Veränderung weitere davon wegführende Veränderungen stimuliert. Deine Hände überkreuz auf den Fahrradlenker zu legen zeigt diesen Effekt sehr deutlich, wobei ich das aus eigener Erfahrung heraus nicht empfehlen würde! Eine Epidemie ist ein weiteres solches Szenario; je mehr infizierte Menschen es gibt, desto schneller breitet sich die Krankheit aus.

Nach der Geburt wird ein positiver Rückkopplungsprozess ausgelöst, durch den wir in die von unserer Lebensumwelt als ideal befundene Größe wachsen, und dann in der Pubertät kreiert die Freisetzung von Hormonen eine negative Rückkopplung, die uns in dieser optimalen Größe hält. Negative Rückkopplungsschleifen halten Systeme in einem stabilen Zustand, während positive Rückkopplungsschleifen sie von einem stabilen Zustand in einen anderen befördern.

Obwohl die positiven Rückkopplungsschleifen zunächst nicht so häufig aufzutreten scheinen wie die negativen, können wir doch zahlreiche Beispiele dafür in unserer Umgebung finden, viele sind das Ergebnis unserer menschlichen Aktivitäten. Ein Großteil der für die Wiederherstellung von Ökosystemen notwendigen Arbeit beinhaltet die Identifizierung und Umkehrung von zerstörerischen positiven Rückkopplungsschleifen, die unsere relativ neuen menschlichen Aktivitäten in Bewegung gesetzt haben.

Erosions- und Verfallsspiralen

All das, was wir wertschätzen, aber was nach und nach verloren geht – vom Boden bis zur Stille, von Biodiversität bis zur Dunkelheit, von Bäumen bis zu Lebensinhalten – kann untersucht werden, um die Wurzeln dieser Probleme zu finden.

Ich verwende gerne das eher ironische Beispiel eines Lochs in der Straße, um Permakultur mit der gängigen Denkweise zu vergleichen. Während wir heutzutage lediglich daran denken würden, das Loch aufzufüllen, würde ein Permakultur-Ansatz uns auf eine Entdeckungsreise führen, um auch herauszufinden, was das Loch überhaupt verursacht hat.

Natürlich erfordert der letztere Ansatz mehr Zeit und Aufwand, der für Gemeinden und Regierungen „mehr als nötig" bedeutet, denn sie haben nur ein paar Jahre, um uns zu überzeugen, dass sie es wert sind, wiedergewählt zu werden. Jede neue Regierung legt also nur ein Flickwerk über die Probleme, die von der letzten hinterlassen wurden – so billig wie möglich und ohne einen Gedanken an eine längerfristige Zukunft. Das ist kein Erfolgsrezept.

Es bleibt also uns als Individuen überlassen, die Kurzsichtigkeit hinter dieser Denkweise zu entdecken und uns etwas Besseres einfallen zu lassen. Dies bringt uns wieder auf die Evaluierung dessen zurück, was nicht funktioniert, und worin wir andere Entscheidungen treffen können. Nehmen wir das Beispiel der Nutzung einer Motorfräse, um „Unkraut" aus einem Schrebergarten zu entfernen. Kurzfristig tut sie zwar was beabsichtigt wurde, zerteilt dabei aber mehrjährige „Unkraut"-Wurzeln, vermehrt sie dadurch und bringt gleichzeitig ruhende Samen an die Oberfläche. Dies bedeutet letztendlich mehr „Unkraut", das wieder zu mehr Fräsen führt. Jedenfalls bis uns das Öl ausgeht...

Dies ist eine einfache positive Rückkopplungsschleife (die mehr und mehr außer Kontrolle spiralisiert): „Unkraut" fördert das Fräsen, das wiederum zu mehr „Unkraut" führt, dadurch wird noch mehr gefräst etc. Ein offensichtlicher Punkt des Eingreifens wäre nun, eine andere Methode der „Unkraut"-Kontrolle zu wählen. Viele Schleifen sind jedoch ein wenig komplexer als diese und benötigen etwas mehr Überlegung.

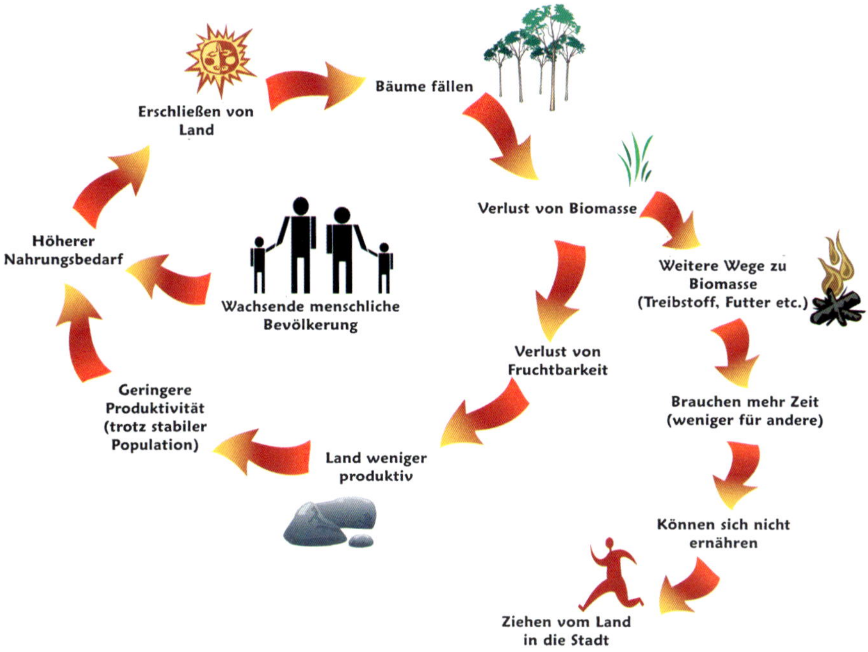

Eine weitverbreitete Erosionsspirale, die weltweit Umweltzerstörung und ländliche Entvölkerung verursacht.

Denke selbst einmal über solche Rückkopplungsschleifen nach. Nimm etwas dir Bekanntes, bei dem du beobachten kannst, dass es weniger wird: vielleicht eine lokale Gemeinschaft, Kenntnis über Nahrungsanbau, Briefe schreiben etc., und schaue ob du die Spirale zeichnen kannst, die das Problem verursacht hat. Wie könntest du eingreifen, um die Situation zum Besseren zu wenden? Wenn wir die ursprünglichen Gründe von etwas erkennen, das auch als Ressourcen- oder Energieleck zu bezeichnen ist, bekommen wir oft einen oder mehrere Ansatzpunkte zur Problemlösung. Wir kommen später noch darauf zurück, wenn wir herausfinden, welche Funktionen unser Design haben wird.

Systemspiel

Wenn du das nächste Mal mit einer Gruppe von Freunden zusammen bist (im Idealfall mindestens 10 von euch), probier mal diese spannende Übung aus. Stellt euch alle in einen Kreis mit dem Gesicht nach innen. Erkläre nun, dass jeder von euch sich zwei andere Leute in der Gruppe aussuchen soll (ohne zu zeigen, wer diese sind). Wenn das Spiel beginnt, soll jeder ein gleichschenkliges Dreieck mit den anderen beiden Personen bilden. Wähle zwei Leute aus dem Kreis aus, um ein Beispiel zu zeigen und bewegt euch so, dass ein Dreieck entsteht. Weise auch darauf hin, dass man zwischen ihnen hindurchlaufen und auf der anderen Seite genau so ein Dreieck bilden kann. Natürlich wird jeder in deinem Dreieck sich nun auch bewegen, um selbst das Dreieck beizubehalten!

Stelle sicher, dass alle verstanden haben, was zu tun ist, dann beginne mit dem Spiel. Nach ein paar Minuten findet die Gruppe normalerweise einen Punkt von Stabilität, jeder wird langsamer und bleibt dann stehen. Erläutere, dass dies die Stabilität von kleinen, ziemlich eigenständigen Systemen darstellt. Das gesuchte „Gleichgewicht" könnte sich in der wirklichen Welt zum Beispiel auf das Nahrungsangebot in Bezug auf die Zahl der Raubtiere beziehen. Bitte dann jemanden aus der Gruppe, sein eigenes Dreieck zu ignorieren und aus dem Muster herauszugehen, wobei alle anderen versuchen sollten, seines beizubehalten. Es ist unwahrscheinlich, dass sich sonst keiner bewegt (wähle jemanden Beliebten!). Wahrscheinlich werden sich sogar alle bewegen. Dies zeigt, dass die Beeinflussung eines einzelnen Elementes innerhalb eines Systems das ganze System aus dem Gleichgewicht bringen kann. In der wirklichen Welt kann die Veränderung von etwas, das wir für unbedeutend halten (wie die Population von Schnecken) also unvorhersehbare und möglicherweise unangenehme Konsequenzen haben.

Prinzipien und Leitlinien

Der große Wert von Prinzipien und Leitlinien ist, dass wir sie nutzen können, um erfolgreiche natürliche Muster leicht auf unsere vielen Aktivitäten anzuwenden. Am einfachsten ist hierbei die Anwendung der Ökosystemkriterien auf die Gestaltung von Gärten und Bauernhöfen, was ich für den Anfang empfehlen würde. Wir können aber auch kreativer sein und viele dieser Prinzipien über die landbasierte Gestaltung hinaus anwenden, worauf ich in Teil 3 näher eingehen werde.

Bei Permakultur geht es auch um die Art, wie wir denken, da das Chaos, das wir um uns herum sehen, einfach ein Spiegelbild des Chaos in unseren Köpfen ist. Allerdings hat unser moderner Lebensstil uns so von der Natur entfremdet, dass wir wohl gar nicht überrascht sein sollten[13]. Es kann also für unsere Arbeit hilfreich sein, ethische Prinzipien zu formulieren, die uns helfen die versteckten Geschenke in jeder Situation zu sehen. Ich werde einige dieser Prinzipien an den entsprechenden Textstellen vorstellen.

Colleen Stevensons wunderschöne Darstellung ihrer eigenen Version der Prinzipien.

[13] In seinem Buch „Left in the Dark" liefert Tony Wright gute Argumente dafür, dass unser kollektiver Wahnsinn durch einen Fehler bei unserer biologischen Ausstattung entstanden ist.

Erläuterungen zur Illustration auf Seite 31:
Die Prinzipien des Lebens & Das Leben von Prinzipien
(Von links oben im Uhrzeigersinn): Ermögliche Kooperation / „Am Ende ist alles ein Geschenk“ – Byron Katie / Folge dem Lob um deine Nische zu finden / Gehe mit dem Fluss nicht gegen ihn / Teile die Fülle / Plan für das Unvorhersehbare / Die Lösung liegt im Problem / Gehe in die Zone: konzentriere deine Energien / Die Ernte ist unbegrenzt / Sei langsam und beobachte / Nutze deine Randzone / Sieh die Ordnung im Chaos und das Chaos in der Ordnung / Lerne die Landschaft zu lesen / Alle Dinge wirken mit / Nutze deine Energie dort, wo sie am meisten verändern kann / Erblühe durch Disziplin und Praxis / Arbeite mit dem Energiefluss /

Du wirst viele verschiedene Versionen der Prinzipien auf deinem Weg finden. Es geht nicht darum, welche „richtig“ sind, sondern welche du in deinem Leben sinnvoll findest.

Zusammenfassung

Die wichtigsten Dinge aus diesem Kapitel sind also:

Beobachtung

- Die Natur ist unsere beste Lehrerin
- Gutes Design beginnt mit detaillierter Beobachtung

Muster

- ...sind die Form der Grenze zwischen zwei Bereichen
- ...sind die besten Designs der Natur, um bestimmte Funktionen zu erfüllen
- Die Natur strebt nach Optimierung der Randzonen zwischen Systemen
- Ressourcen und Energie bleiben gerne in Bewegung
- Entropie erhöht die Möglichkeiten für Leben!

Systeme

- ...können unvorhersehbar sein (mache also kleine Veränderungen)
- Alle Systeme haben Funktionen, die nicht nur von ihren Elementen gesteuert werden, sondern auch von deren Beziehungen untereinander
- Diese Vernetzungen können entweder positive oder negative Rückkopplungsschleifen verursachen
- Elemente können sowohl davon profitieren, Teil eines Systems zu sein, als auch zu den Lebensfunktionen des Ganzen beitragen
- Kleine Dinge können wirklich wichtig sein!
- Komplexe Systeme sind widerstandsfähiger als einfache Systeme

Erosions- und Verfallsspiralen

- ...können einfach oder komplex sein
- ...entstehen durch positive Rückkopplungsschleifen
- ...können an bestimmen Interventionspunkten umgedreht werden

Prinzipien und Leitlinien

- ...helfen uns, erfolgreiche natürliche Muster auf unsere Aktivitäten anzuwenden
- ...geben unserem Denken über die Welt einen positiven Rahmen

Wirksame Gestaltung

Was genau ist Gestaltung und wie kann Permakultur uns dabei helfen, sie gut zu machen?

Gestaltung ist eine bewusste Zusammenführung von Konzepten, Materialien, Techniken und Strategien zu einem bestimmten Zweck. Dadurch, dass die Permakultur uns so viele spannende Möglichkeiten bietet, vergessen wir dies oft und werfen am Ende einfach einen Haufen „grüner" Technologien und Techniken zusammen, sind aber dann vom Ergebnis enttäuscht. Es gibt keinen Mangel an „grünen Optionen", aus denen wir wählen können, und uns wird der Eindruck vermittelt, dass wir unser Bestes tun, wenn wir uns auf bestimmte Weise verhalten und die richtigen Produkte kaufen.

Bei Permakultur und Gestaltung geht es aber um mehr, als einfach die richtigen Dinge zu wählen, sondern auch darum, eine sinnvolle Verbindung unter ihnen zu schaffen. Die Natur bietet eine Fülle von Beispielen von sich unterstützenden Beziehungen, und zeigt uns den

Eine **Technik** ist die Art und Weise, wie wir Dinge tun. Die Auswahl der richtigen Technik hängt von einer guten Kenntnis der Begrenzungen des Ökosystems ab, in dem wir arbeiten.

Bei **Strategien** geht es um den zeitlichen Faktor. Sie definieren wann wir Dinge tun. Dies erfordert eine Kenntnis der saisonalen Veränderungen.

Design fügt dann das Wo zu der Gleichung hinzu, indem es die Dinge an den besten Ort und in eine optimale Beziehung zueinander setzt.

Wert dieser Strategie für eine langfristige Tragfähigkeit.

Als Permakultur-Gestalter ist es also unsere Aufgabe, Elemente an die beste Stelle im Verhältnis zueinander zu platzieren, um so sich selbst erhaltende Systeme zu schaffen, die auch unsere Bedürfnisse erfüllen. Solche Beziehungen sind aber oft kontextbezogen, wir müssen also in der Lage sein, bewusst zu gestalten – ein „Permakultur-Koch" zu werden und nicht nur einem Rezept zu folgen.

Permakultur lehrt uns, ein Design zur Erfüllung unserer Bedürfnisse so zu konzipieren, dass es auch das Ökosystem als Ganzes fördert – davon getrennt wären wir genauso dem Untergang geweiht wie das schon erwähnte vom Körper isolierte Verdauungssystem. Permakultur ist dabei natürlich kein bestimmtes Rezept und auch kein Endpunkt. Sie ist eher ein andauernder Prozess von harmonischer Anpassung an die sich verändernden Bedingungen der Natur. Der Gestaltungsprozess kann uns helfen, unseren Weg zu finden und ihm zu folgen.

Alles gärtnert – Obwohl wir Menschen gerade dabei sind, viele Probleme zu verursachen, ist es eigentlich sehr natürlich für uns, die Umwelt so zu formen, dass sie unsere Bedürfnisse erfüllt. Die überzeugte Biomimikry-Befürworterin Janine Benyus betont, dass wir als ein Produkt der Natur nichts Unnatürliches tun können, auch wenn unsere Entscheidungen alles andere als naturgemäß erscheinen. Sie fragt stattdessen danach, ob unsere Entscheidungen gut angepasste sind. Permakultur gibt uns die Werkzeuge zur Gestaltung von Systemen, die nicht nur uns selbst unterstützen, sondern auch zukünftige Generationen und das Leben an sich.

Bill Mollison empfiehlt im „Handbuch der Permakultur-Gestaltung"[14]:

- Die von uns errichteten Systeme sollten so lange wie möglich überdauern, und so wenig Pflege wie möglich benötigen.
- Diese von der Sonne dann aufrechterhaltenen Systeme sollten

[14] Herausgeber: Österreichisches Institut für angewandte Umweltpädagogik – Permakultur im Alpenraum 2010. Die englischsprachige Originalausgabe ist 1988 erschienen.

nicht nur für ihre eigenen Bedürfnisse produzieren, sondern auch für die Bedürfnisse derer, die sie erschaffen haben oder steuern. Sie sind deshalb nachhaltig, da sie sowohl sich selbst als auch ihre Erschaffer tragen.

- Wir können Energie einsetzen, um diese Systeme aufzubauen, vorausgesetzt sie lagern oder sparen während ihrer Lebensdauer mehr Energie ein, als wir für ihren Aufbau oder ihre Pflege einsetzen müssen.

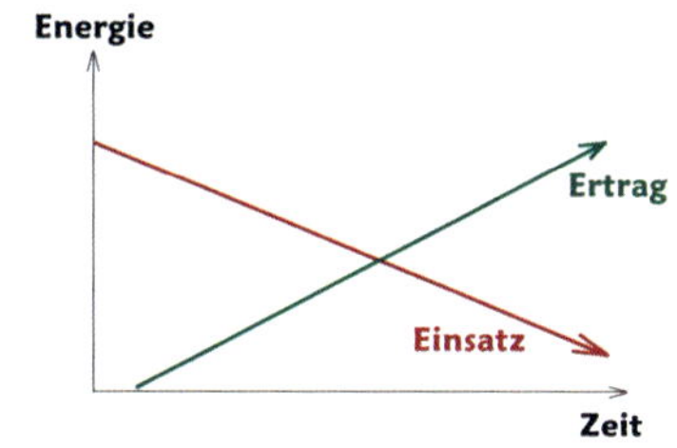

Diese Gestaltungsüberlegungen liefern uns klare Kriterien dafür, wie jedes Permakultursystem funktionieren sollte. Wenn wir Systeme innerhalb dieser Leitlinien gestalten können, die unsere menschlichen Bedürfnisse erfüllen und gleichzeitig das Ökosystem als Ganzes unterstützen, sind wir auf einem guten Weg zu einer nachhaltigen menschlichen Gesellschaft.

Wir sollten viel Zeit und Energie in den Aufbau eines guten Designs investieren, bei dem der Aufwand dann mit der Zeit sinkt. Umgekehrt können die Erträge klein anfangen, aber dann stetig steigen. Ab einem bestimmten Punkt wird der gesamte Energieertrag aus dem Gelände die investierte Energiemenge übersteigen, und das System wird „profitabel“.

Wir sollten uns immer bewusst sein, dass wir biologisch gesehen einfach ein Ökosystem sind, das innerhalb eines größeren Ökosystems lebt. Und das alles, was wir tun, Konsequenzen hat.

Ermitteln der Rollen im Prozess

Betrachten wir nun die Rollen, die jede Person im Gestaltungsprozess einnimmt. Oft wirst du sowohl Gestalter als auch Kunde sein und so die einzige Person, die ein bestimmtes Projekt entwirft und umsetzt. In diesem Fall kannst du ein paar Seiten vorblättern zum Kapitel über Prozessmodelle.

Wenn du aber für jemanden oder mit anderen zusammen arbeitest, ist es hilfreich zu Beginn des Prozesses die einzelnen Rollen zu definieren, um Verwirrung und Konflikte zu vermeiden. Es könnte zum Beispiel sein, dass du

- als einzelner Gestalter oder Teil eines Teams arbeitest
- für einen einzelnen oder mehrere Kunden arbeitest
- auch dafür verantwortlich bist, die Umsetzung deines Entwurfs zu begleiten, entweder als Projektmanager oder als Arbeitskraft.

Wir schauen uns einige Werkzeuge für den ersten Fall gleich an, den zweiten werden wir im Kapitel über das Kundeninterview behandeln, und den dritten im Kapitel über die Umsetzung, am Ende von Teil 2 des Buches.

Wenn du für Kunden arbeitest, ist es ratsam, dass du oder der Teamleiter die folgenden Einzelheiten vor Beginn klärt, am besten schriftlich in einem Angebot für eure Planung.

So ein Dokument sollte:

- die permakulturelle Ethik und Prinzipien erläutern, die dem Gestaltungsprozess im Rahmen des Entwurfs zugrunde liegen
- eine Übersicht über den Gestaltungsprozess enthalten
- die besprochenen Rollen des Klienten enthalten
- dein Honorar angeben (Tagessatz/geschätzter Zeitaufwand[15])
- vielleicht Kurzbiographien der Designer enthalten
- den Punkt festlegen, an dem deine Mitwirkung endet

Dies mag ein wenig förmlich scheinen, aber ich habe aus Erfahrung gelernt, dass es besser ist am Anfang etwas Zeit aufzuwenden, um solche Dinge zu klären, um später ernsthafte Missverständnisse zu vermeiden.

---

[15] Je öfter du so etwas tust, desto leichter wird die Schätzung des Aufwands.

Arbeiten als Teil eines Teams

Ein Permakultur-Design als Team zu entwickeln und abzuliefern kann zwar sehr bereichernd sein, aber es beinhaltet auch einige Herausforderungen, besonders für diejenigen von uns, die nicht daran gewöhnt sind, mit anderen eng zusammenzuarbeiten. Hier sind einige Werkzeuge, die den Prozess erleichtern können.

Inklusion

Diese Liste könnte sehr lang werden, daher erwähne ich hier nur einige Methoden, die ich in kleinen Gruppen anwende. Sie helfen dabei sicherzustellen, dass jeder einbezogen wird und sich vom Rest des Teams wertgeschätzt fühlt.

Am Anfang

Traumkreis[16]

Es ist eine schöne Art, sofort eine gute Gruppendynamik zu etablieren, wenn jeder Beteiligte mitteilt, wie der Prozess für ihn am besten laufen soll, und welches Ergebnis er sich wünscht. Jemand aus der Gruppe protokolliert diese Träume, während jeder in der Runde der Reihe nach einen Traum äußert, so lange bis alle ausgesprochen wurden. Niemand wird unterbrochen, es sei denn zur Klärung. Am Schluss erklären sich alle Gruppenmitglieder bereit, ihr Mögliches zu tun, um all diese Träume wahr werden zu lassen.

Talente sammeln

Eines der ersten Dinge, die ihr als Team tun solltet, ist das Ermitteln aller Fähigkeiten und Erfahrungen, die in eurem Team vor-

[16] Mehr Details findest du in John Crofts Dragon–Dreaming-Prozess.

handen sind. Die beste Art sicherzustellen, dass sich jeder wertgeschätzt fühlt ist, wenn alle auf ihre eigene Art zu dem gesamten Prozess beitragen können. Sollte jemand in deiner Gruppe das Gefühl haben, nichts beitragen zu können, frage ihn was er gerne tut und nutze dies, um eine Rolle zu finden, für die er anerkannt werden kann.

Im weiteren Verlauf

Rollenwechsel

Stelle sicher, dass jeder während des Gestaltungsprozesses auf Wunsch auch mal die Leitung oder Moderation übernehmen kann. Vergebe auch die Rollen des Zeithüters, Notizenschreibers und des Beobachters/Stimmungswächters rotierend.

Techniken für die Gruppenarbeit

Ankommen

Beginne jedes Treffen mit einer Begrüßungsrunde, um zu sehen, wie es jedem geht. Dies ist auch hilfreich, wenn die Energie der Gruppe nachlässt, um festzustellen ob es Zeit für eine Pause ist, oder ob es für alle in Ordnung ist, noch etwas weiterzumachen, um eine bestimmte Aufgabe zu beenden.

Jeder spricht einmal bevor jemand zweimal spricht

Das ist selbsterklärend – es stellt sicher, dass jeder die Möglichkeit hat, am Anfang einer Diskussion gehört zu werden. Idealerweise lässt sich jeder auch im weiteren Prozessverlauf immer wieder hören. Es muss hoffentlich nicht betont werden, dass jeder auch das Recht hat nicht zu sprechen, wenn er nicht möchte.

Runden

Stelle sicher, dass alle Teilnehmenden sich in jeder Prozessphase äußern können. In einer Runde spricht jeder, der will, nacheinander im Kreis. Dieser Vorgang sollte von der Gruppe oder einem Moderator begleitet werden, damit niemand außer der Reihe spricht. Wenn die Zeit knapp ist, kann es notwendig werden, eine maximale Rededauer für jeden Beitrag festzulegen. Es kann auch sinnvoll sein, wenn du am Anfang klärst, wie viele Runden es geben soll. Manchmal ist es nur eine.

Handzeichen

Diese sind meist für größere Gruppen sinnvoll, es kann aber auch in einem kleineren Rahmen nützlich sein, sich auf ein paar Handzeichen zu einigen. Dadurch bekommen alle die Möglichkeit, so etwas wie „Ich stimme zu“ oder „Ich habe dazu noch was zu sagen“ auszudrücken, ohne der Redefluss eines anderen zu unterbrechen.

Gedankenlauschen

Wenn du jedem die Gelegenheit geben möchtest, ein paar Minuten eine bestimmte Sache zu erwägen und darüber zu sprechen, mag eine Runde nicht immer die beste Methode sein; mit größeren Gruppen würde es zuviel Zeit brauchen. Das Gedankenlauschen gibt jeder Person die Möglichkeit, über etwas nachzudenken und es laut auszusprechen, ohne unterbrochen zu werden.

Man findet sich in Paaren zusammen, wobei eine Person spricht und die andere aktiv zuhört, und nach einer vorher abgestimmten Zeitspanne tauscht man die Rollen. Die wichtigsten Punkte aus diesem Austausch können dann in der Runde mitgeteilt und vom Moderator mitgeschrieben werden. Diese Methode ist besonders hilfreich, wenn du in kurzer Zeit Ideen und Meinungen über eine bestimmte Sache sammeln möchtest.

Themenspeicher

Gruppen bleiben oft an dem Gefühl hängen, dass während ihres Treffens eine Entscheidung über etwas getroffen werden muss, das als Thema aufkam. Im Themenspeicher können Themen aufgenommen und erste Gedanken dazu notiert werden, die dann für eine spätere Bearbeitung beiseite gelegt werden.

Sichtbarer und offener Tagesplan

Wenn man am Anfang des Treffens die anstehenden Tagesordnungspunkte für alle sichtbar aufschreibt, kann jeder mitverfolgen, wie gut das Treffen voranschreitet. Beginnt man mit einem Entwurf für die Tagesordnung und lädt die Gruppe ein, diesen zu ergänzen, fühlen sich alle einbezogen. Nachdem man besprochen hat, was auf jeden Fall bearbeitet werden muss, kann man die ungefähren Zeiten dafür gemeinsam zuordnen, und die beste Reihenfolge festlegen. Wenn Punkte länger dauern als erwartet, kann die Gruppe entscheiden, wie die restliche Zeit neu verteilt wird.

Paralleles Denken (sechs Hüte)

Dieses Konzept von Edward de Bono[17] funktioniert gut, um sicherzustellen, dass jeder Beteiligte sich zu jeder Zeit aus der gleichen Richtung dem Entscheidungsprozess annähern kann. Oft dauern Diskussionen übermäßig lang, weil eine Person sich ihr von einem optimistischen Standpunkt nähert, während eine andere eher sieht, was alles schiefgehen könnte. Die nächste mag vielleicht nur ihr Bauchgefühl über eine Idee äußern, und wieder eine andere möchte alle technischen Details besprechen. Diese Methode gibt jeder Sichtweise zu einem Vorschlag den Raum, nacheinander betrachtet zu werden.

[17] Denkhüte von De Bono (englisch Six Thinking Hats) ist eine von Edward de Bono 1986 vorgestellte Kreativitätstechnik. Es handelt sich dabei um ein Werkzeug für Gruppendiskussionen und individuelles Denken. Es beinhaltet sechs verschiedenfarbige „Hüte“. Durch ein mit dieser Methode verknüpftes paralleles Denken, soll Denkprozesse insbesondere in Gruppen effizienter machen.

Diese Sichtweisen werden durch sechs verschiedenfarbige (imaginäre) Hüte repräsentiert. Als erstes beauftragt die Gruppe einen Moderator für die Sitzung, der den *blauen Hut des Prozesses* „trägt". Dann wird die Gruppe nacheinander durch die anderen „Hüte" geführt, wobei sichergestellt wird, dass die Gruppe bei einem Hut bleibt, bis alle fertig sind. Die anderen fünf Hüte können in beliebiger Reihenfolge behandelt werden. De Bono schlägt folgende Stellvertreter für verschiedene Sichtweisen vor: Den *Gelben Hut des Optimismus und der Positivität*, den *Roten Hut der Gefühle und Intuition*, den *Schwarzen Hut der Vorsicht und der Kritik*, den *Grünen Hut der Kreativität und Möglichkeiten*, und den *Weißen Hut der Fakten und Zahlen*. Die meisten von uns denken aus Gewohnheit nur in ein oder zwei dieser Kategorien, es hilft uns also, einmal die Erfahrung einer anderen Sichtweise zu machen.

Konfliktklärung

Hoffentlich wirst du diese Methoden gar nicht erst einsetzen müssen!

Redestab

Der Redestab (oder ein anderes Objekt, auf das man sich für diesen Zweck geeinigt hat) ist ein weiteres Werkzeug, um sicherzustellen, dass nur eine Person spricht. Er wird oft eingesetzt, um entweder die Verbindung innerhalb der Gruppe zu stärken, oder um Probleme zu lösen, die untereinander entstanden sind. Die Gruppe sitzt wieder im Kreis, und der „Stab" wird entweder in die Mitte gelegt, damit ihn jemand aufnimmt, oder der Moderator beginnt. Nachdem jemand angefangen hat, kann der „Stab" entweder im Kreis herumgegeben werden, oder er wird wieder in die Mitte gelegt, nachdem eine Person gesprochen hat. Solange jemand den „Stab" in der Hand hält, wird er nicht unterbrochen.

OBREDIMET[19]

Dieses Modell ist eine erweiterte Version von BREDIM, einer Vorgehensweise aus dem Ingenieurswesen. Die Buchstaben stehen für **O**bservation, **B**oundaries, **R**esources, **E**valuation, **D**esign, **I**mplementation, **M**aintenance, (Re)**E**valuation, und **T**weaking (Beobachtung, Begrenzungen, Ressourcen, Auswertung, Entwurf, Umsetzung, Pflege, Reflektion, Optimierung).

Du siehst wahrscheinlich die Ähnlichkeit zwischen den beiden, wobei Letzteres einfach eine weitere Detailebene zu der Beobachtungsphase hinzufügt. Beide liefern meiner Meinung nach einen nützlichen Rahmen für das Gestalten.

CEAP

Dies ist ein etwas einfacheres Prozessmodell: **C**ollect site information, **E**valuate this information, **A**pply permaculture principles and generate a design, **P**lan a schedule of implementation, maintenace and feedback (Sammle Informationen über das Gelände; werte sie aus; wende Permakulturprinzipien an und entwickle einen Entwurf; plane einen Zeitrahmen für Umsetzung, Pflege und Auswertung). Meiner Erfahrung nach sind diese Buchstaben aber nicht sehr hilfreich, sich an all die Informationen zu erinnern, die darin enthalten sind.

Ein australischer Designzyklus

Dieses Prozessmodell habe ich während meines Permakultur-Lernweges entdeckt. Es stellt den Prozess schön dar, hat aber wohl zu viele Vokale, um ein einprägsames Akronym daraus zu machen: IIEPCIORR? Das kommt einem nicht so flüssig über die Lippen wie OBREDIMET.

---

[19] Eine Freundin meinte scherzhaft, dieses hätte ich wohl erfunden, weil meine Webseite als einzige auftauchte, als sie es googelte. Wenn man aber nur „OBREDIM“ sucht, bekommt man sehr viele Ergebnisse. Das „ET“ wurde von einem Tutor hinzugefügt.

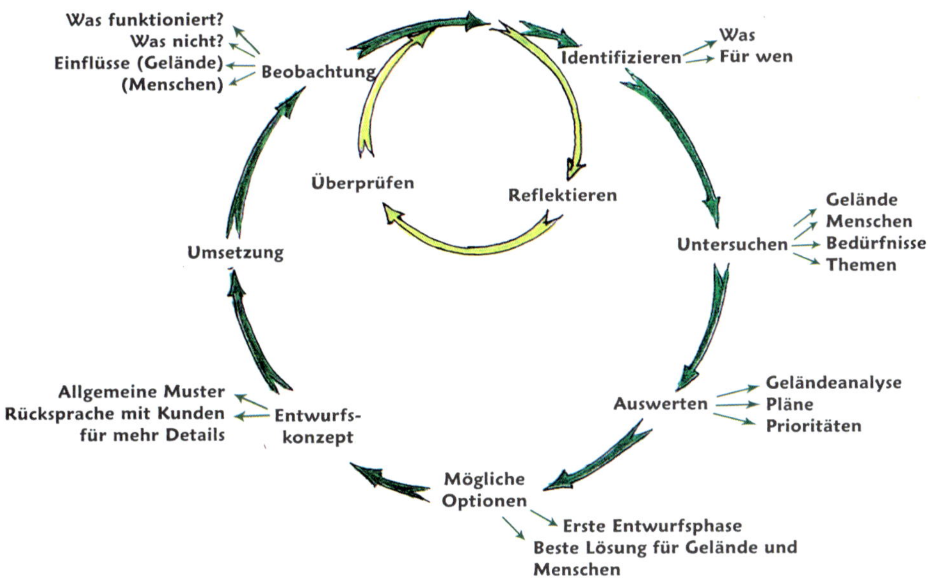

Ein vernetzter Designansatz

Nicht alle Prozessmodelle sind linear. Das „Design Web" von Looby Macnamara[20] beschreibt die Prozessphasen als „Ankerpunkte" in einem Netz. Diese können auf verschiedene Weise aufgesucht, und damit an jede Situation oder Person angepasst werden. Laut Looby ist dieses Prozessmodell besonders gut geeignet für Gestaltungsentwürfe, bei denen es um Menschen geht. Wir schauen uns diese noch detaillierter in Teil 3 an.

Die Action-Learning-Spirale

Welches Prozessmodell wir auch benutzen, wir sollten auch die Action-Learning-Spirale nicht außer Acht lassen. Diese beschreibt, wie wir auf natürliche Weise lernen, zum Beispiel sprechen und laufen. Eben „learning by doing".

[20] Aus: People & Permaculture, Looby Macnamara.

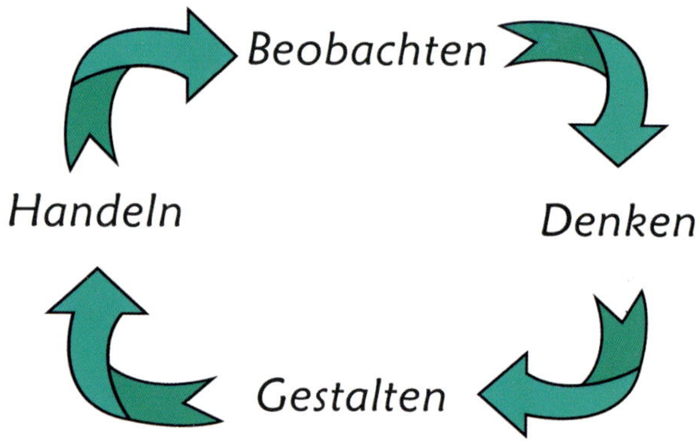

In diesem Ablauf nehmen wir uns erst die Zeit zu beobachten, worum es geht:

„Wie schafft Mama es, dort oben zu bleiben?"

Dann denken wir darüber nach, was passiert:

„Ok, sie scheint zwar fast umzufallen, aber stellt jedes Mal ein Bein vor, um nicht hier unten bei mir zu landen, und ihre Arme bewegen sich in entgegengesetzter Richtung zu ihren Beinen..."

Dann lassen wir uns eine Strategie oder ein Design einfallen:

„Also, wenn ich einfach nachmache, was Mama tut..."

Am Ende müssen wir es ausprobieren, um zu sehen ob es funktioniert:

„Huch! Ich bin schon wieder umgefallen."

Wenn wir beobachtet haben, wie das lief, kommen wir an einen Punkt der Reflektion, und der Zyklus beginnt von vorne:

„Was mache ich noch anders?"

Am Ende ist dieser Prozess erfolgreich und wir lernen laufen, aber unsere Fehler machen einen wichtigen Teil unseres Lernens aus.

In der Permakultur können wir nicht scheitern, solange wir aus unseren Fehlern lernen.

Flussdiagramme

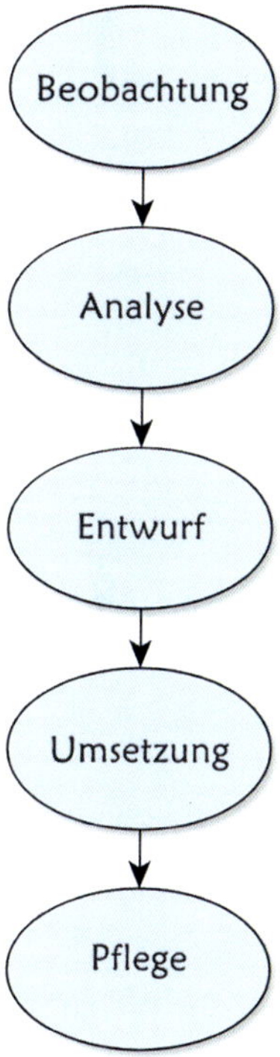

Von der Grundlage her scheint der Gestaltungsprozess wie eine Reise von A nach B zu sein, vom Anfang zum Ende. In Wirklichkeit ist das Design aber nie beendet und braucht weiterhin Aufmerksamkeit und Anpassung, egal ob du als Gestalter noch beteiligt bist oder nicht.

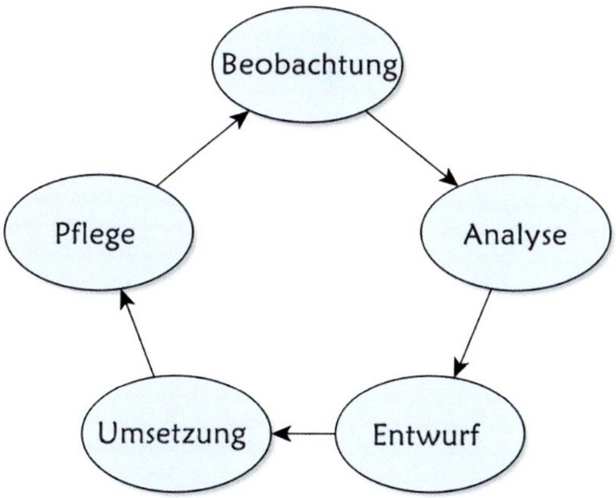

Eine viel passendere Art, diese Prozessmodelle darzustellen, wäre in der gleichen Kreisform wie die Action-Learning-Spirale, was bei näherem Hinsehen nicht überraschend ist, da sie ja eigentlich das gleiche sind!

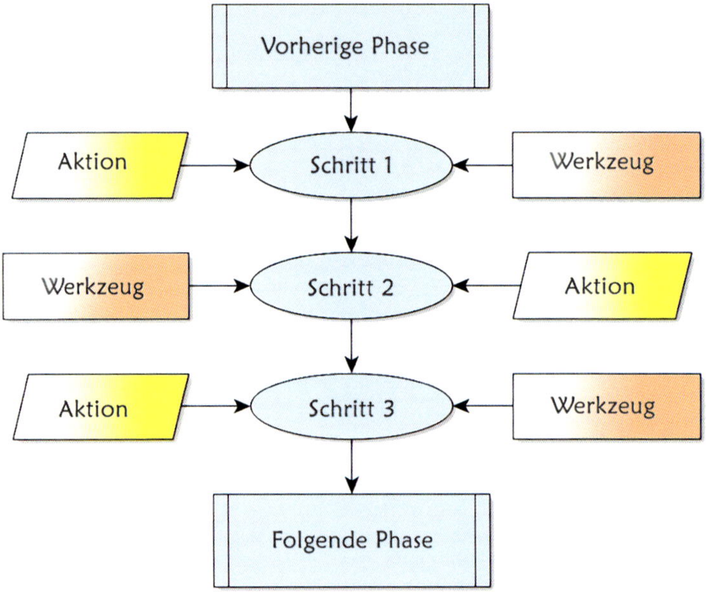

Für diejenigen, die sich die Dinge gerne räumlich vorstellen, hat jeder Abschnitt über den Gestaltungsprozess ein eigenes Flussdiagramm, das zusammenfasst wie alles in dieser Phase ineinander fließt. Diese Flussdiagramme stehen am Ende jeden Kapitels und sind auch zum herunterladen¤ verfügbar als Teil der ergänzenden Web-Ressourcen[21].

Die großen Rechtecke oben und unten stehen für die Prozessphase vor und nach der hier beschriebenen Phase. Die blauen Ovale benennen die jeweiligen Schritte innerhalb der Phase. Die gelben Kästchen bezeichnen die einzelnen Tätigkeiten und die orangenen die zu verwendenden Werkzeuge.

[21] Zur Erinnerung: das ¤Symbol weist auf Web-Ressourcen hin, die unter www.aranyagardens.co.uk/design-guide-downloads.html verfügbar sind.

Zusammenfassung

Die Kernpunkte bezüglich des Gestaltungsprozesses sind:

Rollen definieren

- Wenn du für einen Kunden arbeitest, kläre am Anfang des Gestaltungsprozesses, wer von euch auf welcher Ebene mitwirkt.
- Benenne den Punkt, an dem du die Verantwortung für die Umsetzung an den Kunden übergibst.
- Mache dies schriftlich in Form eines Planungsangebots.

Im Team arbeiten

- Ermittle die Fähigkeiten und Kenntnisse der einzelnen Teammitglieder und setze sie bestmöglich ein.
- Sorge dafür, dass alle sich gehört fühlen und die gleichen Chancen für ihre Beiträge bekommen.
- Arbeite mit wechselnden Rollen in Sitzungen und Diskussionen.
- Nutze die beschriebenen Methoden für die Gruppenarbeit, damit du die Techniken zur Konfliktlösung gar nicht erst brauchst.

Prozessmodelle

- Bieten uns ein erfolgreiches Muster, das uns durch den Gestaltungsprozess führt.
- Helfen uns, an alles Wichtige zu denken.
- Folgen alle dem grundlegenden Prozess von Beobachtung, Analyse, Entwurf, Umsetzung und Pflege.
- Manche Prozessmodelle mögen für einen bestimmten Gestaltungsprozess besser geeignet sein als andere.

- Während sie zunächst wie ein linearer Ablauf erscheinen mit Anfang und Ende, sind sie tatsächlich zyklisch.
- Ein Design ist nie ganz fertig.

Die Action-Learning-Spirale

- Beschreibt die Art, wie wir auf natürliche Weise lernen.
- Liegt allen Prozessmodellen zugrunde.
- Alle Fehler sind Möglichkeiten zu lernen.

Teil Zwei - Gestaltungsprozess

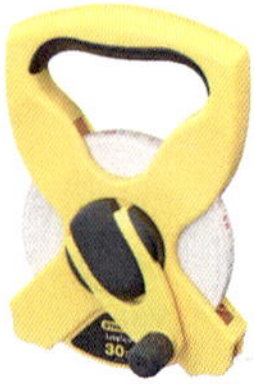

Bestands-
aufnahme

Erstellen von
Bestand- und
Arbeitsplänen

Erfassen von
Geländeinformation

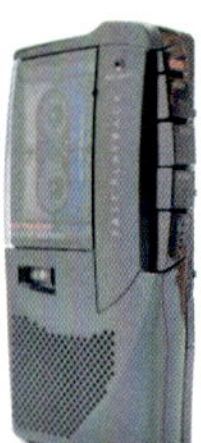

Das
Kundeninterview

Analyse

Platzierung

Entwurfs-
vorschlag

Umsetzung

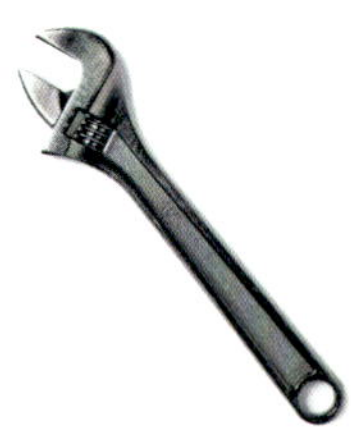

Pflege und
Evaluierung

Präsentieren
von
Ergebnissen

Bestandsaufnahme

Sind wir also endlich an dem Punkt, wo wir tatsächlich rausgehen und anfangen zu gestalten? Immer langsam! Weißt du noch was zuerst kommt? Genau, die Beobachtung.

„Mach nicht einfach irgendwas, steh nur da…“

Tut mir leid, dass ich so darauf herumreite, aber dies ist bei weitem der am häufigsten gemachte Fehler, den ich bei den Gestaltungsübungen in meinen Kursen sehe, und ich möchte nicht, dass du ihn auch machst. Der erste Teil des Prozesses ist, einfach zu beobachten – KEINE Gestaltung! Wenn dir irgendwelche Ideen kommen, kritzle sie auf ein Blatt Papier, stecke es in die Tasche und kehre zurück zur Aufnahme dessen, was du siehst, hörst, riechst, vielleicht sogar schmeckst etc. Wie die Dinge *jetzt gerade sind*.

Alle unsere Prozessmodelle beginnen mit Beobachten und Aufzeichnen, und wir sollten dieser Phase wirklich viel Aufmerksamkeit schenken, da sie die Basis für alle späteren Entscheidungen bildet. Während die meisten von uns heutzutage nur 20 % ihrer Zeit aufwenden, um etwas zu planen und umzusetzen, und dann 80 % um es zu erhalten, wollen wir in der Permakultur diese Zahlen umdrehen. Ironischerweise hat uns die Verfügbarkeit von Öl viel verschwenderischer mit Energie gemacht, etwas das unsere Vorfahren nie länger durchgeführt hätten. Wir setzen fossile Brennstoffe ein, um in sehr vielen Bereichen Fachkompetenz durch rohe Gewalt zu ersetzen, besonders in der Nahrungsmittelproduktion.

Zum Glück haben wir diese Kompetenz noch nicht komplett verloren, und es gibt einige inspirierende Landwirte, die uns viel über den sinnvollen Einsatz von Ressourcen beibringen können. Sie alle verstehen, dass ein gut gestaltetes System sich mehr oder weniger selbst erhalten sollte, obwohl intensiver Nahrungsanbau unweigerlich einen gewissen Einsatz unsererseits erfordert. *„Ernte als Pflegemaßnahme"* ist der Heilige Gral des Permakultur-Designs.

Der Beobachtungsprozess kann zwar auch auf nicht-landbasierte Systeme angewendet werden (mehr dazu in Teil Drei), wir beginnen aber mit diesem Bereich, da es so am einfachsten ist, ein Gefühl für die Abläufe zu bekommen. In dem landbasierten Beispiel, dem wir hier folgen werden, wird die Beobachtungsphase in zwei Teile gegliedert: zuerst das Land und dann die Klienten.

Ich sage „zuerst das Land", weil ich es persönlich bevorzuge, erst das Gelände anzuschauen, bevor ich ausführlicher mit den Kunden spreche. Dies gibt mir einen ungetrübten Blick auf das Vorhandene. Die Bestandsaufnahme wirft auch oft Fragen auf, die der Klärung bedürfen, z. B. bezüglich der Nutzungsgeschichte des Geländes. So herum macht es also für mich am meisten Sinn. Es ist jedoch keine strenge Regel, und du musst die Kunden sowieso im Vorfeld fragen, wo die genauen Grundstücksgrenzen verlaufen (damit du weißt, wo genau die Bestandsaufnahme erfolgen soll!). Dabei kannst du gleich nach einem guten Geländeplan fragen, den du später für deine Zwecke anpassen kannst. Wenn sie so einen Plan schon haben, sparst du die Zeit, selbst einen anzufertigen.

Wenn du für dich selbst ein Design erstellst, hast du schon eine relativ klare Idee davon, was du willst, und wenn dir das Gelände vertraut ist, auch eine gute Vorstellung davon, was vorhanden ist. In dem Fall dient die Beobachtungsphase der weiteren Klärung und Erweiterung deiner Wahrnehmung. Es ist dein Gestaltungsprozess, du kannst es also so machen, wie es für dich am besten funktioniert – achte aber darauf, dass deine Beobachtungen nicht von deinen Gestaltungsideen beeinflusst werden! Es kann sehr erhellend sein, einen Freund einzubeziehen, der nicht so vertraut mit dem Gelände ist und seine eigenen Beobachtungen hinzufügt. Solch ein externer Blickwinkel kann dir helfen, Blockaden zu beseitigen, die dich vielleicht vorher daran gehindert haben, das Offensichtliche zu sehen.

Sich heute etwas mehr Zeit für die Beobachtung zu nehmen, wird dir morgen viel Aufwand ersparen – das ist hier der wichtigste Punkt. Bill Mollison empfiehlt, dass wir unser zu gestaltende Gelände mindestens für einen vollen Zyklus beobachten. Für ein landbasiertes Projekt bedeutet das natürlich ein ganzes Jahr. Wenn das nicht möglich ist und du nicht alle Informationen zur Hand hast, gibt es aber vielleicht andere Personen, die dir helfen können, die Lücken zu füllen. Nachbarn oder Vorbesitzer wissen vielleicht auch, wo die sonnigsten oder schattigsten Plätze sind, und wann und wo es Überschwemmungen oder Frost gibt etc. Sie haben vielleicht auch Fotos, die dir helfen, etwas über die Geschichte zu erfahren. Integriere diese Personen am besten im Kundeninterview.

Pläne

Für ein gutes Design musst du dich immer selbst auf das Gelände begeben, nichtsdestotrotz hilft es natürlich, einen Rahmen zu haben, in den du deine Beobachtungen eintragen kannst, und Geländepläne können uns genau diesen bieten. Im besten Fall hat der Kunde einen Plan für dich, den du für deine Zwecke nutzen kannst, aber falls nicht, gibt es noch genug andere Quellen, über die du einen brauchbaren Plan bekommen kannst, einschließlich Online-Dienste[22]. Aber selbst wenn du das Glück hast, einen solchen Plan in den Händen zu halten, ist es unwahrscheinlich, dass er schon perfekt für dich ist.

Utility Karte

Pläne werden aus unterschiedlichen Gründen erstellt, und der dir zur Verfügung stehende wird wahrscheinlich einige für dich irrelevante Dinge enthalten, dafür werden andere wichtige Daten fehlen. Was du wissen musst, wird natürlich variieren je nach Ort und Zweck deines Designs.

[22] Über www.geoportal.de (für Deutschland) oder www.katasteramt.net (für Deutschland, Österreich und Schweiz) finden sich umfangreiche Hinweise auf Kartenquellen,. Der nützlichste Maßstab für die meisten städtischen Designs ist 1:1250 bis 1:2500. Die örtliche Bibliothek als auch Online-Portale der Bundesländer (wie www.geoportal.nrw) haben Kopien von öffentlichen Plänen oder auch historische Pläne und Fotos, die dir Aufschluss über frühere Nutzungen geben können. Für ländliche Designs sind landwirtschaftliche Pläne oft ein guter Ausgangspunkt. Viele Hausbesitzer haben Katasteramtspläne in ihren Unterlagen. Versorgungsbetriebe geben oft kostenfreie Pläne heraus, in denen ihre Versorgungsleitungen vermerkt sind.

Zum Beispiel kann die Angabe von detaillierten Höhenlinien viel Zeit sparen bei der Bestandsaufnahme eines großen Geländes, du wirst sie aber für die Gestaltung eines kleinen Stadtgartens wahrscheinlich nicht brauchen.

Schon der einfache Umriss eines Geländes kann als Startpunkt hilfreich sein, weil er dir viel Zeit erspart bei der Aufzeichnung der Grenzen, Größe und Form. Es ist aber wichtig zu bedenken, dass Pläne auch nur eine Momentaufnahme sind und vielleicht nicht mehr ganz genau die aktuellen Gegebenheiten darstellen. Diese wirst du nur ermitteln können, wenn du selbst vor Ort bist. Die einzigen älteren Pläne, auf die man sich verlassen kann, sind wohl die über Geologie und Böden.

Kläre also erst für dich, was du wissen musst, und recherchiere dann, welche Pläne verfügbar sind, die diese Informationen schon beinhalten. Bedenke, dass der richtige Plan sich vielfach auszahlt, weil er dir viel Zeit ersparen kann, die du sonst für die Erhebung von bestimmten Daten hättest einsetzen müssen. Dies ist besonders wichtig, wenn du ein enges Budget hast. Es sollte noch erwähnt werden, dass Luftaufnahmen auch praktisch sein können, obwohl man aufpassen muss bei solchen, die von kostenlosen Onlinediensten angeboten werden, da sie an den Punkten, wo einzelne Fotos zusammengefügt wurden, um ein nahtloses Bild der Landschaft zu bieten, verzerrt sein können. Manchmal ist die Nahtstelle zu erkennen, wenn z. B. Fotos zu unterschiedlichen Jahreszeiten gemacht wurden (das kommt wohl davon, wenn man unnatürlich wolkenfreie Landschaften präsentieren will). Du solltest auch überprüfen, ob solche Luftbilder noch aktuell sind: Während ich dies schreibe, zeigt das Luftbild bei TM Google Map unser Haus vor der Erweiterung durch den letzten Besitzer – was über fünf Jahre her ist!

Selbst Pläne erstellen

Es wird Zeiten geben, wo du keinen Zugang zu einem Plan mit einem brauchbaren Maßstab hast und deinen eigenen erstellen musst. Das ist sowieso eine wichtige Fähigkeit, es ist also keine Zeitverschwendung, einen eigenen Plan zu erarbeiten. Obwohl eine hundertprozentige Genauigkeit immer erstrebenswert ist, kann es unverhältnismäßig aufwändig sein, diese zu erreichen. In der Praxis sind 90-95% für die meisten Situationen gut genug, mit Ausnahme vielleicht der Höhenprofile für das Wassermanagement – so freundlich du auch bittest, Wasser wird nie ohne Hilfe bergauf fließen!

Ein Stadtgartendesign beinhaltet normalerweise viele Details wie Pflanzpläne etc., hier muss daher sehr genau vermessen werden, um sicherzustellen, dass alle vorgeschlagenen Beete und Wege auch in den vorhandenen Platz passen. Designs für größere Gelände wie Höfe basieren oft eher auf Mustern und zeigen, wie einzelne Systeme am effektivsten miteinander in Beziehung gesetzt werden können. Leichte Ungenauigkeiten bei der Planerstellung führen dann lediglich dazu, dass vielleicht ein paar mehr Bäume in eine Heckenreihe gepflanzt werden müssen, wobei man daran denken sollte, dass der in Büchern beschriebene finale Kronenumfang von Bäumen immer nur ein Annäherungswert ist und vom Gelände abhängt. Dennoch kann hier auch eine käuflich erworbene Karte mit exakten Höhenlinien und ein erschwingliches GPS-Gerät dabei helfen, ein Keyline[23]-System präzise zu planen und umzusetzen.

[23] Eine von P.A. Yeomans entwickelte Vorgehensweise für Wassernutzung und Bodenaufbau.

Erstellen von Bestandsplänen und Arbeitsplänen

Genau wie wir den Plan brauchen, um unsere Entwurfsideen zu kommunizieren, dient er auch zur Aufzeichnung der Informationen, die wir sammeln. Dies nennen wir unseren Bestandsplan. Er sollte einfach gehalten sein und die Grundstücksgrenzen sowie „feste“ Elemente zeigen wie Gebäude, Straßen, Gewässer und große Bäume. Zusätzlich sollte er einen Maßstab enthalten, einen Nordpfeil, sowie Ort und Datum.

Erstellen eines Bestandsplans aus einem existierenden Plan heraus

Wenn du schon einen guten Plan gefunden hast, sollte dies ein relativ einfacher Vorgang sein, aber du musst sicher noch die für dich relevanten Informationen heraussuchen und ihn eventuell vergrößern. Angenommen der Plan ist noch präzise, was nicht immer der Fall sein wird, dann solltest du ihn zuerst auf eine brauchbare Größe bringen. Du wirst sowohl einen Bestandsplan brauchen, auf dem du später deine Ideen präsentieren kannst, als auch einen kleineren Arbeitsplan, auf dem du Informationen eintragen kannst, während du vor Ort auf dem Gelände bist. Dafür wirst du in den meisten Fällen verschiedene Größen benötigen. Die Arbeit auf dem Gelände erfolgt normalerweise mit einem Klemmbrett (für gewöhnlich in A4, aber es gibt auch A3), während die Entwurfspräsentationen besser in einem größeren Format (A3 oder größer) gemacht werden, besonders wenn sie vor einer Gruppe stattfinden.

Vergrößern der Grenzen

Eine gute Methode, einen Plan zu vergrößern oder auch einfach zu kopieren ist die Nutzung eines großen Fensters als improvisierter Lichtkasten. Das funktioniert natürlich nur während des Tages! Klebe deinen vorhandenen (kleineren) Plan auf die Innenseite des Fensters und dann dein größeres Blatt einigermaßen zentral darüber, so dass du durch das größere Blatt den kleineren Plan darunter sehen kannst. Zeichne einen Punkt auf das große Blatt irgendwo in der Mitte des kleineren Plans, dieser ist dein Bezugspunkt für alle Messungen bei der Vergrößerung des Plans. Zuerst müssen wir aber noch festlegen, wie sehr wir hochskalieren können, was von der jeweiligen Größe unseres Papiers abhängt.

Wir messen nun die Entfernung zwischen unserem Bezugspunkt und einem Punkt an der Grundstücksgrenze des kleineren Plans. Dann entscheide, wie oft du diese Entfernung so multiplizieren kannst, dass der vergrößerte Plan immer noch auf dein großes Blatt passt. In dem Beispiel auf der Abbildung Seite 63, verdoppeln wir unsere Maße.

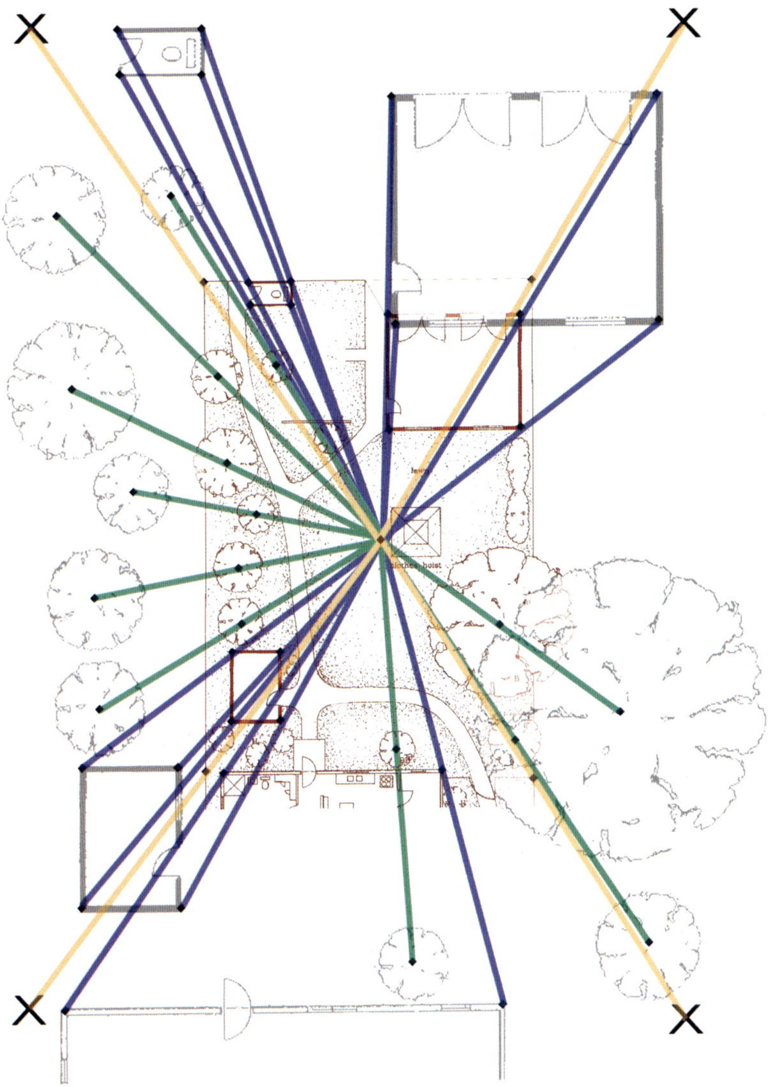

Vergrößerung eines Plans von einem zentralen Punkt aus, in diesem Fall wird die Größe verdoppelt.

Wenn du z. B. deinen Plan von A4 auf A2 vergrößern willst, kannst du eine Linie von dem Bezugspunkt zu einem Grenzpunkt auf dem kleineren Plan ziehen, und weiter zu einem neuen Punkt

mit nochmal der gleichen Entfernung, wobei die ganze Linie immer noch auf das größere Blatt passt. Wären es z. B. 15 cm vom Bezugspunkt zu einem Punkt an der Grenze des kleineren Plans, könntest du weitere 15 cm darüber hinaus auf das größere Blatt zeichnen (insgesamt 30 cm). Um nun den gesamten Plan zu vergrößern, würdest du einfach alle deine anderen Entfernungen vom Bezugspunkt zu weiteren Grenzpunkten mit Zwei multiplizieren.

Denke aber daran, auf dem vergrößerten Plan noch Platz zu lassen für Legende, Maßstab etc., gehe also mit deiner Zeichnung nicht ganz bis zum Rand. Wenn du alle Grenzpunkte verlängert hast (und die von allen anderen festen Elementen wie Gebäuden), verbinde sie miteinander. Wenn du etwas herausbekommst, das Ähnlichkeit hat mit deinem ursprünglichen Plan – gut gemacht! Wenn nicht, hast du etwas ein bischen anders gemacht als ich dachte, und gelernt wie man es nicht macht. Versuche es noch einmal.

Vergiss nicht, den Maßstab zu vergrößern. Es ist wichtig zu wissen, dass ein auf dem ursprünglichen Plan im Verhältnis dargestellter Maßstab (wie zum Beispiel 1:100) nicht mehr zutreffend ist, sobald du den Plan vergrößerst oder verkleinerst. Daher ist es immer sicherer, den Maßstab in einer Linealform darzustellen, die sich mit dem Plan vergrößert (siehe Beispiel unten).

Du wirst feststellen, dass diese Methode am besten bei Plänen von menschengemachten Systemen funktioniert, in denen es viele Ecken und gerade Linien gibt. Bäume können auch recht einfach gezeichnet werden, da sie ein Zentrum haben, aber organische Formen wie ein Flusslauf oder ein Teichufer brauchen viel mehr Bezugspunkte, um gezeichnet werden zu können.

Vergrößerung des Gitters

Die nächste Technik kann dabei helfen, die Lücken bei organischen Formen schnell zu schließen. Jeder Plan mit Gitterlinien kann per Hand vergrößert werden: Nimm dein größeres Blatt Papier und zeichne eine vergrößerte Version des Gitters darauf ein. Kopiere dann die Informationen, die du brauchst, ein Kästchen nach dem anderen, in das größere Gitter, wie unten dargestellt.

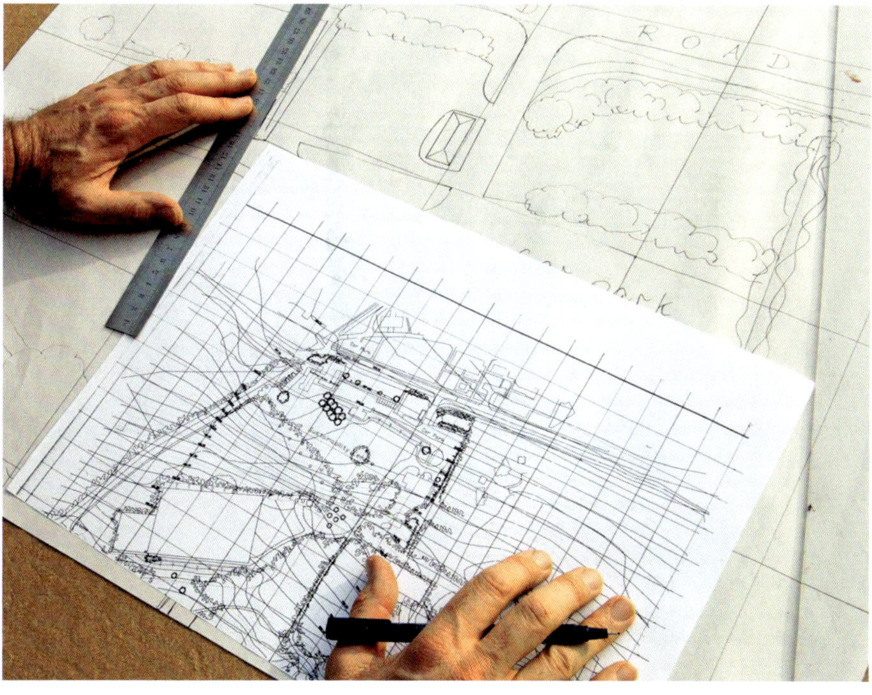

Gehe zum örtlichen Copy-Shop

Manchmal kann moderne Technik wirklich hilfreich und nützlich sein, wenn das Ziel es rechtfertigt. Schaffe jedoch keine Systeme, die davon abhängig sind! Fotokopierer sind zum Beispiel sehr praktisch, um einen Plan schnell von einem Format in ein größeres zu bringen (obwohl es Zeit und Energie verbrauchen kann, zu einem Copy-Shop hin und zurück zu fahren). Um mit dieser Methode zu arbeiten, suche den relevanten Bereich auf deinem Originalplan aus und vergrößere ihn, so dass er die ganze Seite ausfüllt[24]. Dies kannst du dann als Grundlage für einen neuen Plan nutzen, falls das Original eine Menge überflüssiger Informationen enthalten sollte. Übertrage ihn wieder auf ein anderes Papier (die Fenstertechnik funktioniert hier auch gut), oder wende die oben beschriebene Gittertechnik an. Vergiss nicht, Maßstab und Nordpfeil zu ergänzen, wenn du nur einen Teil aus einem Plan herausgenommen hast, und lasse noch Platz für die Legende.

[24] Dies könnte erstmal auf A4 sein und später nochmal vergrößert werden, oder direkt auf deine spätere Präsentationsgröße gebracht werden, die man später wieder reduzieren kann für den Gebrauch des Arbeitsplans vor Ort.

Eigene Maße nehmen für einen Bestandsplan

Wenn du für einen Bestandsplan bei Null anfangen musst, erfordert das etwas mehr Arbeit. Mit einer kleinen Investition und etwas Erfahrung kann man mit GPS relativ einfach Markierungspunkte auf einen Plan bringen, ich habe hier jedoch nicht den Platz zu beschreiben, wie das genau funktioniert. Für meine Beschreibung hier gehe ich davon aus, dass deine Messinstrumente etwas einfacher (und vielleicht auch zweckmäßiger) sind. Einfache Technologien sind oft verlässlicher und/oder leichter zu ersetzen, wenn sie ausfallen. Unsere eigenen Gliedmaße haben eine bestimmte Länge, und wir können sie einsetzen, um bemerkenswert präzise Messungen anzustellen. Jeder ist natürlich anders, aber sobald wir einmal mit unserem Schrittmaß über verschiedene Geländeformen und Hangneigungen vertraut sind, verfügen wir jederzeit über ein Messinstrument, das uns 90-95 % Genauigkeit gibt. Für die Standards der Lasertechnik mag das nicht angemessen sein, aber es reicht völlig aus, wenn wir für Pflanzen und Bäume planen. Eine Schlauchwaage mag vielleicht keine so aufregende Technik darstellen, aber ihre Verlässlichkeit basiert auf unveränderlichen Gesetzen der Physik.

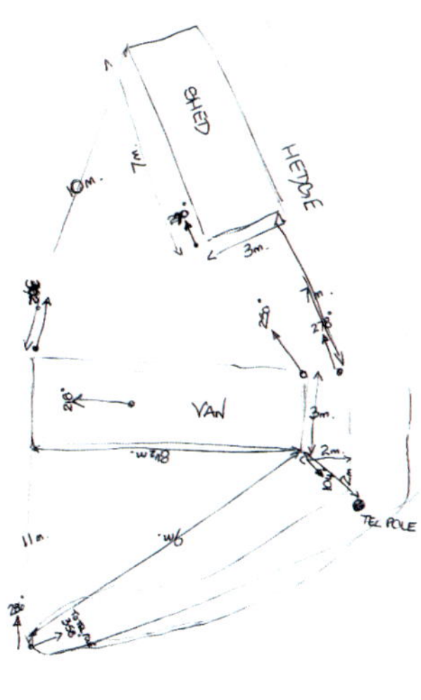

Zeichnen eines Arbeitsplans

Am Anfang kannst du eine grobe Skizze des Geländes erstellen, ohne zu sehr auf Genauigkeit zu achten. Du wirst sie kurzzeitig nutzen, um Entfernungen oder die Lage der Dinge zueinander festzuhalten, und so die Daten zu bekommen, die du später benötigst, um einen genaueren Plan zu zeichnen. Denke daran, dass dein Standort auch deine Perspektive verändert, so dass das Gelände vom seitlichen Rand aus betrachtet größer wirken kann als von vorne nach hinten. Nur von oben kannst du ein genaues Bild bekommen. Stell dich also in die Mitte und fertige eine einfache Bleistiftzeichnung an. Sollte das schwierig sein, wähle den Mittelpunkt einer Grenzlinie und orientiere deine Zeichnung anhand eines zweiten Sichtpunktes ungefähr im rechten Winkel zum ersten. Das sollte dir einen guten Ausgangspunkt liefern.

Auswahl der Grundlinie

Als nächstes zeichnest du die wichtigsten Fixpunkte auf dem Gelände ein wie Gebäude, Zugänge, Eckpfeiler, Telegrafenmasten oder große Bäume. Wähle zuerst zwei Punkte aus, vielleicht entlang einer Seite und in einiger Entfernung zueinander, von denen aus du alles andere einmessen kannst. Falls nötig, schlage selbst zwei Pfosten ein. Bei den meisten städtischen Designs bietet es sich an, zwei Ecken eines angrenzenden Gebäudes zu wählen. Deren Wände sind meist gerade, machen eine Abmessung zwischen den beiden Punkten einfach und ergeben so eine nützliche Grundlinie für deinen Plan.

Entfernungen messen oder Positionen bestimmen

In nachfolgender Abbildung sehen wir, wie ein Gebäude als Grundlinie für die Bestandsaufnahme genutzt wurde, wobei die Entfernung zwischen den Ecken A und B mit 15 m gemessen wurde. Wir wissen, solch ein Gebäude ist leicht zu zeichnen mit ein oder zwei geraden Linien, es ist also eine gute Möglichkeit, unseren Plan zu beginnen. Um die Position der anderen Elemente auf dem Gelände, wie z. B. die Bäume 1 und 2, genau zu bestimmen, ist es am einfachsten, von dieser Grundlinie aus ihre Entfernung zu jeder Ecke zu messen.

Du kannst ein Maßband benutzen oder dein Schrittmaß; in den Online-Ressourcen findest du eine einfache Umrechnungstabelle für Schritte ¤.

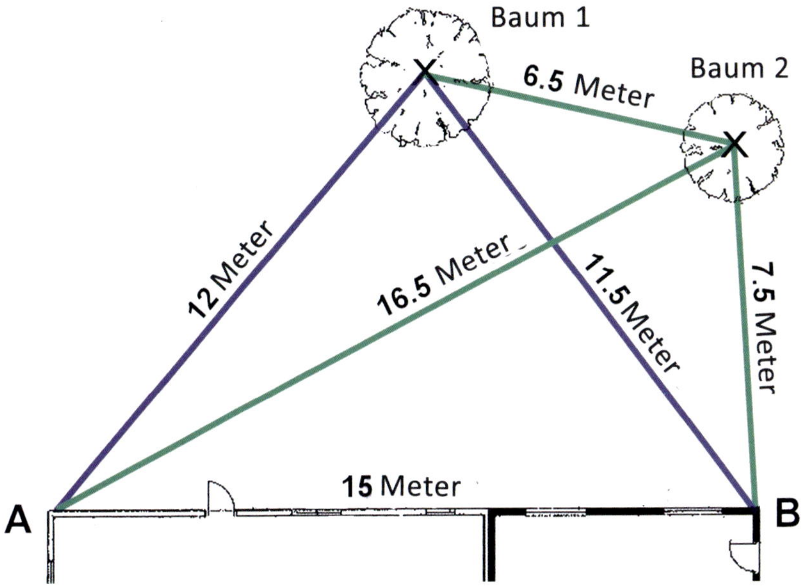

Damit kannst du später mit Hilfe der Trilateration[25] die Positionen aller Elemente korrekt einzeichnen. Diese Methode funktioniert am genauesten dort, wo die Maßlinien des einzumessenden Elements zu den Fixpunkten (hier A und B) annähernd in einem rechten Winkel zueinander stehen, wie bei Baum 1 im vorigen Beispiel. Daher ist es sinnvoll, einen weiteren Punkt zu wählen, der einigermaßen genau von A und B angepeilt werden kann (so wie Baum 1) und als dritter Bezugspunkt dient. So können wir nämlich bei der Positionsbestimmung von Baum 2 von A und B aus messen (Maßlinien, die in einem recht spitzen Winkel zueinander stehen) und zusätzlich auch von Baum 1.

Du wirst feststellen, dass dein dritter Bezugspunkt am nützlichsten ist, wenn er sich möglichst nah an der anderen Seite des Geländes befindet. Um also seine Position korrekt zu bestimmen, ist es besser mit einer Grundlinie an der längeren Kante des Geländes zu beginnen. Der Nachteil dabei ist, dass jedes Element im mitt-

[25] Die Ermittlung von absoluten oder relativen Punkten durch die Messung von Entfernungen unter Zuhilfenahme der Geometrie von Dreiecken (zweidimensional).

leren Bereich dieser Grundlinie (wie der Strauch in der unteren Abbildung) Maßlinien hat, die sich in einem sehr stumpfen Winkel kreuzen, also die gegenteilige Situation zu dem bei der Lokalisierung von Baum 2, aber genauso wenig hilfreich.

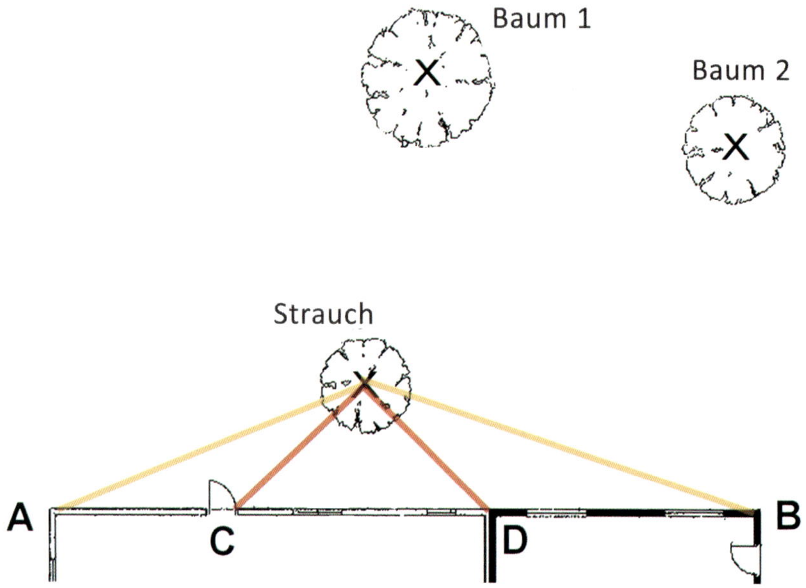

In diesem Fall kreuzen sich die Maßlinien von A und B in einem stumpfen Winkel, was die Genauigkeit ihrer Lokalisierung wieder reduziert. Unsere ideale Grundlinie sollte also andere Punkte beinhalten, die wir für die Festlegung näherer Elemente benutzen können. Im Falle unseres Gebäudes wären die Kanten von Türen und Fenstern ideal. In unserem Beispiel haben wir den Busch auch vom Punkt C aus gemessen, also von der Türecke, und von D aus, der Verbindung zwischen Haus und Garage.

So erhalten wir wieder fast einen rechten Winkel. Natürlich braucht es mehr Zeit, mehr Messungen durchzuführen, aber ich persönlich bin dafür, diese Zeit zu investieren, wenn ich die Bestandsaufnahme eines Geländes mache. Jedes Maß, das ich nehme, gibt mir eine weitere Überprüfungsmöglichkeit, wenn ich später den Bestandsplan zeichne.

In den meisten Situationen sollte diese Entfernungsmessung ausreichen, damit du später einen recht genauen Bestandsplan anfertigen kannst. Nichtsdestotrotz wird es nicht immer möglich sein, so einfach zwischen zwei Punkten zu messen, zum Beispiel wenn ein großer Teich dazwischen liegt. Dann ist es nützlich zu wissen, wie man einen Peilkompass benutzt. Solange du eine Sichtlinie hast, kannst du immer eine Peilung nehmen. Ein Kompass kann dir auch eine Menge Zeit sparen, da du nicht immer Hin und Her über große Gelände laufen musst.

Anstatt also die Entfernung zwischen zwei Elementen zu messen, können wir auch deren Positionen anpeilen für die spätere Triangulation[26]. Dies ist möglich, weil die Erde uns einen verlässlichen Bezugspunkt gibt: magnetisch Nord. Zumindest ist er auf unserem Gelände verlässlich (die Lage des magnetischen Nordpols verändert sich kontinuierlich und unterscheidet sich vom geografischen Pol[27], wodurch der Winkel zwischen den beiden – die so genannte Deklination oder Missweisung – rund um den Erdball schwankt).

Wenn wir also wieder an einem Ende unserer Grundlinie starten, sagen wir bei A, peilen wir jedes Element an, das wir in den Plan aufnehmen wollen, z. B. Baum 1 in der nächsten Abbildung. Wir können dann auch die Positionen aller anderen sichtbaren Elemente bestimmen, ohne uns zu bewegen. Erst wenn wir damit fertig sind (und Fotos gemacht haben – mehr dazu in Kürze) gehen wir zum anderen Ende unserer Grundlinie und wiederholen den Vorgang. Dadurch kann die Bestandsaufnahme um einiges beschleunigt werden. Auch hier gilt, dass die Verortung umso genauer ist, je rechtwinkliger sich die Linien kreuzen.

Es sollte jedoch erwähnt werden, dass durch das Herumgehen auf einem Gelände die Wahrscheinlich viel größer ist, dass du

---

[26] Die Positionsbestimmung eines Punktes durch Messung der Winkel von bekannten Punkten aus am jeweiligen Ende einer feststehenden Grundlinie.

[27] Die Richtung entlang der Erdoberfläche zum geografischen Nordpol.

viele wichtige Dinge wahrnimmst, die du ansonsten übersehen würdest.

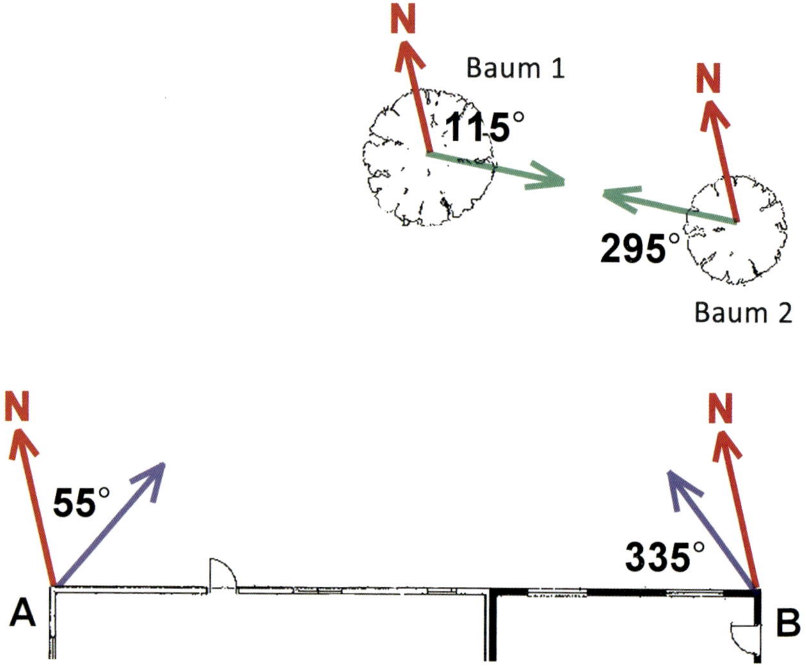

Also: hier ist es auch wieder nützlich, einen dritten Bezugspunkt zu haben, im Idealfall an einer anderen Grundstücksgrenze, die bereits von unserer Grundlinie aus genau bestimmt wurde. In diesem Fall nehmen wir an, dass Baum 2 entlang einer geraden Zaunlinie im rechten Winkel zum Gebäude liegt und leicht zu verorten ist. Wenn wir von hier aus eine dritte Peilung nehmen, können wir die Position von Baum 1 noch genauer festlegen.

Beachte, dass die von dir bestimmte Peillinie sich um 180° von der unterscheidet, die vom entgegengesetzten Sichtpunkt aus genommen wurde (d. h. von Baum 1 zu Baum 2), du solltest also die Richtung auf deinem Arbeitsplan mit einem Pfeil markieren, wie in der Abbildung gezeigt. Es gibt noch etwas, dessen du dir bewusst sein solltest, sowohl bei der Entfernungsmessung als auch beim Peilen: Wenn du jetzt versuchst, ein anderes Element zu verorten, indem du die Bäume 1 und 2 als Grundlinie benutzt, wird sich jeder Fehler bei ihrer Positionsbestimmung multiplizieren. Versuche also, alles anhand weniger und leicht zu bestimmender Bezugspunkte zu messen.

Ich werde hier nicht erläutern, wie man einen Peilkompass benutzt, da es zu viel Platz einnehmen würde, und wenn du einen kaufst, ist in der Regel auch eine Anleitung dabei. Ich will nur erwähnen, dass du damit recht zügig die Position von Elementen auf einem Gelände bestimmen kannst, solange du achtgibst, den Kompass nicht zu dicht an metallene Objekte zu halten (einschließlich derer, die du bei dir trägst, wie Handy, Organizer, Taschenlampe oder Klemmbretthalter).

Erfassen größerer organischer Elemente

Ich habe schon erwähnt, dass es bei der Vergrößerung von Plänen schwieriger ist, größere nicht punktuelle Elemente zu erfassen (wie z. B. Flussläufe oder Teiche). Das gilt auch, wenn man bei der Erstellung eines Bestandsplanes bei null anfängt. Bisher haben wir Elemente vermessen, deren Position wir genau festlegen können, während das geschwungene Ufer eines Teiches nicht so einfach zu bestimmen ist. Wir können zwar einen Punkt bestimmen, an dem ein anderes Element wie ein Bach oder ein Steg damit zusammentrifft, aber was ist mit dem Rest seiner Form? Angenommen du hast kein GPS-Gerät (hier kann die moderne Technik wirklich Zeit sparen), oder kein Luftbild, das dir Anhaltspunkte über den Umriss eines großen Teiches oder kleinen Sees geben kann, dann müssen wir einige simplere Methoden in Betracht ziehen.

Wir können damit beginnen, per Schrittmaß den Seeumfang zu messen. Wir können die kürzeste Entfernung zwischen seinem Rand und unseren schon festgelegten Punkten messen. Wir können von diesen Punkten aus die Lage des linken und rechten Seerandes bestimmen, und auch die von weiteren Punkten, z.B.einem Steg. Wir können uns auch etwas Zeit nehmen, und seine Form von verschiedenen Perspektiven aus zeichnen. Wenn ihr zu zweit arbeitet und dein Maßband lang genug ist, kannst du auch von zwei Uferseiten aus den Durchmesser des Sees an verschiedenen Stellen messen.

Die Kombination dieser Messmethoden sollte ausreichen, damit du die Form später auf deinen Plan übertragen kannst. Bei großen Gewässern können auch Luftbilder helfen, deren Form zu verdeutlichen, obwohl es besser ist, so viele Maße wie möglich auf dem Gelände selbst zu nehmen, für den Fall, dass du kein Luftbild auftreiben kannst, das noch aktuell genug ist.

Erfassung von Höhenlinien und Hangneigungen

Wenn das Gelände klein und überwiegend flach ist, mag es nicht notwendig sein, diesem Thema viel Aufmerksamkeit zu schenken. Wenn es jedoch benachbarte Hänge gibt, die Wasser und Material auf das Gelände oder von ihm weg leiten, sollten diese auf jeden Fall aufgezeichnet und in die Planung einbezogen werden. Bei größeren Grundstücken oder kleineren Hanggrundstücken sollten auf jeden Fall Hangneigungen und Höhenlinien markiert werden.

Eine Höhenlinie mithilfe eines Dreiecksrahmens bestimmen.

In diesem Fall:

• Nimm ein Nivelliergerät (zum Beispiel in Form eines Dreiecksrahmens, einer Schlauchwaage oder Laserwaage, um wichtige Höhenlinien und alle Höhendifferenzen zwischen den Hauptelementen auf dem Gelände zu bestimmen, wie etwa das Gefälle von Wasserläufen. Ein Gewässer, wie zum Beispiel ein See, bietet dir übrigens an seinem Rand ein praktisches Bezugsniveau.

- Trage diese Informationen auf einer neuen Kopie deines Bestandsplans oder auf einer Overlay-Folie[28] ein. Zeichne am besten auch einen Querschnitt des Geländes durch verschiedene Pflanz- und Bodenbereiche und kennzeichne diesen Schnitt auf dem Bestandsplan.

Ich nehme immer eine Schlauchwaage oder einen Dreiecksrahmen, weil man damit zügig arbeiten kann. Die Bestandteile eines behelfsmäßigen Dreiecksrahmens sind leicht in der Natur zu finden: drei Äste, eine Ranke und ein Stein reichen aus, wenn nichts anderes zur Hand ist. Eine rotierende Freiland-Laserwaage ist zwar teuer, aber sie ermöglicht es, Höhenlinien schnell und über größere Entfernungen hinweg zu markieren. Mit einem GPS-Gerät können diese Koordinaten dann festgehalten werden, um sie später in computerbasierte Kartierungsprogramme zu übertragen. Obgleich der Erwerb eines guten Geländeplans viel Zeit beim Erfassen der Höhenlinien sparen kann, wirst du diese Linien aber sowieso vor Ort markieren müssen, wenn dein Design Keyline®-Pflügen oder Swales[29] erfordert.

Mache viele Fotos (oder Videos)

Ich messe zwar so viele Entfernungen und Positionen wie möglich, während ich auf dem Gelände bin, stelle aber manchmal beim Zeichnen meines Bestandsplanes später fest, dass ich ein wichtiges Maß vergessen habe. Wenn das Gelände also weit von meinem Wohnort entfernt liegt, mache ich viele Fotos aus verschiedenen Blickwinkeln, besonders von den festen Punkten aus,

[28] Transparentpapier mit zusätzlichen Informationen, das über den Bestandsplan gelegt wird.

[29] Gräben oder Rinnen entlang der Höhenlinien zur Wasserspeicherung (Anm. d. Übers.).

die ich vorher gewählt habe (und ich mache mir Notizen, von wo aus jedes Foto gemacht wurde). Diese helfen mir später bei eventuellen Unsicherheiten bei der Planerstellung, indem sie wichtige Sichtachsen zeigen und mir den Aufwand eines weiteren Besuches vor Ort ersparen, falls ich beim ersten Besuch etwas vergessen hatte aufzunehmen. Dazu später mehr. Wenn deine Kamera (oder dein Handy) auch eine Videofunktion hat, kannst du damit auch Panoramen aufnehmen.

Nützliche Werkzeuge zur Bestandsaufnahme vor Ort
(zur Kartierung und Sammlung von Geländeinformationen)

Einfache Werkzeuge (die viele von uns besitzen, ausleihen oder herstellen können):

- Klemmbrett (A4 oder A3)
- Klarsichtfolie/-Tüte, um Papier trocken zu halten
- Viel Papier oder Kopien des Bestandsplans
- Transparentpapier für Informations-Overlays
- Kugelschreiber, Bleistift, Anspitzer, Radierer
- Maßband, Seil mit Knoten, oder Schrittskala
- Magnetkompass (Spiegelkompasse sind die besten)
- Wasserwaage (kleine Spritze ist nützlich zum Kalibrieren) oder Dreiecksrahmen
- Bodenproben-Skala (siehe Online-Ressourcen)
- Spaten (zwei erleichtern das Nehmen von Bodenproben)
- Gläser für Bodenproben (größere sind besser, mit guter Deckelabdichtung)
- Tüten zur Probensammlung
- Kamera (am besten digital) und Ersatzbatterien

Speziellere Werkzeuge:

- pH/Salzgehalt-Test-Set
- Sonnenkompass
- Teleskop-Libelle oder rotierende Freiland-Laserwaage
- Hand-GPS-Gerät
- Videokamera (um dynamische Ereignisse aufzunehmen wie starke Winde oder schwere Regenfälle)

Zeichnen des Bestandsplans

Wenn du nah genug am Gelände wohnst, dann nimm deinen Arbeitsplan mit nach Hause, erstelle einen präzisen Bestandsplan und kehre zum Gelände zurück, um weitere Informationen festzuhalten. Wenn du allerdings sowohl den Arbeitsplan als auch die ganze Bestandsaufnahme in einem einzigen Besuch machen musst, versuche deinen Plan so präzise wie möglich zu erstellen und benutze viel Transparentpapier für Overlays. In diesem Fall blättere nun zum Kapitel „Erfassen von Gelände-Informationen“ (S. 93) und kehre danach hierher zurück.

Bestimmen des Maßstabs

Wenn wir unseren Arbeitsplan als Grundlage nehmen, müssen wir zunächst den Maßstab unseres viel genaueren Bestandsplans festlegen. Dies kann man anhand der längsten Abmessung des Geländes und der Größe des Papiers, das für die Zeichnung genutzt wird, entscheiden. In meinem Bauwagen-Design – das Beispiel des groben Arbeitsplans auf Seite 67 – waren die ungefähren Geländeabmessungen 25 m x 12 m. Da die längere Abmessung bedeutend länger war als die kürzere, nahm ich diese als Anhaltspunkt für meine Wahl des Maßstabs. In diesem Fall entschied ich mich, meinen Bestandsplan auf A3-Papier zu zeichnen (420 mm x 297 mm). Da mein Design später eingescannt und online gezeigt werden sollte, reichte A3 als Größe aus. Wenn du einen größeren Plan brauchst, um ihn einer Gruppe von Leuten zu zeigen, und keinen Zugang zu einem Projektor hast, wäre A1 (Flipchartgröße) passender.

Nützliche Werkzeuge zur Planerstellung

- Zeichenbrett
- Papier, Transparentpapier
- Stifte (bevorzugt für technisches Zeichnen), Bleistifte, Buntstifte
- Radiergummi, Anspitzer
- Zirkel (zum Zeichnen von Bögen)
- Winkelmesser, Geodreieck
- Lineal (am besten mit verschiedenen Skalen)
- Schablonenset
- oder, für die Technik-Freaks, Computer Aided Design (CAD) kombiniert mit Datenpunkten eines GPS-Handgerätes

Normalerweise hätte ich nun die längste Abmessung (25 m) in die längere Papierseite (420 mm) eingepasst, aber mir fiel auf, dass ich diese diagonal auf das Papier bringen konnte, wenn ich einen Maßstab von 1:50 wählte (25 m in 500 mm). Interessanterweise konnte dadurch mein Nordpfeil zum oberen Seitenrand zeigen, was immer ein guter Grundsatz ist, um Verwirrung zu vermeiden. Nachdem ich den Maßstab bestimmt hatte, teilte ich die realen Abmessungen durch das Maßstabsverhältnis (in diesem Fall 50), um die Abmessungen auf meiner Zeichnung zu berechnen.

Man vergisst leicht, eine oder mehrere Abmessungen zu verkleinern, wenn man eine nach der anderen bearbeitet. Hätte ich in meinem Beispiel vergessen, 10 m durch 50 zu teilen, wäre dabei eine Linie von 10 cm herausgekommen anstatt von 20 cm. Ich empfehle also, den Arbeitsplan zu nehmen, erst alle Berechnungen durchzuführen und sie mit einer anderen Farbe neben die realen Maße zu schreiben, damit man sie gut auseinanderhalten kann. Alternativ kannst du ein Maßstabslineal verwenden, um alles anhand deiner Originalmaße aufzuzeichnen.

Einzeichnen der gewählten Grundlinie

Als nächstes müssen wir einen Bezug herstellen, von dem aus alle anderen Abmessungen gezeichnet werden können. Wenn du die verkleinerte Länge deiner Grundlinie berechnet und den besten Platz dafür auf deinem Plan festgelegt hast, zeichne sie ein. Im Idealfall richtest du dein Blatt zuerst nach Norden aus, das ist die übliche Arbeitsweise, auch wenn die meisten deiner Abmessungen von der Grundlinie aus gezeichnet werden.

Einzeichnen der festen Elemente

Ergänze nun die Details auf deinem Plan, zunächst nur leicht mit Bleistift, bis du dir über die korrekten Maße sicher bist. Es gibt hierfür verschiedene Methoden, je nachdem ob du Entfernungen gemessen oder Peilungen genommen hast. Wenn du mit Peilungen gearbeitet hast, wirst du einen Winkelmesser brauchen. Wenn du stattdessen die Maße von jeder Seite deiner Grundlinie zu jedem Element genommen hast, brauchst du einen Zirkel, um Bögen zu zeichnen. Solltest du keinen Zirkel haben, kannst du ähnliche Ergebnisse mit einem langen Streifen Papier erzielen. Ich gehe davon aus, dass du einen Zirkel hast.

Anhand von Entfernungen

Ermittle zuerst die verkleinerte Entfernung deines ersten Elements (sagen wir Baum 1) aus der Ecke A. Öffne den Zirkel auf diese Länge, setze ihn auf A auf deinem Plan und zeichne einen Bogen zum ungefähren Standort von Baum 1.

Jetzt wiederhole dies mit der verkleinerten Entfernung von der Ecke B aus. Wenn du es korrekt gemacht hast, sollten sich die beiden Bögen kreuzen wie in der Abbildung auf der nächsten Seite.

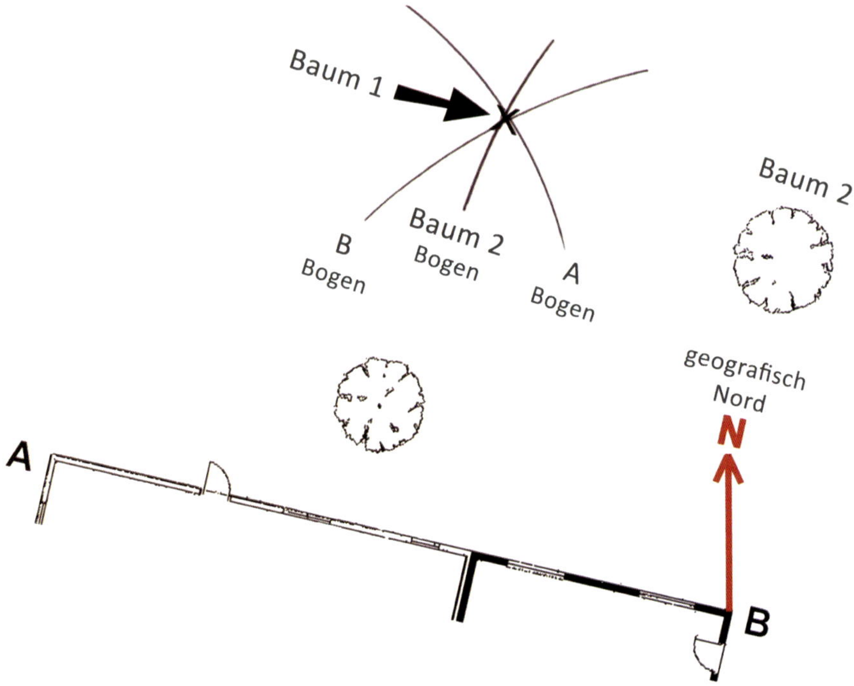

Auch hier ist die Genauigkeit höher, wenn sich die Bögen annähernd im rechten Winkel treffen. Wenn das nicht der Fall ist, können wir einen weiteren Bogen zeichnen von einem bekannten dritten Punkt aus (Baum 2 in unserer Abbildung). Es ist jedoch höchst unwahrscheinlich, dass sich diese drei Bögen exakt an der gleichen Stelle treffen. Sie werden wahrscheinlich ein Dreieck bilden, in dessen Mitte der tatsächliche Standort unseres Elements ist. Wiederhole dieses Vorgehen mit allen anderen Elementen, die du gemessen hast.

Versuche deine Bezugspunkte möglichst auf die beiden Enden deiner Grundlinie und einen dritten Punkt zu begrenzen. Jeder weitere Bezugspunkt, besonders wenn er nicht ganz akkurat von den Enden der Grundlinie aus festgelegt wurde, erhöht das Risiko von sich fortsetzenden Fehlern.

Am Ende deines Zeichenprozesses wird hoffentlich alles proportional aussehen. Nun ist es Zeit für den nächsten Schritt.

Anhand von Peilungen

Wenn du stattdessen Peilungen genommen hast, brauchst du einen Winkelmesser, um deine Punkte aufs Papier zu bringen. Ein entscheidender Vorteil dieser Methode ist es, dass bis auf das Verkleinern der Grundlinie keine weiteren Umrechnungen mehr nötig sind.

Das Fehlerrisiko hier entsteht durch das Zeichnen von Positionen anhand der falschen Bezugsrichtung. Um dieses Risiko zu verringern, richte deinen Plan so aus, dass Norden oben ist. Ich meine jetzt geografisch Nord, nicht magnetisch Nord (der durch den Kompass angezeigt wird).

Im Laufe der Zeit unterliegt magnetisch Nord Schwankungen, und seine Richtung variiert auch, je nachdem wo du dich befindest. In einigen Teilen der Welt kann es eine erhebliche Differenz geben (die man Deklination oder Missweisung nennt).

Zum Glück nennt dir das gute alte World Wide Web die aktuelle Deklination für jeden Standort[30].

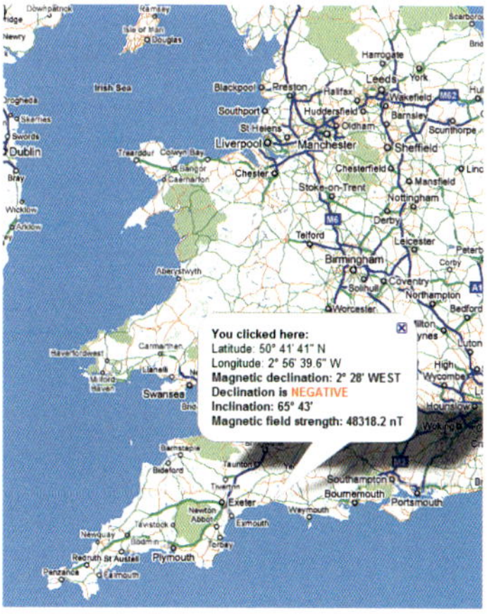

Klicke einfach auf eine Weltkarte, und ein Pop-Up-Fenster teilt dir die Zahl mit, die du wissen musst. Wenn du diese Zahl einmal hast, was tust du dann damit? Also: um deine Positionsbestimmungen von magnetisch Nord in geografisch Nord umzuwandeln, bevor du sie zeichnest, musst du entweder eine östliche (positive) Deklination hinzufügen, oder eine westliche (negative) abziehen. Um ein Beispiel zu nennen: die Deklination an meinem Wohnort beträgt 2,5° West. Eine so kleine Deklination kannst du auch einfach ignorieren, um die Dinge zu vereinfachen; wenn du irgendwo leben würdest,

[30] Die Online-Ressourcen beinhalten Links zu Webseiten mit entsprechenden Informationen.

wo sie 10°, 15° oder sogar bis zu 40° beträgt, wirst du sie anpassen wollen.

Du klicktest hier: Breitengrad 50° 41‘ 41‘ N – Längengrad 2° 56‘ 39,6‘ W – Deklination 2° 28‘ West – Deklination ist negativ – Inklination 65° 43‘ – magnetische Feldstärke 48318,2 nT[31]

In meinem Fall wäre also die richtige Position von Baum 2 zu Baum 1 in der Abbildung:

295° minus (da westlich) 2,5° = 292,5°

Wenn du eine Deklination anpassen musst, vergiss nicht, diese Rechnung für alle Peilungen vorzunehmen, oder du wirst am Ende doch die Elemente an den falschen Orten einzeichnen. Wie oben schon beschrieben, notiere am besten die umgerechneten Positionen in einer anderen Farbe, um das Fehlerrisiko zu minimieren.

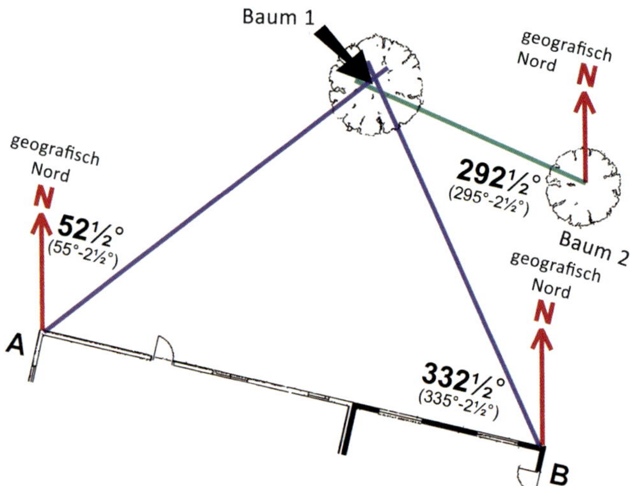

Entscheide nun also, ob eher ein Hochformat oder ein Querformat am besten zur Geländeausrichtung passt, und nimm die

[31] Text von der Sprechblase aus der Abbildung auf Seite 83.

Ränder deines Papiers als Bezug für das Einzeichnen der Peilungen. Vielleicht siehst du jetzt einen weiteren Grund, warum Gitternetzlinien auf Plänen beliebt sind. Wenn du geografisch Nord zum oberen Papierrand ausgerichtet und deine Peilungen angepasst hast (wie wir es in der oberen Abbildung getan haben), brauchst du nur noch mit dem Winkelmesser die Positionsrichtungen zu jedem Element von den Punkten A und B einzuzeichnen. Berechne jede Position kreisförmig im Uhrzeigersinn von Norden aus, der bei 0° liegt. Kennzeichne den Standort jedes Elements an der Kreuzung der Linien. Wie schon erwähnt, kannst du zur Sicherheit eine dritte Position nutzen, um ein Dreieck zu kreieren, in dessen Mitte du einen Punkt zeichnen kannst.

Einzeichnen organisch geformter Elemente

Um den See einzuzeichnen, den wir früher schon skizziert haben, können wir eine Kombination der beiden Techniken einsetzen. Tatsächlich zeichnen wir einfach eine Reihe von Punkten ein, die wir dann verbinden, um unsere Form zu bekommen. Wenn du die Peilungen nehmen konntest, zeichne diese zuerst auf deinen Plan. Die untere Abbildung zeigt, wie zwei Peilungen von jedem Bezugspunkt (die farbigen Linien) schnell den Bereich definieren, in dem der See liegen muss.

Die zusätzliche Entfernungsmessung, die wir von Baum 1 genommen haben, hilft uns zu ermitteln, wie weit in diesem Bereich das Nordufer liegt, und wir können das gleiche mit den anderen Maßen tun, die wir von anderen Punkten genommen haben. Da wir vor Ort schon einen Umriss gezeichnet haben, können wir diesen nun in den exakt definierten Bereich übertragen.

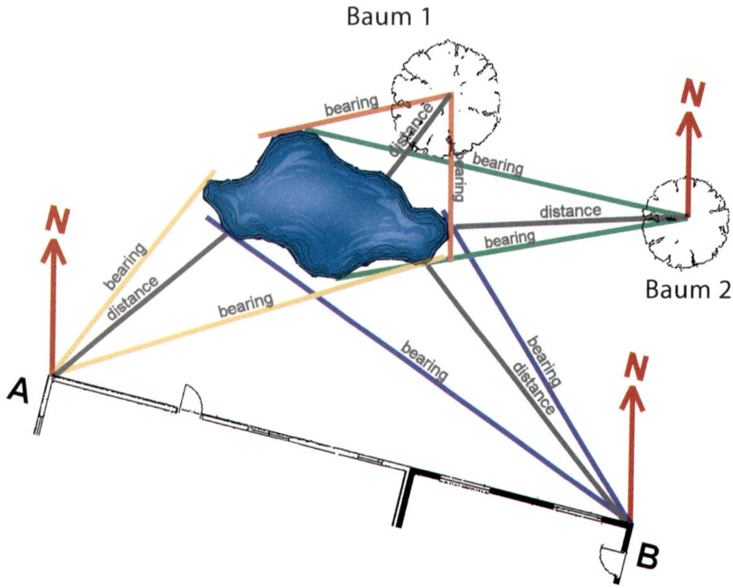

Zusätzlich kannst du den gemessenen Umfang des Sees auch noch maßstabsgerecht verkleinern, einen Faden in der entsprechenden Länge abschneiden, seine Enden zusammenfügen und ihn so auf deinen Plan legen, bis die Form richtig aussieht, bevor du sie aufs Papier zeichnest.

Was, wenn ich vergessen habe, etwas auszumessen?

Keine Sorge: Fehler zu machen ist die schnellste Art zu lernen. Jetzt können dir die Fotos helfen (du hast doch welche gemacht, oder?). In der unteren Abbildung können die Fotos, die wir von dem Gelände von unseren drei Bezugspunkten A, B und Baum 2 aus gemacht haben, uns nun helfen, Baum 3 zu lokalisieren, wenn wir vergessen haben sollten, die Maße oder Peilungen dafür zu nehmen.

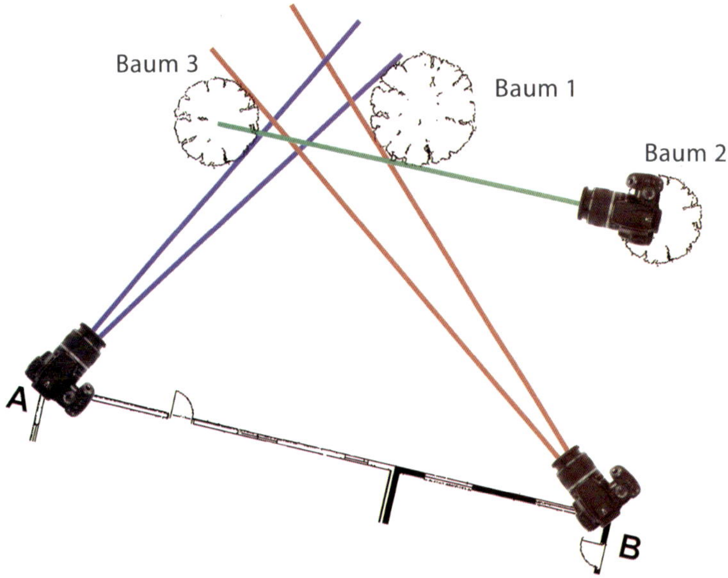

Das Foto von Punkt A aus zeigt uns, dass Baum 3 links von Baum 1 liegt, wobei der Abstand zwischen ihnen entlang dieser Sichtachse ungefähr die Hälfte des Kronenumfangs von Baum 3 beträgt. Von B aus liegt Baum 3 wieder links von Baum 1, aber diesmal beträgt der Abstand eher soviel wie der volle Kronenumfang von Baum 3. Das Foto von Baum 2 aus zeigt uns, dass der Stamm von Baum 3 auf einer Linie liegt mit dem äußeren Kronenrand von Baum 1. So können uns diese Fotos dabei helfen, Baum 3 einigermaßen genau auf unserem Plan einzuzeichnen, auch ohne Maß genommen zu haben. Probier es aus!

Die gleiche Technik kann uns auch dabei helfen, organisch geformte Objekte wie einen Teich zu zeichnen, wenn wir keine Positionen bestimmen konnten. Wir können wieder Sichtachsen von bekannten Punkten aus benutzen, entlang der verschiedenen Teichränder, und so seine Grenzpunkte im Verhältnis zu anderen Elementen einzeichnen.

Verbinde die Punkte, beende den Bestandsplan

Nachdem du alle deine Punkte eingezeichnet hast und die Entfernungen und Winkel korrekt aussehen, verbinde die Punkte miteinander, um deinen Plan zu erstellen. Er sollte an dieser Stelle richtig proportioniert aussehen – falls nicht, überprüfe deine Maße, man kann sich leicht verrechnen beim Herunterskalieren von Entfernungen. Sobald du mit deiner Bleistiftzeichnung des Plans zufrieden bist, zeichne alles mit einem guten Stift nach.

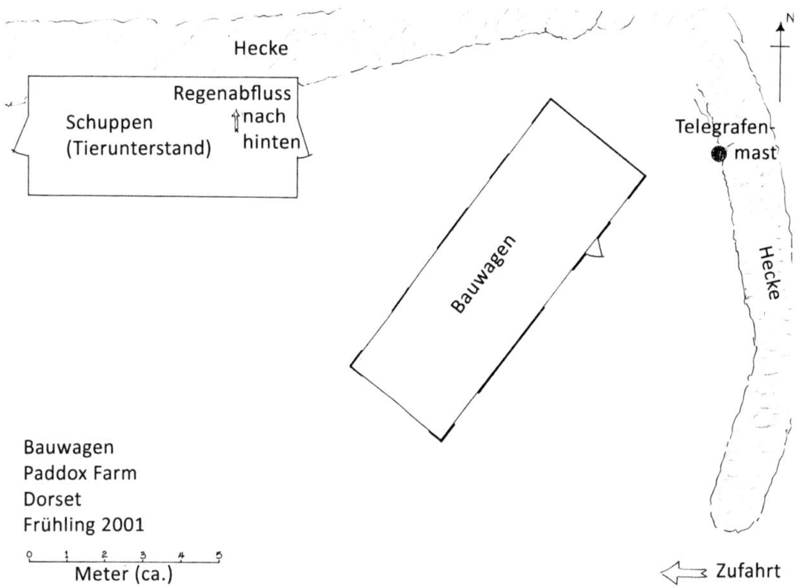

Dies ist der fertige Bestandsplan für mein Bauwagen-Design. Er beinhaltet nur die unbeweglichen Elemente, da der Rest des Platzes noch in Planung war. Alle anderen Geländeinformationen wurden auf Overlay-Folien gezeichnet. Vergleiche ihn dagegen mit meinem schludrig aussehenden Arbeitsplan (S. 67). Wie du siehst, brauchst du keinen ganz akkuraten Arbeitsplan, solange du genug Maße und/oder Peilungen nimmst. Dieses Design war für meinen eigenen Garten, Fotos waren also zu der Zeit weniger wichtig.

Denke aber an ihren wertvollen Beitrag, wenn du auswärts Bestandsaufnahmen machst. Die Kosten für einen erneuten Besuch auf einem Gelände können erheblich sein, sowohl zeitlich als auch finanziell. Bereite dich gut auf eine auswärtige Bestandsaufnahme vor und besorge dir von Anfang an alles, was du brauchst. Und mache *mindestens eine Kopie* deines Bestandsplans für den Fall, dass du versehentlich das Original ruinierst.

Zusammenfassung

Die wichtigsten Punkte für die Erstellung eines Bestandsplanes sind:

Aufnahme des Geländes

- Beobachte, aber beginne noch nicht zu entwerfen!
- Du wirst ein Gelände vielleicht nur zu einer bestimmten Jahreszeit sehen. Kunden und Nachbarn können fehlende Informationen ergänzen, notiere dir also alle Fragen, die du stellen willst.
- Ein Freund kann eine neue Perspektive auf dein eigenes Gelände bieten.
- Vorhandene Pläne können dir eine Menge Beobachtungszeit sparen, es kann sogar sinnvoll sein, wenn nötig dafür zu bezahlen. Luftbilder sind auch nützlich. Sei dir bewusst, dass beides jedoch auch veraltet sein kann.

Erstellen von Arbeits- und Bestandsplänen

- Vergrößere existierende Pläne wann immer es geht, um Zeit zu sparen.
- Durch das Erstellen deines eigenen Arbeitsplans setzt du deine Zeit dafür ein, eine nützliche Fähigkeit zu erlernen. Messe Entfernungen oder nimm Peilungen von einer Grundlinie aus.
- Der Grad der benötigten Genauigkeit hängt davon ab, was du vorhast. Normalerweise sind 90-95% gut genug.
- Vermesse Hangneigungen, wo es wichtig ist.
- Die einfachsten Werkzeuge sind meist die verlässlichsten, obwohl technischere Lösungen dir Zeit ersparen können.
- Mache Fotos quer über das Gelände von Schlüsselpunkten aus.

Zeichen des Bestandsplans

- Ein Bestandsplan zeigt nur die wichtigsten festen Elemente auf einem Gelände. Du kannst Overlay-Folien benutzen, um alles andere festzuhalten.
- Bestimme deinen Maßstab, indem du die längste Kante in die Längsseite des Papiers einpasst, lasse aber noch Platz für die Legende und andere Informationen auf dem Blatt.
- Richte deinen Plan nach geografisch Nord aus.
- Beginne mit der Zeichnung der Grundlinie und ergänze alle anderen Punkte von dort aus. Wenn du mit den Proportionen zufrieden bist, verbinde die Punkte.
- Vergiss nicht, einen Nordpfeil und Maßstab hinzuzufügen, sowie Adresse und Datum.

Flussdiagramm Bestandsplan

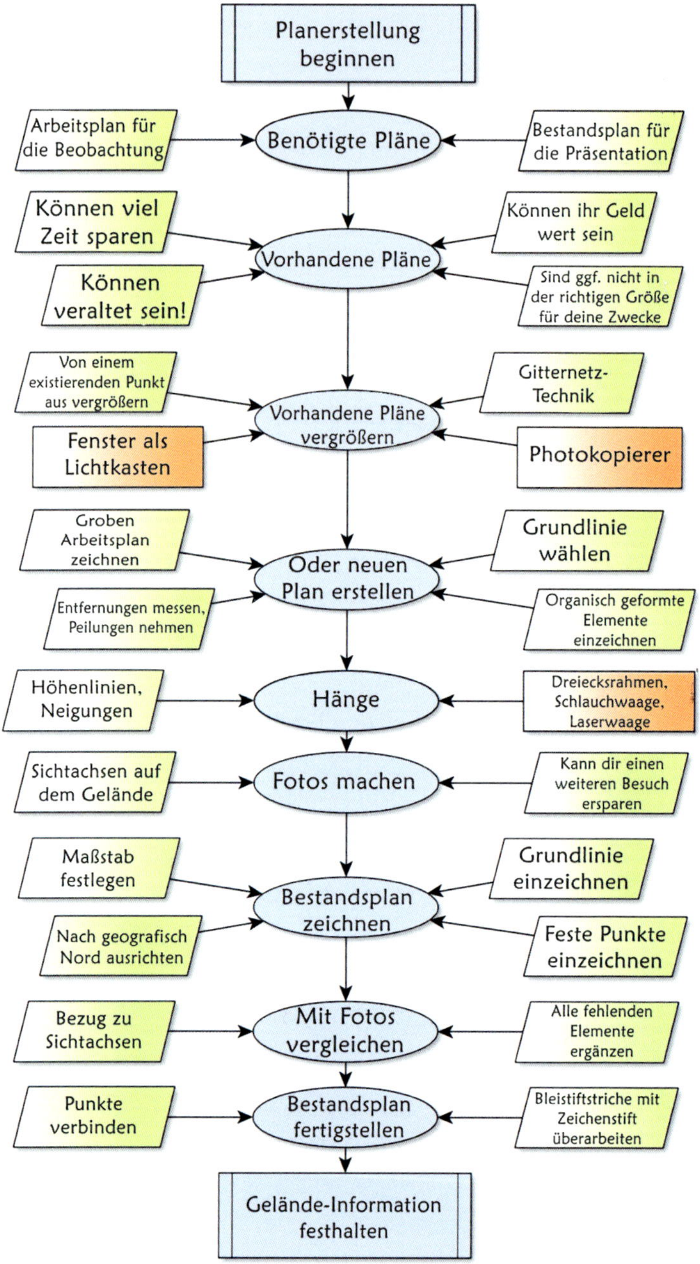

Erfassen von Geländeinformationen

Auch wenn du gute Pläne und Fotos oder sogar Videos hast, bleibt vieles unentdeckt, wenn du nicht selbst auf das Gelände gehst. Der Plan ist nicht die Landschaft, gehe also hinaus und nutze alle deine Sinne. Und das vorzugsweise rund ums Jahr.

Klima und Landschaftsformen

Wenn das Ökosystem, in dem du gestaltest, dir nicht vertraut ist, wirst du zunächst ein größeres Verständnis über die lokale Geologie und das Klima gewinnen müssen. Was für dich zuhause selbstverständlich ist, kann hier komplett anders sein. Es ist klug, nie irgendwelche Annahmen darüber zu treffen, was gut oder schlecht an bestimmten Orten funktionieren mag, auch nicht in uns vertrauten Landschaften. Letztendlich werden die von uns gewählten Strategien immer an die lokalen Ressourcen und Begrenzungen angepasst sein müssen. In kalten Klimazonen kann der Frost zum Beispiel häufig ganze Täler füllen, und ist daher beim Anpflanzen von Obstgärten manchmal ein größerer begrenzender Faktor als Wind, was dazu führen kann, dass diese hoch oben am Hang gepflanzt werden.

Größe des Projektes

Ein weiterer deine Herangehensweise beeinflussender Faktor ist die Größe des Geländes. Die Gestaltung eines kleinen Gartens erfordert einen ganz anderen Ansatz als die einer großen Landwirtschaft. Während für die meisten von uns eher der Garten der Ort ist, an dem wir uns gestalterisch betätigen, gibt es wohl keinen Mangel an landwirtschaftlichen Höfen, die dringend eine Neuplanung gebrauchen könnten. Zum Glück zeigen uns Leute wie Darren Doherty und Joel Salatin unter dem Banner der Regenerativen Landwirtschaft neue Wege auf, und wir finden uns vielleicht bald alle dabei wieder, unsere Gestaltungsdienste auch größeren Höfen anzubieten. Bill Mollison empfiehlt, dass du beim Betreten eines neuen Geländes als erstes zum höchsten Punkt gehen und die Landschaft von dort betrachten solltest. Er meint sicher nicht, dass du auf ein Dach klettern sollst, wenn du nur einen kleinen Garten zu gestalten hast, aber auf einem großen Hof kann diese Strategie einen klaren Überblick über das Gelände geben.

Wenn du jemals versucht hast, einen Teich per Hand zu graben, weißt du wieviel Energie es kostet, die Landschaft zu verändern. Darum ist es sinnvoll, sich bei der Gestaltung von großflächiger Landwirtschaft der Yeoman's Keyline Scale of Permancence[32] zu bedienen.

Diese Skala erinnert uns an die relative Dauerhaftigkeit der Hauptsysteme, mit denen wir interagieren; wobei die dauerhaftesten (unveränderbarsten) oben auf der Liste stehen. Bill Mollison und David Holmgren schlagen eine Anpassung an P.A. Yeomans Originalskala vor, wenn Permakultursysteme geplant werden:

1. Klima 2. Landform 3. Wasserversorgung 4. Straßen 5. Pflanzensysteme 6. Mikroklimata 7. Gebäude 8. Eingezäunte Flächen (Felder) 9. Boden

Da das Klima sich nur schwer verändern lässt (obwohl wir ihm gerade sehr zusetzen) und die Landschaft nur zu einem geringen Grad mit einfachen Mitteln veränderbar ist, bedeutet dies, zuerst die Wassersysteme zu gestalten, die dann die Platzierung von Straßen, Bäumen und so weiter bestimmen. Das Wasser bewegt sich über ein Gelände weg vom höchsten Punkt und rechtwinklig zu Höhenlinien, so dass es wichtig ist, hiermit zu beginnen.

[32] Eigenname, am besten zu übersetzen mit „Yeoman'sche Höhenlinien-Permanenzskala" (Anm. d. Übers.).

Sammeln von Daten

Beginne jetzt anhand deines Arbeitsplans oder Bestandsplans mit dem Sammeln von Daten. Bevor du aber deinen Plan mit all diesen Daten vollstopfst, benutze lieber Overlay-Folien[33], um die verschiedenen Arten von Informationen aufzuzeichnen. Lege ein Transparentpapier auf deinen Bestandsplan und zeichne die Grenzecken und den Nordpfeil nach. Dadurch wirst du später die Folie wieder richtig auf den Plan legen können. Wenn du stattdessen mit Kopien des Bestandsplans arbeitest, beginne mit einer von diesen. Gib jedem Blatt einen Titel, der die Art der Information beschreibt, die du darauf notierst. Auch wenn du während der Datenaufnahme Kopien deines Bestandsplans benutzt, kannst du später noch Overlays aus den gesammelten Informationen erstellen. Beachte: deine Original-Arbeitsversion mag eher grob aussehen und nicht so schön wie die Beispiele auf den folgenden Seiten. Einige der folgenden Geländebeobachtungen können eingetragen werden. Weitere Informationen können auf einem weiteren Blatt gesammelt werden.

Erfassen von existierenden Geländeelementen

- Wie wird das Gelände vorwiegend genutzt?
- Im Vergleich dazu, was ist die vorwiegende landwirtschaftliche/traditionelle Feldfrucht in dieser Gegend?

Diese Information kann dir helfen zu identifizieren, was schon gut hier wächst. Lass dich dadurch jedoch nicht davon abhalten, die speziellen Bedingungen auf diesem bestimmten Gelände weiter zu beobachten.

---

[33] Alternativ können wir mehrere Kopien des Bestandsplans benutzen, obwohl diese weniger vielseitig verwendbar sind als Overlay-Folien, welche für die Analyse der Informationen leichter übereinander geschichtet werden können.

Inspiziere alle Grenzen (Wälle, Hecken, Zäune, Wasserläufe etc.). Vermerke, woraus sie gemacht und wie gut sie gepflegt sind. Notiere dir, später herauszufinden wie die Besitzverhältnisse sind.

Füge nun auf deiner Folie oder Plankopie alle wichtigen Elemente hinzu, die aktuell auf dem Gelände vorgefunden werden oder es nutzen. Mit dem Akronym PASTE[34] kannst du alles gut behalten:

- Welche Pflanzen und Bäume wachsen auf dem Gelände: auf dem Land und in den Gewässern? Du kannst auch einen Transekt[35] über das Gelände legen als Teil dieses Prozesses. Notiere auch die Pilze, die du findest.
- Welche anwesenden Tiere nutzen das Gelände (wilde und Haustiere, Vögel, Insekten, Fische etc.). Schaue nach jedem Zeichen ihrer Aktivität. Vergiss auch die Menschen nicht.
- Welche Strukturen gibt es (z. B. Gebäude, Gewächshaus, Schuppen, Pflasterung, Teich, Damm, Terrasse, Windradmast etc.)? In welchem Zustand sind sie? Wird ihr Potenzial voll genutzt? Gibt es archäologische oder heilige Stätten?
- Welche Techniken und Werkzeuge sind im Einsatz (z. B. Windrad, Werkbank, Wäscheleine etc.)? Welche Arbeit wird hier verrichtet?

Regenabfluss, Tierspur, oder beides?

[34] PASTE im Englischen: Plants, Animals, Structures, Tools, Events.

[35] Ein länglicher Ausschnitt, entlang dessen man das Vorkommen der untersuchten Phänomene aufnimmt und zählt (z. B. Pflanzen, indem man jedes Beispiel notiert).

- Welche Ereignisse[36] finden hier statt (z. B. sozial: Parties, Kurse, Camps – oder natürlich: Überflutung, Frost, Feuer etc.)?

Du wirst wahrscheinlich nicht jeden einzelnen Baum, Pilz, jede Pflanze oder Tierspur identifizieren können. Auch in diesem Fall können Fotos nützlich sein. Oder, wenn genug davon vorhanden ist, nimm ein Blatt oder eine Blume mit, um sie später zu bestimmen, entweder durch den Klienten, einen anderen Gärtner, oder ein Fachbuch.

Du kannst jede Pflanzen- oder Baumart auch mit dem Modell DAFOR erfassen, das die relative Häufigkeit von Arten in einem bestimmten Gebiet beschreibt. Die Buchstaben stehen für Dominant (**D**ominierend), **A**bundant (Reichlich), **F**requent (Häufig), **O**ccasional (Gelegentlich) und **R**are (Selten). Damit kannst du die allgemeine Flora eines Geländes schnell beschreiben, ohne die Arten einzeln zählen zu müssen. Manche erfahrene Botaniker fügen noch die Kategorie Missing (fehlend) hinzu, für diejenigen Arten, die sie überraschenderweise nicht finden. Denke aber daran, dass alles, was du siehst, sich mit den Jahreszeiten verändert, und du vielleicht nur zu einem bestimmten Zeitpunkt im Jahreskreis in der Lage bist, bestimmte Informationen zu sammeln. Notiere dir alle Fragen, die du den Kunden stellen willst, am besten auf einem separaten Blatt Papier. Frage sie auch nach allen Fotos, die sie von dem Gelände zu anderen Jahreszeiten gemacht haben könnten.

Kartierung von Zugangspunkten und Wegen über das Gelände

Nimm entweder eine Overlay-Folie oder eine neue Kopie des Bestandsplans, um die Zugangspunkte von Menschen, Tieren und Fahrzeugen aufzuzeichnen. Passen sie zu den potenziellen Entwicklungsmöglichkeiten des Geländes, und sind sie in einem guten Zustand?

[36] Dies habe ich auch schon als „Aktivität“ bezeichnet gesehen, so dass aus dem Akronym PASTA wird.

Überprüfe besonders den Zustand von Brücken oder ähnlichen Strukturen. Beachte auch Zugangsstraßen und die Gebiete, durch die sie führen. In Gebieten mit Feuerrisiko brauchst du einen sicheren Fluchtweg, und keinen der durch ein mögliches Inferno führt.

Über Zugangswege habe ich meine Lektion gelernt, als ich unser jetziges Zuhause ausgesucht habe. Als ich es eine Woche vor der Wintersonnenwende das erste Mal sah, und bemerkte, dass das Haus über den Hügel im Süden hinweg noch Sonnenlicht bekam, war ich sehr froh darüber. Was ich nicht in Betracht zog, bis wir eingezogen waren und es geschneit hatte war, dass unser steiler Zugangsweg den Hügel hinaufführte – aus einem schattigen Tal heraus, wo Schnee und Eis nur sehr langsam schmelzen. Ohje!

Kommen wir zurück zu unserer Bestandsaufnahme: notiere welche gebauten Wege (Pfade, Straßen etc.) schon über das Gelände führen. Gibt es weitere Gebrauchswege? Das sind Trampelpfade, die von Menschen, Tieren oder Fahrzeugen kreiert werden, um den kürzesten oder leichtesten Weg zwischen zwei Punkten zu nehmen. Hier ist ein Beispiel aus einem meiner Lieblingsbücher: „Crap Cycle Lanes" (Missglückte Fahrradwege) – kauf dir ein Exemplar, es ist für einen guten Zweck!

Gibt es relevante Barrieren für solche natürlichen Bewegungsflüsse, wie zum Beispiel Wildkorridore in das Gelände hinein, die von viel befahrenen Straßen oder Wasserläufen unterbrochen werden? Wo halten sich die Menschen auf, um Aufgaben zu bearbeiten, Dinge zu sammeln oder sich auszuruhen? Wo werden Materialien auf das Gelände gebracht, gelagert oder weggenommen? Inwiefern beeinflusst die aktuelle Situation die Funktionalität des Geländes? Sind manche Wege länger als nötig, oder führen sie durch Gebiete, wo sie vermeidbare Störungen verursachen?

Ermittle die verschiedenen Zonen auf dem Gelände

Bei der Zonierung geht es immer darum, wie die Energie auf dem Gelände genutzt wird. Wir beginnen damit, die derzeitigen Nutzungsmuster aufzuzeichnen, und optimieren diese später, um mehr Effizienz zu erreichen. Zonen fokussieren sich auf die Hauptnutzungsbereiche wie Gebäude (oft auch Zone 0 genannt), und gut genutzte Trampelpfade, wo sich die Menschen langsam genug bewegen, um wahrzunehmen, was um sie herum vorgeht. Um den Arbeitsaufwand zu minimieren, ordnen wir dann später die Dinge, die die meiste Aufmerksamkeit brauchen, um diese Fokuspunkte herum an.

Zeichne nun die bestehenden Zonen in deinen Plan mit den Gebrauchswegen und Zugangspunkten ein. Wenn du verschiedene Farben benutzt, kannst du sie gut unterscheiden, wie in meinem Beispiel in der Abbildung.

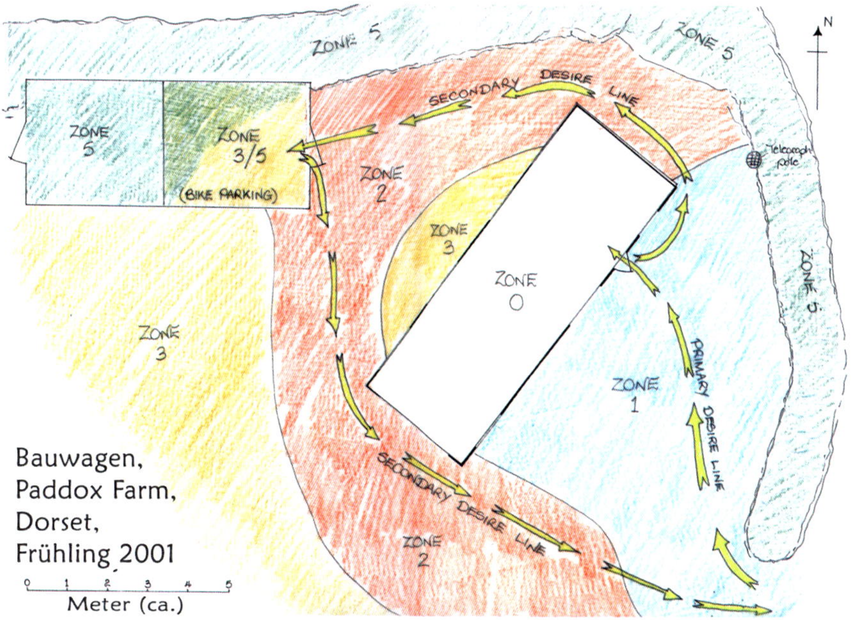

Die Trampelpfade um meinen Bauwagen herum formten die Zonierung des Geländes

Um die verschiedenen Zonen auf einem größeren Hof zu definieren, folgen wir üblicherweise diesem groben Leitfaden:

Zone 1 – direkt am Haus, besonders alle Zugangspunkte (Vorder- und Hintertüren), auch entlang regelmäßig genutzter Wege. Dort wo die häufigste gärtnerische und soziale Nutzung besteht.

Zone 2 – bekommt etwas weniger Aufmerksamkeit; mag weiter entfernt liegen, aber vielleicht immer noch intensiv begärtnert werden. Kann Beeren, Obstbäume, kleine Tiere etc. enthalten.

Zone 3 – Kommerzielle Produktion (weniger intensiv), z. B. Getreide, Gemüsekulturen, Obstbaumwiesen, Agroforstsysteme, Futtergetreide, Weiden, Wiesen etc.

Zone 4 – Forstwirtschaft (häufig zur Stabilisierung von Hängen): Bauholz, Niederwald, Heizmaterial etc.

Zone 5 – Orte, die Menschen selten aufsuchen (nur zum Beobachten und Lernen). Wo wild lebende Tiere sich frei bewegen.

Wir müssen nicht unbedingt alle fünf Zonen auf einem Gelände bestimmen, besonders wenn es relativ klein ist (z. B. ein durchschnittlich großer Garten). Wir werden mit ziemlicher Sicherheit Bereiche finden, die wir als Zone 1 und Zone 2 bezeichnen können, zusammen mit Zone 5-Gebieten für Wildnis; auch wenn diese begrenzt ist auf Abflüsse, Rinnen und eine Stelle mit wilden Pflanzen. Wir sollten auch daran denken, dass Dächer, Baumkronen und das Innere von Hecken gute Zone 5-Gebiete darstellen.

Auf größeren Grundstücken, besonders auf landwirtschaftlichen Flächen, werden wir auch die Zonen 4 und 5 bestimmen können. Du wirst vielleicht feststellen, dass je nach Geländeart die Zone 0 (der zentrale Mittelpunkt der Aktivität) nicht konstant ist, sondern sich saisonal verändert. Dies könnte in einem Gemeinschaftsgarten der Fall sein, wo der soziale Mittelpunkt im Winter ein Passivgewächshaus sein mag, aber sich im Sommer an einen schattigeren Platz verlagert. Du wirst vielleicht auch mehr als eine regelmäßig genutzte Zone 0 auf einem Gelände finden, wie z. B. ein Haus und eine Werkstatt[37].

In städtischen Gebieten würden regelmäßig genutzte Einrichtungen wie Schulen und Universitäten, Kleingärten, Bibliotheken und Freizeitzentren als Zonen 2, 3 oder 4 betrachtet werden, abhängig von ihrer Erreichbarkeit. Denke daran, dass wir in dieser Phase lediglich die aktuell genutzten Zonen bestimmen durch unsere Beobachtung. Vielleicht wirst du Möglichkeiten sehen, z. B. eine Zone 2 in eine Zone 1 umzuwandeln, aber dein Job für diesen Moment ist nur die Wahrnehmung der Geländenutzung, wie du sie gerade vorfindest.

Links: Energie fließt durch das Gelände, ohne aufgefangen zu werden. Mitte: Energiespeicher sind verbessert worden, weniger verlässt das Gelände. Rechts: Energie wird auch in Kreisläufe gebracht, wodurch die Speicher weiter verbessert werden.

Während es bei den Zonen darum geht, die Energie auf dem Gelände zu halten, geht es bei den Sektoren um die Energie, die von Außen darauf einwirkt. Sie werden auch wilde Energien genannt (da sie dazu tendieren, jenseits unseres Einflussbereiches außerhalb der Geländegrenzen zu liegen), und bieten uns viele Möglichkeiten, einen Ertrag zu erzielen. Letztendlich fließt alle Energie von einer Quelle zu einer Mündung, und unser Gelände ist manchmal genau dazwischen. Die Energiequelle ist fast immer die Sonne, auch wenn sie auf dem Gelände als Wind oder Wasser ankommen mag. Unser Ziel ist es, die Energie so gut

[37] David Holmgren nennt dies Netzwerkanalyse in seinem Buch „Hepburn Permakultur-Gärten."

wie möglich zu ernten, zu speichern und kreisen zu lassen, bevor sie unser System wieder verlässt. Diese Analogie des „undichten Fasses" veranschaulicht dieses Konzept.

Zeichne die verschiedenen Sektoren des Geländes

Nutze die gleiche Technik wie zuvor, um die Sektoren des Geländes aufzuzeichnen. Wenn es genug Transparentpapier gibt, würde ich empfehlen, mindestens zwei Blätter zu nehmen, vielleicht sogar mehr. Der Grund dafür ist, dass wir später im Laufe unserer Analyse verschiedene Kombinationen dieser Einflüsse für die Platzierung der einzelnen Elemente in Betracht ziehen wollen. Wir werden vielleicht den Einfluss von Wind und hohen Wasserständen für ein Element besonders berücksichtigen müssen, während uns bei einem anderen eher die Sonne und Wasserverfügbarkeit interessiert. Im Idealfall nutze also ein Blatt für jeden Sektor; wenn du aber Sektoren auf den Overlay-Folien kombinierst, um Papier zu sparen, schlage ich folgende Gruppierungen vor:

- Sektoren, die mit Richtungen zu tun haben, deren Winkel über das Gelände hinweg wenig variiert (z. B. Sonne, Wind etc.)
- Sektoren, die mit der Topographie zu tun haben, und an bestimmten Stellen auf dem Gelände verortet sind (z. B. Frost, Feuchtigkeit etc.)

Richtungssektoren

Die Hauptbeispiele dafür sind:

- Die Sonnensektoren von Mittwinter und Mittsommer
- Die Richtungen sowohl der vorherrschenden als auch der kältesten, schädlichsten Winde. Berücksichtige auch

durchschnittliche Geschwindigkeiten und Böen sowie Veränderungen in Feuchtigkeitsgehalt und Temperatur.

Im Grunde genommen passt alles, das einen deutlichen Effekt über eine längere Entfernung hat, in diese Kategorie. Wenn dein Gelände an der Küste liegt, können warme Meeresströmungen als Richtungssektoren angesehen werden. Winde können auch industrielle Verschmutzung von weiter her bringen.

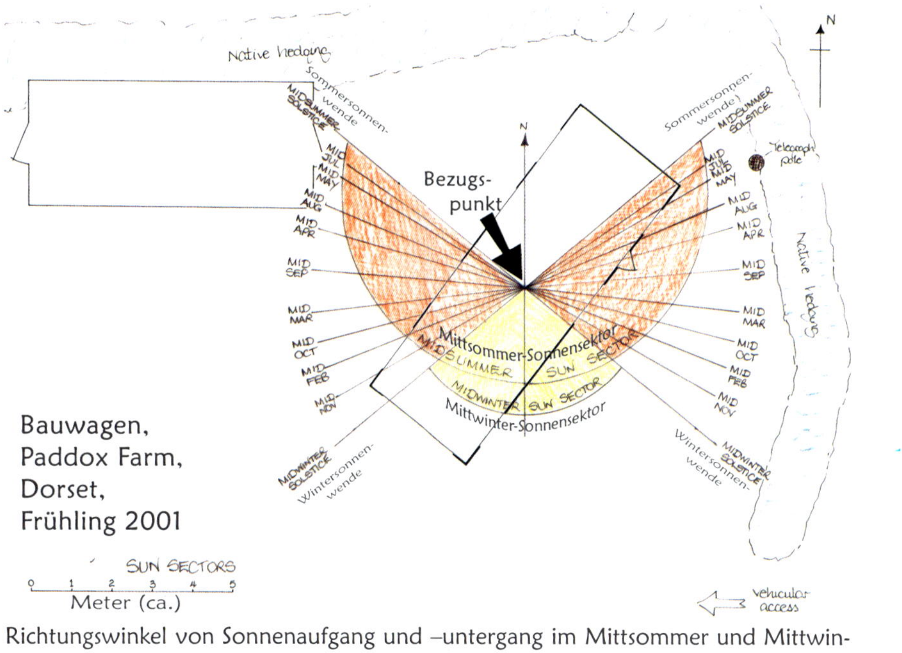

Richtungswinkel von Sonnenaufgang und –untergang im Mittsommer und Mittwinter mit monatlichen Variationen – für den 50° nördlichen Breitengrad (London).

Diese Energien können zwar alle von den Elementen auf dem Gelände beeinflusst werden, indem diese z. B. Schatten werfen oder Winde verlangsamen, die Richtungssektoren kommen aber auf das Gelände aus der gleichen Richtung, egal wo du stehst. Sie können so beständig sein, dass in ganz Großbritannien die vorherrschende Windrichtung als südwestlich bis westlich angenommen wird. Der Lauf der Sonne ist ebenfalls recht beständig über ein großes Gebiet hinweg. Es ist wichtig zu berücksichtigen, dass Richtungssektoren immer einen Bezugspunkt haben, der irgendwie markiert werden sollte. Sie sollten auch nach Norden ausgerichtet sein.

Mein Sonnensektor-Overlay wurde mit Hilfe eines so genannten Sonnenkompass[38] erstellt, der die sich verändernden Winkel von Sonnenaufgang und -untergang im Jahresverlauf zeigt. Er ist kalibriert auf 50° nördlicher Breite (z. B. London), die Anleitung erklärt, wie man diese Winkel für andere Breitengrade neu berechnen kann. Wenn du genug Zeit (Jahreszeiten) hast, um das Gelände zu beobachten, könntest du einen Schattenplan erstellen, um diese Veränderungen auf dem Gelände über den Tag und die Monate hinweg zu zeigen. Du kannst den Bezugspunkt von Richtungssektoren-Overlays überall auf deinen Bestandsplan legen; richte sie nach Norden aus und sie werden dir alles über die jeweilige Situation verraten. Wenn du einmal ein Sonnensektor-Overlay wie in meinem vorigen Beispiel erstellt hast, kann du es praktischerweise für alle anderen Geländeplanungen mit ungefähr dem gleichen Breitengrad benutzen.

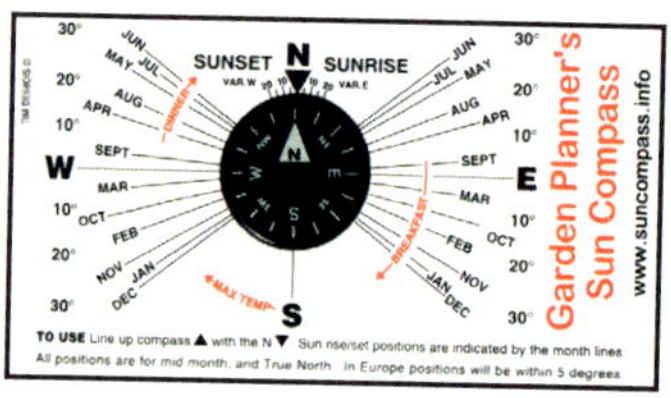

Topografische Sektoren

Die Hauptbeispiele hierfür sind:

- Gebiete, die überflutungsgefährdet sind
- Gebiete, die kälte- und frostgefährdet sind

---

[38] Sonnenkompass für Gartenplaner/Sonnenaufgang – Sonnenuntergang
Nutzung: Lege den Kompass ʌ an den Nordpfeil v. Die Monatslinien bezeichnen den Sonnenauf und –untergang. Alle Positionen beziehen sich auf die Monatsmitte und geografisch Nord. In Europa liegen die Positionen innerhalb von 5°.

Wasser und kalte, feuchte Luft fließen verlässlich bergab, und sammeln sich in Niederungen oder hinter festen Strukturen wie Gebäuden, Hecken oder Wällen. Eis kann vermehrt auf Zugangswegen entstehen, wo sich das Wasser aus einem Hang auf der Straße oder dem Pfad verteilt. Die Wasserstände von überfluteten Flüssen steigen den Geländekonturen entsprechend. Dadurch sind diese Sektoren definierbar, obwohl ihr Ausmaß mit der Schwere des Wetters variieren kann. Dazu gleich mehr. Während die meisten Richtungssektoren wie „Kuchenstücke" dargestellt werden, die einen zentralen Punkt haben, können topografische Sektoren jede Form annehmen, da sie von der Landschaft oder deren Strukturen geformt werden. Denke also daran, die Overlayfolie auf deinem Bestandsplan auszurichten, bevor du beginnst, indem du einige feste Punkte markierst wie Gebäudeecken. Dadurch kannst du später alle Overlays passend aufeinander legen.

Kombinierte Sektoren

Viele der Sektoren, die wir einbeziehen wollen, sind jedoch weder reine Richtungssektoren noch topografische Sektoren, sondern eine Kombination von beiden. Sie bilden sich dort, wo ein Richtungssektor mit einer bestimmten Eigenschaft des Geländes interagiert. Oft führt dies zu Mikroklimata, die eine von uns als Gestaltern so geschätzte Vielfalt von Nischen bilden können.

Hier einige Beispiele dieser kombinierten Sektoren:

- Windkanäle und geschützte Bereiche
- Regenschatten von Bäumen, Hecken, Mauern oder Gebäuden
- Schatten – denke daran, dass Schatten sich über den Tag bewegen, und ihre Länge sich saisonal verändert (siehe Fotos auf Seite 110)
- nächtliche Lichtbelastung zwischen Gebäuden, Bäumen etc.
- alle besonders guten oder schlechten Ausblicke

- Privatsphäre
- Feuerrisiko in unmittelbarer Nachbarschaft (häufig durch saisonal vorkommende leicht entzündbare Materialien, die sich windwärts befinden) – ein großes Thema in trockenen Gebieten

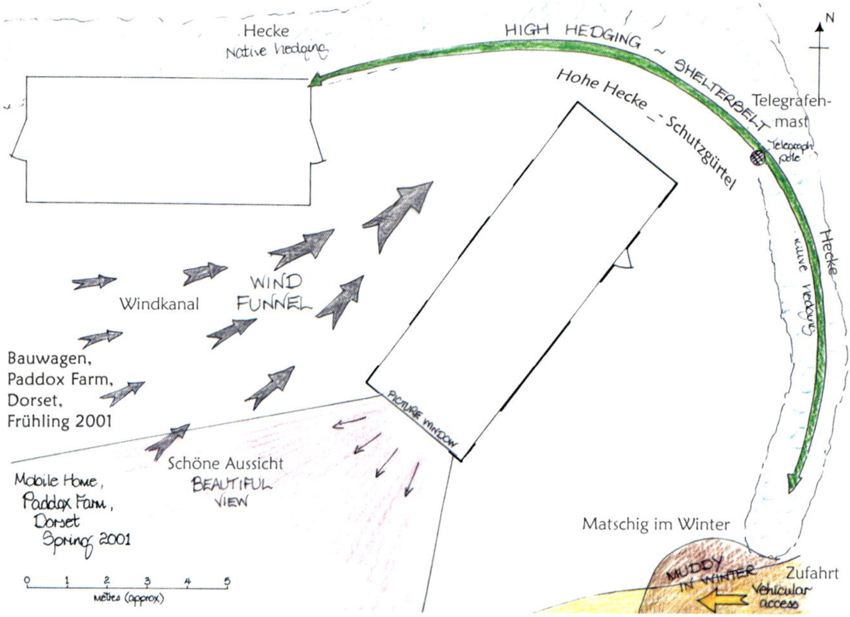

Kombinierte Sektoren, die auf die Gestaltung meines Bauwagenplatzes einwirken.

Im obigen Beispiel ist der Ausblick ein Richtungssektor, der eng verbunden ist mit dem Fenster des Bauwagens, von dem aus dieser Blick meist genossen wird. Der Wind kommt aus der vorherrschenden Richtung, aber die Standorte des Schuppens und des Bauwagens erzeugen den Effekt eines Windkanal. Die hohe Hecke im Norden leitet die kalten Winterwinde um und schafft ein schönes geschütztes Mikroklima für empfindliche Pflanzen im Garten.

Wieder müssen alle Overlayfolien, die du erstellst, zuerst passend auf deinem Bestandsplan verortet werden. Weitere Beispiele für Sektoren, die du vielleicht beachten musst, beziehen sich auf ungesunde menschengemachte Aktivitäten wie Lärm, Gestank, Verschmutzung von Gewässern oder die Luft durch landwirtschaftliche Chemie, starke elektromagnetische Felder, vielleicht sogar geopathische Störfelder, wenn du dagegen empfindlich bist. Berücksichtige auch alle Einflüsse, die vom Nachbargelände kommen können (z. B. Baumschatten, Abfluss von giftigem Kunstdünger, oder Grundwasserverseuchung), und stelle auch fest, wo dies in umgekehrter Richtung vorkommt. Notiere ebenso alle Sektoren, die erhalten werden sollten, wie Wildkorridore oder Ruheplätze, an denen eine spezielle Verbindung zur Natur erlebt werden kann. Schau dir auch die Bereiche genau an, an denen sich Ressourcen sammeln, z. B. entlang Gartenmauern oder an bestimmten Stellen auf größeren Flächen, wo mehr Wasser und Fruchtbarkeit zu finden sind.

Raues Wetter

Wenn es nass oder kalt oder windig ist, gehen wir normalerweise so schnell wie möglich ins Haus. Genau diese Art von unbequemem Wetter kann uns jedoch die wichtigsten Informationen über ein Gelände geben. Ein Permakulturansatz ist das *Design für Desaster*, und es ist wichtig für uns, saisonale Wetterextreme und ihre Muster kennenzulernen, damit wir entsprechend planen können. Ungewöhnliche Wettergeschehnisse können uns Einsichten in diese potenziellen Probleme geben, da sie eine ganze Reihe von Dingen offenbaren, die wir normalerweise nicht zu sehen bekommen, wie zum Beispiel:

Wasserablaufrinne

Starker Regen – Wo sammelt sich das Wasser?

Wie läuft es Abhänge hinab? Gibt es Zeichen von Erosion, wo Wasser schnell fließt? Wie fließt der Regen von den Dächern? Gibt es undichte oder fehlende Abflussrinnen? Gelangt das Wasser in Gebäude? Gibt es Überlaufrohre?

Wo entstehen Pfützen (dies kann auch ein Hinweis auf Bodenverdichtung sein)? Verfärben sich Wasserläufe braun von Erde, die aus Feldern gewaschen wird? Bis du die Antworten auf diese Fragen gefunden hast, wirst du wahrscheinlich ziemlich nass sein, hast aber eine Menge über dein Gelände gelernt.

Starke Winde – Wo sind die windigsten Bereiche?

Gibt es Stellen, an denen loses Material im Kreis verwirbelt wird? Oder sich nie am Boden absetzt? Wo sind die am besten geschützten Stellen? Stangen mit einfachen Flaggen (z. B. Einkaufstüten), die über das Gelände verteilt werden, können dir helfen, Windmuster auf einem großen Gelände aus der Ferne zu beobachten.

Dürre – Wenn kaum Regen fällt, welche Bereiche sind am meisten vom Wassermangel beeinträchtigt?

Wo ist Hitze und Austrocknung vorherrschend? Was passiert während des ersten Regenfalles nach einer Trockenperiode – wird durch Verschlämmung und Krustenbildung das Einsickern von Wasser in den Boden verhindert? Ist dieses Problem größer bei steileren Hangneigungen? Wo wird die Feuchtigkeit am längsten im Boden gehalten (Pilze sind ein starker Hinweis darauf)?

Frost – Wo setzt sich der Frost?

Ist kalte Luft durch Hecken, Mauern oder Gebäude gefangen und kann nicht abfließen? Kann dies verbessert werden? Gibt es frostfreie Bereiche um Bäume oder Gebäude herum, oder unter Hecken? Gehe früh am Morgen hinaus, um dies zu beobachten – ein paar Stunden später wird der verbleibende Frost nicht mehr an den wirklich kalten Stellen liegengeblieben sein, sondern nur dort, wo Schatten die Morgensonne daran hindert, ihn zu schmelzen.

Frostsenke: Der Abwärtsfluss von kalter Luft aus dem Heidemoor-Plateau wird durch das Gebäude unterbrochen, das dadurch von der gefangenen Luft abgekühlt wird.

Schnee – Das Tauwetter nach dem Schneefall zeigt uns mehr als wir normalerweise sehen können. Schnee schmilzt schneller von den Dächern beheizter Gebäude, die schlecht isoliert sind. Auf bedeckten Brunnen und anderen unterirdischen Wasserkörpern schmilzt der Schnee schneller als auf dem umgebenden Boden; ein deutlicher Kreis auf einem schneebedeckten Hof deutet möglicherweise auf einen alten Brunnen hin, der überbetoniert wurde. Andere günstige Mikroklimata wie um Gebäude herum, bringen den Schnee ebenfalls schneller zum Tauen. Umgekehrt sind die kältesten Stellen am längsten mit Schneeresten bedeckt.

Trampelpfade sind im Schnee auch leicht zu erkennen. Wo gehen Menschen und Tiere am liebsten entlang? Jetzt weißt du es!

Feuer – Hoffentlich wirst du nie einen Flächenbrand erleben, es soll eine ziemlich beängstigende Erfahrung sein.

Wenn das Gelände sich innerhalb einer Brandrisikozone befindet, hat ein Design zum Schutz vor Feuer Priorität (denke an das Design für Desaster). Anstatt darauf zu warten, dass es passiert, sieh dir die Chronik von Bränden und deren Muster in dem Gebiet an. Strahlungshitze ist der zerstörerischste Aspekt von Feuer und auch auf einige Entfernung spürbar, sogar ein kleines Lagerfeuer kann einem zu heiß werden. Dies ist das Wichtigste, nach dem man auf einem Gelände schauen sollte:

- Leicht brennbare Pflanzen und Bäume; Koniferen und Eukalyptus (Bäume mit hohem Harzanteil) brennen besonders heftig. Wehen die vorherrschenden Winde aus dieser Richtung auf das Gelände?
- Liegt das Gelände an einem Hang? Feuer bewegt sich sehr schnell bergauf und ist am heftigsten auf Graten, die normalerweise auch die trockensten Bereiche darstellen.
- Wo entlang führen die Zugangsrouten zum Gelände?
- Gibt es einen Notfall-Wasservorrat mit natürlichem Gefälle auf dem Gelände? Woraus bestehen die Gebäude? Wurden sie schon mit Feuerschutz im Hinterkopf gestaltet (z. B. weiß angestrichen, mit Tür- und Fensterläden, einfacher Dachform und gesicherten Regenrinnen, in denen sich keine heiße Asche sammeln kann, etc.)?

Sonnenstandswinkel

Dies wird dir helfen, verschiedene Mikroklimata auf dem Gelände zu entdecken, sowie Möglichkeiten zu sehen, die auf das Gelände einwirkenden Energien zu nutzen, aber auch Bereiche des Geländes zu identifizieren, die Schutz davor brauchen. Denke daran, dass manche Sektoren auch vertikale Anteile haben und je nach Höhe in ihrer Stärke variieren können. Niedrige Wintersonne kann von großen Bäumen und Gebäuden blockiert werden, es ist also nützlich, ihren Winkel abschätzen und aufzeichnen zu können, um saisonale Schattenmuster zu erkennen. Mit dem Sonnenkompass kannst du diese sich verändernden Schatten auch durch die aufgedruckten Winkel berechnen (siehe unten).

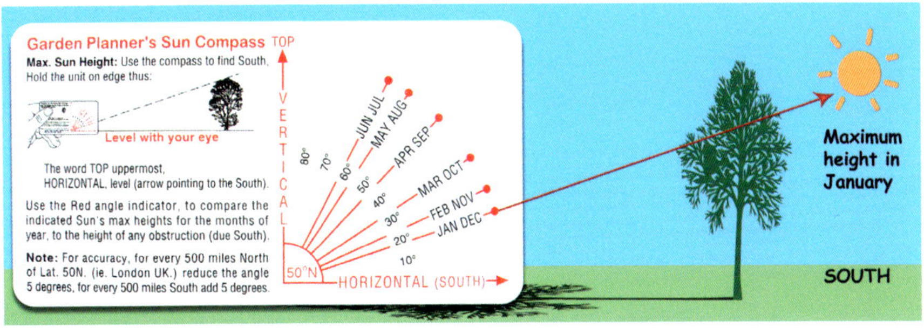

Bestimmen von Höhen

Dich interessiert vielleicht der Schatten, den ein Haus oder ein Baum im Winter wirft, oder du möchtest wissen, in welchem Bereich ein Windschutz noch wirksam ist, es ist also nützlich, wenn du die Höhe von größeren Objekten bestimmen kannst. Die einfachste Methode ist es, die Höhe z. B. eines Baumes mit der Größe einer darunter stehenden Person zu vergleichen. Dies kann sogar recht genau ausfallen, wenn der Baum nur einige Male so hoch ist wie die Person. Eine Variante davon ist es, die Länge deines eigenen Schattens mit dem großen Objekt zu vergleichen. Schrittmaß nehmen funktioniert hier ganz gut, obwohl unebener Untergrund oder wechselnde Höhenlinien das Ergebnis verfälschen können. Falls diese Methoden nicht ausreichen, habe ich eine etwas detaillierte, aber akkurate Methode online veröffentlicht.¤

Erfassen von Wasser auf dem Gelände

- Gibt es offene Gewässer auf dem Gelände (Teiche, Seen, Reservoire etc.)? Gibt es Möglichkeiten in der Landschaft mehr davon anzulegen (besonders in Lehmböden)?
- Läuft Wasser durch das Gelände (Bäche, Flüsse etc.)?
- Gibt es Entwässerungsgräben oder Erdarbeiten?
- Irgendwelche Anzeichen von Brunnen/Bohrlöchern oder Überwachung von Grundwasserschichten?
- Berechne die Oberflächengröße aller Dächer und notiere, welche von ihnen Regenrinnen haben und wohin das Wasser abfließt.
- Wieviel Wasserspeicher gibt es zurzeit für verschiedene Nutzungen (Trinken, Waschen, Spülung, Gießen etc.)?
- Wieviel wird in Behältern oder Tonnen gespeichert? Wie lange reicht diese Menge während Dürrezeiten? – Eine Frage an den Kunden.
- Wie sind die Wassersysteme auf dem Gelände miteinander verbunden? Welche Wasserkreisläufe gibt es zurzeit schon?
- Wird das Grau- oder Schwarzwasser behandelt, bevor es das Gelände verlässt?

Eine Bodenprobe nehmen

Wähle für die Bestandsaufnahme Stellen aus, die entfernt von verdichteten Bereichen wie Wegen und Straßen liegen.

Was erzählen dir die lokal reichlich vorkommenden Wildpflanzen über den Boden? Bevor du ein Loch aushebst, benutze die Tabelle der Zeigerpflanzen¤, um zu bestimmen, in welchem Boden diese Pflanzen gerne wachsen.

Besorge dir eine Tabelle zur Bodenprobenbestimmung, z. B. ein Exemplar der „Biological and Soil Monitoring Chart“¤ (s. Online-Ressourcen) und ein oder zwei Spaten. Dann:

- Finde eine geeignete Stelle abseits von verdichteten Bereichen wie Zugangspunkten oder Wegen.
- Beginne die Tabelle auszufüllen mit Spalte 1 für Bereich 1.
- Zeichne einen Querschnitt und markiere die Stelle darauf.
- Mache zunächst eine Notiz zur gegenwärtigen Landnutzung an dieser Stelle.
- Bestimme den Grad der Pflanzenvielfalt – um dies gründlich zu machen, könntest du einen 1 m-großen quadratischen Rahmen verwenden (oder einen Hulahopp-Reifen!) und untersuchen, was sich innerhalb dessen befindet. Dokumentiere oder sammle Pflanzen.
- Erfasse alle Anzeichen von Insekten, Spinnen und Bodenlebenaktivität (Wurmabdrücke, angenagte Blätter, Netze etc.).
- Hebe nun dein Bodenprofil aus (ein quadratisches Loch mit einer Spatenbreite Länge auf jeder Seite und einer Spatenbreite Tiefe). Wie leicht ist es zu graben? Dies ist ein Hinweis auf den Grad der Verdichtung!
- Entferne vorsichtig eine weitere senkrechte „Scheibe“ auf einer Seite. Ein zweiter Spaten kann helfen, sie auszuheben. Beobachte die verschiedenen Bodenschichten, Wurzeln und das Bodenleben.
- Schmiere etwas Boden auf die Tabelle (in die Farbbox).
- Um eine aussagekräftige Probe des Oberbodens zu nehmen, nimm dir das Flussdiagramm „Wie man die Bodenbeschaffenheit testet“ vor und folge den Anweisungen, bis du deinen Bodentyp bestimmt hast.

- Als Gegentest führe den Glastest durch mit einer weiteren Probe von der gleichen Stelle. Das Bild auf Seite 113 zeigt deutlich die Sandschicht, die sich sofort direkt am Boden abgesetzt hat, mit einer Schluffschicht darüber, die sich nach ca. 30 Minuten abgesetzt hat. Der blassere Lehm als oberste Schicht ist noch aufgeschlämmt, und wird dies auch für viele Tage oder sogar Wochen noch bleiben, wenn es sich um ganz feinen Lehm handelt.

Wenn es auf deinem Gelände verschiedene Mikroklimata und Nutzungsarten gibt, ist es sinnvoll an mehreren Stellen Bodenproben zu nehmen und die Ergebnisse zu vergleichen. Was verraten dir diese Beobachtungen über die darunterliegende Geologie dieser Gegend? Das Grundgestein bestimmt den Bodentyp und damit die grundlegenden Wachstumsbedingungen.[39]

Ermitteln der verbleibenden limitierenden Faktoren des Geländes

Chris Dixon auf seinem Waldland, das sich nach der Entfernung der Schafe regeneriert hat.

Unsere Bestandsaufnahme hat nun wahrscheinlich schon einige der wichtigsten limitierenden Faktoren des Geländes aufgezeigt: vielleicht sehr schattige oder sumpfige Bereiche, sehr schweren oder leichten Boden, oder Pflanzen, die regelmäßig von Insekten oder Wildtieren abgefressen werden. Einige dieser Faktoren werden wir vielleicht zu verändern versuchen, andere wie die Höhenlage

[39] In „The Living Landscape" von Patrick Whitefield gibt es ein sehr gutes Kapitel darüber.

werden wir akzeptieren müssen und die Geschenke entdecken, die sie uns bieten.

Unsere Rolle als Gestalter ist es, die wichtigsten limitierenden Faktoren zu ermitteln, und dann Strategien zu finden, um sie zu überwinden. Manchmal wird das Entfernen einer Begrenzung dazu führen, dass sich die Landschaft dramatisch verändert, wenn man zum Beispiel grasende Tiere von einer Fläche nimmt, damit sich wieder Wald ansiedeln kann. Für unsere Analogie mit dem undichten Fass könnte es die effektivste Strategie sein, einige der undichten Stellen einfach zu stopfen. Auf vielen Geländen sieht man schon mit einem schnellen Blick den tragischen Verlust von Energie und Ressourcen, wie zum Beispiel:

- Wärme, die aus Gebäuden entweicht
- Fruchtbarkeit, die aus dem Boden gewaschen wird
- Wasser, das das Gelände verlässt, bevor es voll genutzt wurde
- Pflanzen, die der Verrottung überlassen werden (meistens unter Bäumen)
- Systeme mit hohem Pflegeaufwand und geringem Ertrag (z. B. die meisten Rasen)
- Vandalismus

Du wirst vielleicht noch andere Beispiele von Verschwendung finden wie:

- Arbeitskräfte, die nicht genug zu tun haben, oder an minderwertige Aufgaben verschwendet werden
- kostenlose oder günstige lokale Ressourcen, die nicht gesammelt oder eingesetzt werden

Außerdem wird es möglicherweise noch andere „nicht-physische“ limitierende Faktoren geben, wie zum Beispiel:

- Gesetzgebung (z. B. Planung, Umweltschutz)
- Besitzverhältnisse
- kulturelle Themen (inklusive der Reaktionen von Nachbarn)

Diese nicht-physischen Begrenzungen können auch als Sektoren betrachtet werden, da die Gesetzgebung sich unerwartet verändern und bestehende Geländesysteme unhaltbar machen kann. Ein Beispiel dafür ist eine über viele Jahre aufgebaute erfolgreiche Saftfirma, die Früchte von verlassenen, ungespritzten Obstbaumwiesen verwendete. Eines Tages entschied ihr Hauptkunde, dass alle ihre Produkte zertifizierte Bioware sein soll. Diese scheinbar gute Entscheidung bedeutete, dass der Hof eine neue Obstquelle finden musste und die alten Obstbaumwiesen aufgegeben und möglicherweise einer Rodung ausgesetzt wurden.

Untersuche diese als Teil deines Kundeninterview-Prozesses. Eine Mindmap von limitierenden Faktoren im Online-Material¤ kann dir helfen, andere Faktoren zu bestimmen, die auf dein Gelände zutreffen.

Kartieren aller Versorgungseinrichtungen des Geländes

Ist das Gelände schon an das Versorgungsnetz angeschlossen (Gas, Strom, Kanalisation, Wasser, Telefon etc.)? Wo liegen die Leitungen hierfür, über oder unter der Erde? Wenn das noch unklar sein sollte, können Pläne der Versorgungsfirmen dabei helfen, den Verlauf von unterirdischen Rohren und Kabeln zu ermitteln. Dadurch kannst du versehentliche Beschädigungen bei Erdarbeiten vermeiden. An welchen Stellen im Gelände sind diese Versorgungspunkte verfügbar oder leicht erreichbar?

Wo ist die nächste Ansiedlung?

Woher können die Ressourcen für die Entwicklung des Geländes kommen (z. B. Baumaterialien)? Wo sind die nächsten Lebensmittelläden? Woher kann im Notfall medizinische Hilfe geholt werden?

Ermitteln aller kostenlosen oder günstigen verfügbaren Ressourcen

Schließlich müssen wir die wertvollen Ressourcen erfassen, die auf dem Gelände oder in der Nähe verfügbar sind. Dazu können natürliche Ressourcen gehören wie Holz, das nachhaltig geerntet werden kann. Platz ist eine Ressource, die viele Menschen nicht haben, so dass ungenutzte Gebäude die Möglichkeit für neue Vorhaben eröffnen, wie die Vermietung an andere Geschäfte oder als Ort für Seminare.

Vielleicht gibt es Spezialgeräte in der Nähe, die man ausleihen kann, oder Nachbarn mit besonderen Fertigkeiten, die für die Entwicklung von Geländeaspekten angeheuert werden können.

Oft können Dinge, die andere als Abfall betrachten, noch einer erfinderischen Verwendung zugeführt werden. Denke daran, das Problem ist die Lösung – nur die Art, wie wir die Dinge betrachten, macht sie zum Problem oder zur Ressource. Hier sind einige Beispiele:

- Reifen, die in rattensichere Wurmkisten verwandelt werden (wenn du allerdings genug davon hast, kannst du sogar deine eigene Earthship-Behausung bauen!)
- alte Badewannen, die zu kleinen Teichen werden, und alle möglichen großen Behälter zum Sammeln von Regenwasser
- Kompostbuchten aus Paletten
- Terrassentüren, wiederverwertbarer Klempnerbedarf und alte Kupferrohre, aus denen sehr effiziente Solarpanele zur Warmwasserbereitung gemacht werden
- von Fensterfirmen ausgesonderte Doppelverglasungen, die zu Gewächshäusern werden

- große Plastikflaschen (von Speiseöl, Wasser etc.), die zu Pflanzenschutzhauben werden

Auf deinen Wegen zum Gelände hin und zurück notiere dir alle örtlichen Firmen, die vielleicht nützliche Dinge wie die oben genannten wegwerfen, oder aber auch:

- Pappe (zum Mulchen)
- Grünabfall (für den Kompost)
- Dung (muss ich das erläutern?)
- Glasflaschen (daraus kann man gute Hochbeetbegrenzungen machen)
- Holzabfall (für das Bauen von Gartenstrukturen)

Und so weiter...Wir sind nur begrenzt durch unsere Vorstellung! Notiere dir also alles, was auf dem Gelände verfügbar ist, oder was du in der Nähe bemerkt hast. Alles davon kann ein wichtiger Bestandteil deiner Gestaltung werden.

Erstellen von Overlays auf dem Bestandsplan

Wenn du wieder zuhause bist, kannst du deine groben Arbeitsdaten auf größere und deutlichere Overlayfolien übertragen. Wie schon erwähnt, wird es dir später die größte Flexibilität für die Entscheidungsfindung geben, wenn du ausreichend Transparentpapier hast. Solltest du verschiedene Datengruppen auf wenige einzelne Blätter zeichnen müssen, versuche die verschiedenen Sektoren (Richtung und Topographie) auf separaten Blättern zu halten.

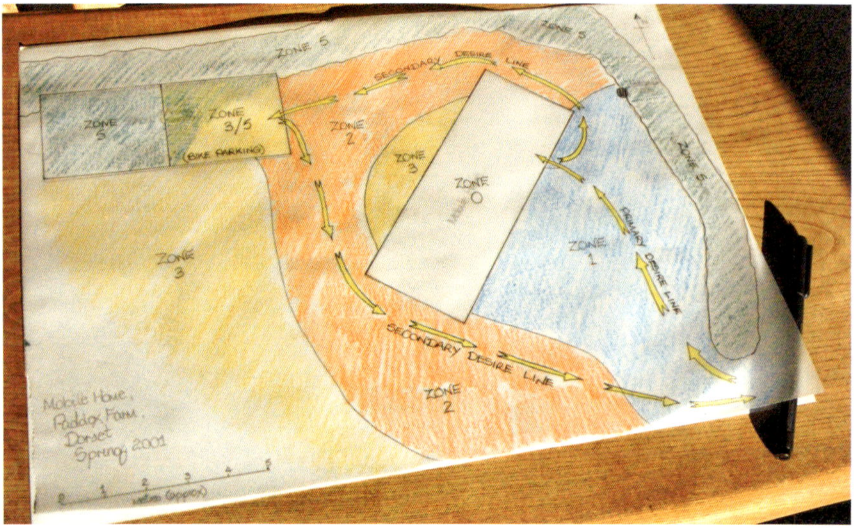

Lege jede neue Overlayfolie nacheinander auf den Bestandsplan und markiere zunächst verschiedene Punkte, um sie auszurichten (Gebäudeecken oder Geländegrenzen sind ideal), sofern sie nicht lediglich richtungsbezogene Informationen enthalten soll. Dann übertrage Blatt für Blatt alle Informationen, die du auf dem groben Arbeitsplan gesammelt hast. Hier finde ich einen guten dunklen Stift nützlich, um die Umrisse darzustellen, und ich setze viele Farbschattierungen ein für die verschiedenen Bereiche, wie Zonen.

Richtungssektoren wie der Sonnenlauf müssen nicht unbedingt über die ganze Größe des Plans laufen. Vielleicht willst du sie auf verschiedene interessante Punkte fokussieren für die spätere Entscheidungsfindung, eine etwas kleinere Darstellung kann also angenehmer sein.

Führen eines Beobachtungs-Tagebuches

Wir haben schon festgestellt, dass es das beste wäre, ein Gelände einen vollen Zyklus lang zu beobachten, bevor wir irgendwelche Entscheidungen treffen, die schwer rückgängig zu machen sind. Für jedes landbasierte Design bedeutet das natürlich ein volles Jahr und die meisten von uns sind viel zu ungeduldig, um so lange zu warten, bevor sie anfangen können. Wenn wir jedoch im ersten Jahr nur kleine Veränderungen vornehmen (z. B. nur einjähriges Gemüse anbauen) und weiter das Gelände beobachten, können wir den Erfolg genießen und trotzdem das Risiko von dummen Fehlern verringern. Wir können auch diese frühen Anpflanzungen zum Teil unserer Beobachtungen machen. Wenn wir z. B. eine Obstbaumwiese anlegen wollen im nächsten Jahr, aber noch nicht sicher sind, welches der beste Platz dafür ist, können wir einige Bäume besorgen und auf die infrage kommenden Stellen verteilen. So können uns die Bäume selbst ein Feedback darüber geben, wie wohl sie sich auf ihrem jeweiligen Platz fühlen.

Es ist eigentlich egal, wie wir unsere Beobachtungen dokumentieren, so lange wir es irgendwie tun. Solange unsere Handschrift lesbar ist, ist jede Notiz besser als sich auf die Erinnerung verlassen zu müssen. Dies habe ich auf die harte Tour gelernt, als ich es jedes Frühjahr mit unbeschrifteten Samentütchen zu tun hatte. Es macht aber auch keinen Sinn, sich jeden Tag zur Dokumentation von sehr viel Information zu zwingen, wenn es sich wie eine Verpflichtung anfühlt. Erfasse einfach, was dich interessiert (also wahrscheinlich das, was du gestaltest) und mache es dir leicht, andernfalls wirst du dir die Mühe nicht machen.

Ein einfaches Dokumentationsformat könnte aus einer kleinen Tabelle bestehen, in denen wir physische Gegebenheiten sammeln wie Temperatur, Regenfälle, vielleicht sogar Flussstände etc. – alle Faktoren die mit der Gestaltung deines Geländes zu tun haben. Ich führe ein einfaches Wettertagebuch mit Spalten für drei Jahre an Beobachtungen, das mir erlaubt, längerfristige Muster zu entdecken. Und da es ein einfaches Format ist, versäume ich nur selten es auszufüllen.

Heutzutage haben ja die meisten Mobiltelefone eine eingebaute Kamera, so dass wir immer weniger Ausflüchte haben, das was um uns herum vorgeht nicht zu dokumentieren. Fotos sind natürlich ein guter Weg, visuelle Informationen zu sammeln und können uns viel Zeit sparen, die wir früher für das Zeichnen oder Notieren verwendet hätten. Das Erfassen von Schattenmustern in einem Garten über die Jahreszeiten ist besonders geeignet für diese Technik.

Schreibe dir eine Erinnerung in den Kalender, zu Beginn jeden Monats früh morgens, mittags und abends je ein Foto zu machen (natürlich nur, wenn die Sonne scheint), zum Beispiel aus einem Fenster im Obergeschoss. Die sich daraus ergebende Fotoserie verrät viel über die Mikroklimata im Jahresverlauf.

Ein Vergleich zweier fotographischer Schattenbilder aus einem meiner früheren Gärten.

Alternativ möchtest du vielleicht stattdessen darüber schreiben, oder zeichnen oder fotografieren, was du an einem bestimmten Tag in der Natur entdeckst, wie es Janet Marsh[40] und Helen Moore[41] so wunderschön getan haben. Diese Art von Tagebuch wird detaillierter sein, aber weniger „harte Daten" haben, um damit später zu arbeiten. Eine weitere nützliche Dokumentationsart ist das phänologische Tagebuch. Phänologie ist die Wissenschaft der Lebenszyklen von Pflanzen und Tieren, und wir können durch sie u.a. den Klimawandel nachverfolgen durch die Beobachtung der Reaktionen in der Natur, zum Beispiel das Erscheinen von Blüten, Blumen und Früchten und die Migration von Vögeln und Tieren. Solch ein Tagebuch kann ein hilfreiches Beobachtungswerkzeug für unser eigenes Gelände sein, es gibt aber auch in Großbritannien schon ein ganzes Netzwerk von Beobachtern, die das Britische Phänologische Netzwerk darin unterstützen, ein landesweites Bild dieser Muster aufzubauen[42]. Deine eigenen Beobachtungen sind ein wertvoller Beitrag dazu, und es ist sehr einfach, sich auf der Webseite des Naturkalenders zu registrieren.[43]

---

[40] Aus dem Buch: „Nature Diary" von Janet Marsh.

[41] Aus dem Buch: „Changing Nature, eco notes of a digital woman" von Helen Moore.

[42] (Anm. d. Übers.): Der Deutsche Wetterdienst bietet dazu auch etwas an: http://www.dwd.de/DE/klimaumwelt/klimaueberwachung/phaenologie/phaenologie_node.html

[43] Naturkalender des britischen Woodland Trust, einer Stiftung zum Schutz und Erhalt der Wälder www.naturescalendar.org.uk

Zusammenfassung

Die wichtisten Punkte, die bei der Aufnahme von Bestandsdaten zu beachten sind, lauten:

Erfassen von Geländeinformationen

- Nutze Kopien deines Bestandsplans oder Overlayfolien, um räumliche Informationen zu sammeln, und ein separates Blatt für andere Beobachtungen.
- Dokumentiere, was jetzt gerade auf dem Gelände passiert.
- Welches ist der vorrangie Nutzen des Geländes? Was kannst du noch hier beobachten? Nutze PASTE und DAFOR zur Unterstützung.
- Führe ein Tagebuch, wenn du über einen längeren Zeitraum beobachten kannst.

Zonen und Sektoren

- Zeichne die aktuellen Zonen, Zugangspunkte und Trampelpfade (menschlich und tierisch) auf dem Gelände.
- Beobachte die Sektoren, sowohl richtungsmäßig als auch topografisch, und verwende im Idealfall verschiedene Pläne oder Overlayfolien, um sie aufzuzeichnen.
- Extremes Wetter kann dir Dinge zeigen, die du normalerweise nicht sehen kannst.

Boden und Wasser

- Nimm Bodenproben, um dir ein Bild von der Situation auf dem Gelände zu machen.
- Was erzählen dir die hier vorkommenden Pflanzen über den Boden?
- Dokumentiere alle wichtigen Gewässer.

- Ermittle die in Teichen, Behältern usw. gespeicherten Wassermengen. Welche Hinweise gibt es auf den aktuellen Stand der Wassernutzung?
- Wie wird das Wasser behandelt, bevor es das Gelände verlässt?

Ressourcen und Begrenzungen

- Erfasse alle wertvollen Ressourcen auf oder nahe bei dem Gelände.
- Ermittel die wichtigsten limitierenden Faktoren auf dem Gelände.
- Wo ist die nächste Siedlung?
- Zeichne die schon vorhandene Versorgungsinfrastruktur ein.

Flussdiagramm zur Bestandsaufnahme

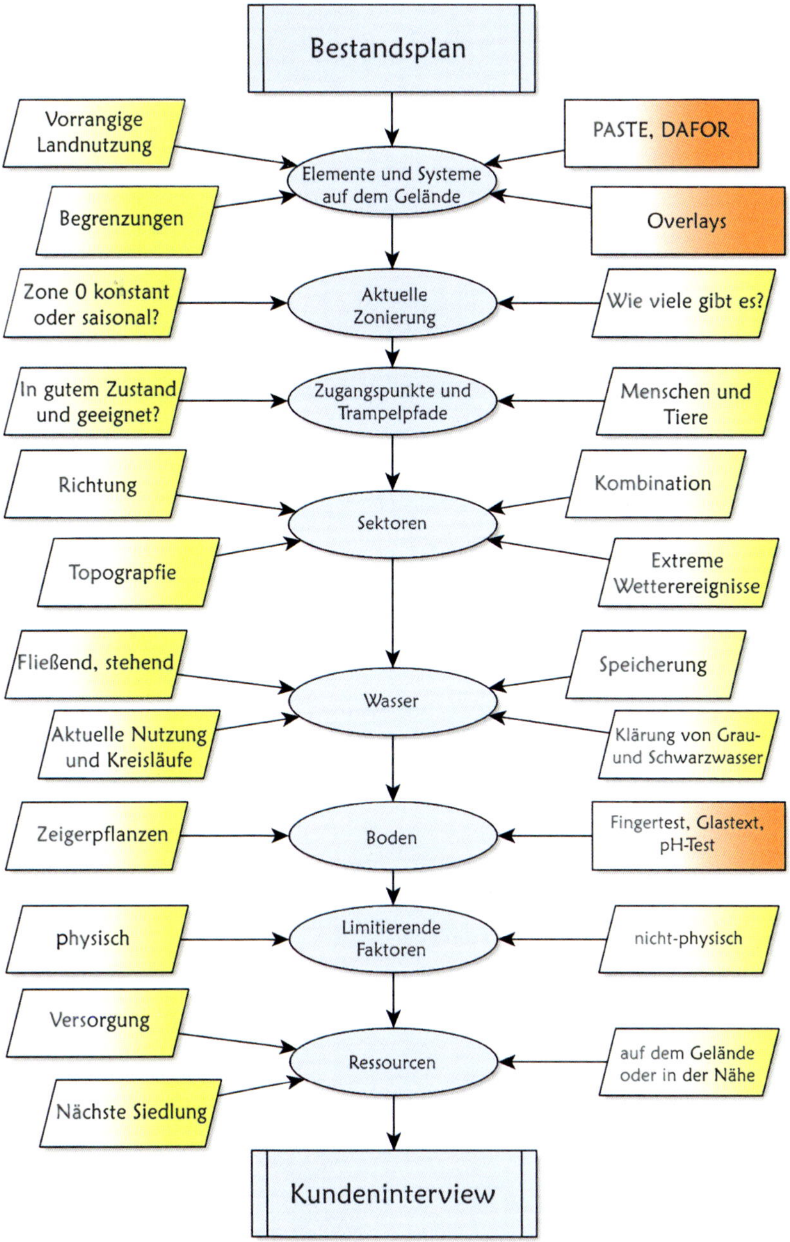

Das Kundeninterview

In diesem Teil werden wir herausfinden, warum eine Umgestaltung des Geländes stattfinden soll und für wen. Im Idealfall würden wir mit jedem Kunden durch den folgenden Prozess gehen (jede Person, die in die Gestaltung einbezogen ist, sollte in einem gewissen Maße befragt werden), entweder nacheinander oder zusammen. Finde im Vorfeld heraus, wer alles zu den Kunden gehört. Manchmal wird dies sowohl Erwachsene als auch Kinder beinhalten, obwohl vermutlich eine oder zwei Personen den Prozess stärker als die anderen leiten. Vielleicht wirst du auch die Bedürfnisse bestimmter Tiere in Betracht ziehen müssen (auch wenn du sie nicht direkt befragen kannst!).

Manchmal wirst du selbst auf der Kundenliste stehen. In diesem Fall kann es hilfreich sein, jemand anderen zu bitten, dir diese Fragen zu stellen und Notizen für dich zu machen. Nicht alle der Fragen werden immer relevant sein, und manche werden je nach den Umständen wichtiger als andere sein. Nimm dir also ausreichend Zeit, deine Frageliste vorzubereiten, bevor du den Kunden triffst. In den Online-Ressourcen habe ich zu deiner Unterstützung ein Arbeitsblatt zum Kundeninterview¤ eingestellt, das du auf deine eigenen Bedürfnisse zuschneiden kannst.

SMARTe Ziele

Aus diesem Interview heraus musst du nun eine Reihe von Zielen erarbeiten, die es dir ermöglicht, den Erfolg deines Designs über die Zeiten zu messen. Dafür sollten die Ziele SMARTe Qualitäten haben, mit anderen Worten: sie sollten **S**pezifisch, **M**essbar, **a**bgemacht, **r**ealistisch und **t**erminiert sein.

Jedenfalls waren dies die Originalworte, die mit SMART beschrieben wurden, obwohl man inzwischen andere Versionen der Akronyme findet. Die Tafel auf Seite 127 zeigt eine andere Interpretation.

Das Interview

Dieser Interviewprozess sollte ausreichen, solange es sich nur um einige wenige Kunden handelt. Sobald es um größere Gruppen geht, sollten weitere Werkzeuge eingesetzt werden, um sicherzustellen, dass jeder gehört wird. Wir werden einige dieser anderen Methoden noch betrachten, nun schauen wir uns erstmal einen typischen Kundenfragebogen an. Wahrscheinlich wirst du nur eine begrenzte Zeit mit den Kunden haben, aber wenn möglich, dränge sie nicht bei den einzelnen Fragen. Oft werden die wichtigsten Antworten diejenigen sein, die du als erstes bekommst. Dennoch können wahre Schätze erscheinen, wenn genug ungestörte Zeit zum Überlegen gegeben wird. Passe die folgenden allgemeinen Fragen an die verfügbare Zeit und die individuellen Umstände an. Du könntest auch die Fragen, die von einer tieferen Betrachtung profitieren könnten, in einem vor dem Treffen ausgehändigten Fragebogen stellen.

Wie beurteilen die Kunden die aktuellen Gegebenheiten?

Beginne mit der Frage, was schon gut für sie funktioniert, und was eindeutig nicht. Daraus wirst du erkennen, in welchem Rahmen du gestaltest. Dinge, die man in einem Garten bedenken muss, könnten sein:

- die allgemeine Anordnung – wie gut erfüllt sie ihre Bedürfnisse?
- Zugangspunkte, Pfade und allgemeine Zugänglichkeit
- Strukturen – Schuppen, Pergolen, Wassersituation etc.
- Bäume und Pflanzen – welche werden geschätzt/nicht gemocht?

- Geländepflege – wie läuft sie und besteht aktuell Hilfebedarf?

Welches sind die Bedürfnisse und Wünsche des Kunden?

Welches sind ihre aktuell unbefriedigten Bedürfnisse?

Du könntes wieder PASTE benutzen, um ihnen das Nachdenken darüber zu erleichtern. Unterteile diese in:

- die Prioritäten, die sie auf jeden Fall haben wollen?
- weitere Dinge, die schön wären zu haben?

Was sind die Werte und Visionen des Kunden?

Was ist ihnen am Wichtigsten?

In deiner Gestaltung müssen sich die Werte des Kunden wiederfinden (ein Vegetarier z. B. wird nicht so beeindruckt sein von einem Tierhaltungskonzept). Was ist ihre Vision für das Gelände/Projekt? Sammle so viele Details wie möglich. Lass sie zeichnen, malen oder eine Collage erstellen, wenn sie mögen.

Nicht jeder hat darüber allerdings schon große Klarheit, vielleicht ist ihnen nur bewusst, was sie am derzeitigen Zustand nicht mögen. Wenn deine Kunden hier ein bisschen steckenbleiben, zeige ihnen eine Sammlung von Bildern, die du aus Zeitschriften ausgeschnitten hat (Garten, Natur etc.). Nimm am besten schon einmal welche für diesen Fall mit.

Lebensstil-Fragen

Es kann dir auch helfen, etwas über das Folgende zu wissen:

- Berufstätigkeit – wie verdienen sie ihren Lebensunterhalt?
- Einkommen – wird etwas durch den Verkauf von Produkten des Geländes erzielt? Wenn ja, werden Materialien auf das Gelände gebracht, um die Herstellung/den Anbau dieser Produkte zu ermöglichen?

- Wieviel Zeit verbringen sie auf dem Gelände? Verändert sich dies mit der Tages- oder Jahreszeit? Wieviel Zeit werden sie haben, um das Design umzusetzen/zu pflegen?
- Mobilität – wie bewegen sie sich zurzeit und welches sind ihre regelmäßigen Ziele? Warum machen sie diese Fahrten?
- Hobbies und Interessen – was tun sie gerne? Wie wollen sie das Gelände nutzen? Mögen sie Gartenarbeit?
- Essgewohnheiten – wie lokal, saisonal, biologisch etc.?
- Bauen sie schon Nahrung für den Eigenbedarf an?
- Regelmäßige Besucher – gibt es andere Personen, die das Gelände häufig nutzen, die auch einbezogen werden sollten?
- Haben sie regelmäßig Gäste auf dem Gelände?
- Hat jemand (Bewohner oder häufige Gäste) irgendwelche Allergien oder ähnliches, über die du Bescheid wissen solltest?

Welches sind ihre persönlichen Begrenzungen?

Was hält die Kunden davon ab, ihre Vision zu verwirklichen? Deine Aufgabe als Gestalter wird es sein, ihre Hauptbegrenzungen zu ermitteln, aber für den Moment reicht es, mit Ideen auszuhelfen, wenn sie steckenbleiben, und alles zu notieren. Limitierende Faktoren¤ können sein:

- körperliche Dinge (z. B. schlechte Gesundheit oder Beweglichkeit, wenig Energie)
- emotionale Dinge (z. B. mangelndes Selbstvertrauen, Motivation)
- geistige Dinge (z. B. mangelnde Vorstellungskraft, Verständnis)
- zu wenig Geld, Zeit, Fähigkeiten etc.

Welche persönlichen Ressourcen haben sie?

Wie die Begrenzungen können auch die Ressourcen entweder körperlich sein (z. B. gute Gesundheit oder nicht-körperlich (z. B. Geduld). Die meisten Dinge, die Begrenzungen darstellen, können stattdessen auch Ressourcen sein, zum Beispiel:

- Vision/Inspiration/Erfahrung
- ein gutes Netzwerk
- Zeit, Energie, Fähigkeiten etc.

Was ist ihr finanzielles Budget für das Design?

Wieviel Geld ist verfügbar, sowohl für die Umsetzung als auch für die weitere Pflege? Du solltest einplanen, 80% deiner Energie in den Aufbau eines Systems zu investieren, und es mit 20% zu erhalten. Wie das in der Praxis aussehen kann, musst du selbst beurteilen, da die Umsetzungskosten mit dem Abschluss dieser Phase enden, während die Erhaltungskosten weiterlaufen. Erinnere die Kunden daran, dass die Verfügbarkeit von Geldern die Geschwindigkeit bestimmen wird, mit der das Projekt umgesetzt werden kann. Das gleiche 80/20-Prinzip kann auch auf die investierte Zeit angewendet werden, auch wenn es in Form von bezahlter Arbeit stattfindet. Verstricke dich nicht zu sehr in die genauen Zahlen, aber behalte das generelle Konzept im Hinterkopf.

Und zu guter Letzt denke daran, dass immaterielle Ressourcen wie ein gutes Netzwerk[44] genauso wichtige Elemente in einem System sein können wie physische Elemente.

Geländebezogene Fragen

Es kann sehr hilfreich sein, mit den Kunden, wenn möglich, das Gelände abzulaufen, während man zumindest einige der folgenden Fragen bespricht:

- Wie lange leben sie schon hier, und wie lange würden sie gerne bleiben? Haben sie langfristige Nutzungsrechte? Haben sie das Gelände gekauft oder gemietet und welche Miete zahlen sie?

[44] Dies wurde mir vor einigen Jahren klar, als ich bei einem vier-Tage-Hausbau dabei war, wo dreißig fähige und enthusiastische Freunde kamen, um der Familie zu helfen.

- Gibt es irgendwelche Sicherheitsfragen auf dem Gelände (z. B. frühere Einbrüche oder Vandalismus)? Wenn es zeitweise abgeschlossen ist, wie wird der Zugang geregelt? Wer hat die Schlüssel etc.).
- Wem gehören oder wer ist verantwortlich für die Geländebegrenzungen? Gibt es Probleme bezüglich ihres aktuellen Reparaturbedarfes?
- Welche Wegerechte existieren durch das Gelände?
- Was tun ihre Nachbarn? Gibt es Probleme als Ergebnis ihrer Aktivitäten, wie giftige Rückstände?
- Welche Energiequellen und –ressourcen werden zurzeit auf dem Gelände genutzt und in welchem Umfang? Wo verlaufen die unterirdischen Versorgungsleitungen?
- Gibt es noch Energie- oder Ressourcenlöcher, die du bei der Bestandsaufnahme übersehen hast? Wo befinden sich diese?
- Wie lange halten die Vorräte (z. B. Wasser während einer Dürre, Nahrung, wenn man eingeschneit wird, Energie in Batterien falls nötig etc.)?
- Gibt es zurzeit ungenutzte Erträge (z. B. Wärme, Gartenprodukte)?
- Gibt es Tiere (Haustiere, Nutztiere), die das Gelände mitnutzen?
- Haben sie Fotos des Geländes aus anderen Jahreszeiten?

Weitere geländebezogene Fragen?

Vergiss nicht, auch die Extrafragen zu stellen, die du bei der Bestandsaufnahme notiert hattest. Dinge, wie die örtliche Verfügbarkeit von Ressourcen, inklusive Fachleuten, frühere Nutzungen des Geländes etc. Finde heraus, was sie über Planung wissen. Gibt es Einschränkungen bezüglich dessen, was gebaut oder angepflanzt werden kann? Unterliegen Gebäude dem Denkmalschutz oder Bäume dem Naturschutz? Liegt das Gelände oder ein Teil davon in einem Nationalpark oder einem Naturschutzgebiet? Gibt es etwas im offiziellen lokalen Entwicklungsplan, das sich auf das Gelände auswirken könnte? Deine Kunden werden die

Antworten vielleicht nicht selbst geben können, aber sie können dir die richtige Richtung aufzeigen.

Was ist ihr Zeitplan für die Gestaltung?

Finde heraus, wie schnell sie ihre Vision erreichen wollen. Geht es um eine kurzfristige Verbesserung, die in einigen Monaten erreicht werden soll oder haben sie einen längerfristigen Blick? Vielleicht wollen sie beides und suchen eine Sukzessionsplanung? Du wirst ihren idealen Zeitablauf erfragen müssen, um SMARTe Ziele zu entwickeln.

Persönliche Daten

Notiere das Datum des Interviews und die persönlichen Informationen deiner Kunden: ihre Namen, Alter (besonders von Kindern) und Kontaktdaten wie Postadresse inkl. Postleitzahl[45], Telefonnummern, E-Mail-Adressen etc.

Gibt es noch etwas?

Vergiss nicht, ihnen diese überaus wichtige, letzte Frage zu stellen…

[45] GPS-Koordinaten und Planreferenzen sind auch nützlich, um Online-Pläne zu finden.

Arbeiten mit mehreren Kunden oder Gemeinschaftsgruppen

Wenn du mit größeren Kundengruppen arbeitest, ist es wichtig sicherzustellen, dass jede Person gehört wird. Letztlich hängt der Erfolg eines Gemeinschaftsprojektes stark davon ab, inwieweit sich die Gruppe das Endprodukt zu eigen gemacht hat. Ich habe gutgemeinte Projekte gesehen, wie Gemeinschaftsgärten, die mit geringer oder gar keiner Rücksprache mit den örtlichen Anwohnern aufgebaut wurden. Sie leiden zwangsläufig unter Vandalismus, da diejenigen, die den Schaden verursachen, keinerlei Verbindung zu diesem Ding haben, das einfach in ihrer Nachbarschaft „gelandet“ ist.

Hier ist eine kleine Sammlung von Werkzeugen, die für die erfolgreiche Entscheidungsfindung von Gruppen entwickelt wurden und von denen jedes sich in bestimmten Umständen als hilfreich erweisen kann. Wenn du planst, mit größeren Gruppen zu arbeiten, empfehle ich, bei mindestens einer Methode tiefer ins Detail zu gehen, wofür ich hier leider keinen Raum habe. Ich gebe hier nur einen kurzen Überblick, aber in Büchern oder dem Internet findet man gute Beschreibungen für jede Methode. Wenn du auf diese Weise mit Gruppen arbeitest, wirst du den Teilnehmerinnen vielleicht einige Fragen anbieten, die sie dann in Ruhe bearbeiten können, oder du wirst in die Rolle der externen Moderatorin ihres Prozesses schlüpfen. Wenn du diese Rolle übernimmst, würde ich dir auf jeden Fall zuerst eine Fortbildung darin empfehlen.

Prozesse in kleinen Gemeinschaften

Alle beschriebenen Methoden, um Designteams bei ihrer Zusammenarbeit zu unterstützen, können auch für kleine Gruppen von Kunden nützlich sein, um eine gemeinsame Vision und eine Prioritätenliste zu entwickeln. Zwei weitere Methoden folgen, die zwar mehr Zeit brauchen, aber einen Weg bieten, um gleichberechtigte Partizipation bei den wichtigen Entscheidungen zu gewährleisten. Diese funktionieren gut mit 10 bis 15 Leuten, vielleicht auch mehr, aber je größer die Gruppengröße ist, desto mehr Zeit wird man für den Prozess benötigen.

Das ganzheitliche Zielsetzung-Mandala[46]

Diese Technik habe ich von der neuseeländischen Permakultur-Designerin Robina McCurdy gelernt. Sie nennt es:

„Ein visionsstärkendes Werkzeug zur Gruppenausrichtung, um gemeinsame Ziele und Aktionspläne für alle Bereiche des Gemeinschaftslebens zu bilden. Bei dieser vollkommen partizipativen Technik geht es um die Anerkennung, Wertschätzung und Ermutigung der Talente, Fähigkeiten, Schwachstellen und Stärken jeder Person. Durch eine spezielle Methode der Kommunikation und Mitwirkung wird jeder gleichsam einbezogen und gewürdigt. Dieses Werkzeug befähigt eine Gemeinschaft zu definieren, was wichtig ist, wo Mitglieder/Akteure Gemeinsamkeiten und Unterschiede in ihren Überzeugungen haben, und darin was sie entwickeln wollen, und wie die Gruppe/das Projekt vorankommen kann von einer größeren Vision zur Umsetzung der Details."

Für diese Methode wird oft ein externer (neutraler) Moderator eingesetzt. Wenn sie in deinem Prozess hilfreich sein kann, findest du weitere Infos und Beratung über die EarthCare Education Aotearoa.

[46] Englischer Begriff: holistic goal-setting mandala (Anm. d. Übers.)

Entscheidungsfindung nach dem Konsensprinzip

Dieser Prozess hat mehrere Hauptziele:

- Inklusion – so viele Leute wie möglich sollten in den Entscheidungsprozess nach dem Konsensprinzip einbezogen werden
- Partizipation – die Beiträge und die Beteiligung aller Entscheidungsträger werden aktiv eingeholt
- Kooperation – die Gruppe versucht zu Entscheidungen zu kommen, mit denen alle glücklich sind, statt zu Mehrheitsentscheidungen, die zur Entfremdung derjenigen führen könnten, die dagegen sind
- Gleichberechtigung – die Meinungen aller Beteiligten werden als gleich wichtig betrachtet. Jeder kann Vorschläge präsentieren, abändern oder blockieren.
- Lösungsorientiert – gemeinsame Vereinbarungen werden ermittelt, und Vereinbarungen werden durch Kompromisse erreicht, etc.

Vereinbarungen durch Konsens können zwar erheblich länger dauern als durch Mehrheit, haben aber meist eine stärkere Gemeinschaftsbindung zur Folge. Mit der Zeit werden die Gruppen geübter darin, und der Prozess beschleunigt sich. Die Schlüssel für einen gut funktionierenden Prozess scheinen hier die Flexibilität der Teilnehmer zu sein und die Formulierung jedes Vorschlages auf eine Art, mit der alle zufrieden sind.

Prozesse in kleinen bis mittleren Gruppen

Open Space Technik (OST)

OST wurde konzipiert, um Gruppen zu ermöglichen, mit komplexen Themen in einer kurzen Zeit umzugehen, und wird von tausenden Organisationen in 134 Ländern erfolgreich eingesetzt. Es wird für die Organisation von Meetings von nur fünf oder auch bis zu zweitausend Teilnehmern genutzt. Sein Erfinder, Harrison Owen, stellte fest, dass die produktivsten Zeiten einer Konferenz die Kaffeepausen sind, und entwickelte eine ganze Methode daraus. Das Open Space Element ist ein großer Kreis, in dem alles stattfindet. Die Teilnehmer schreiben Fragen auf und hängen sie an eine Pinnwand, wo jeder sie einsehen kann. Diese Themen werden daraufhin in ein Raum-Zeit-Raster platziert und bilden das Programm. Die Teilnehmer besuchen die Veranstaltung, die sie am meisten interessiert, die entweder im zentralen Raum stattfindet oder in anderen Ausweichräumen. Es gibt vier Grundsätze von OST: Wer immer kommt sind die richtigen Leute, was immer passiert ist das einzige, was passieren konnte, wann immer es beginnt ist die richtige Zeit, wenn es vorbei ist, ist es vorbei. Es gibt nur eine Regel: die „Regel der zwei Füße", was bedeutet, dass die Teilnehmer sich jederzeit von Veranstaltung zu Veranstaltung bewegen können, wenn sie das Gefühl haben, nicht länger lernen oder beitragen zu können.

Das World Café

Das World Café wurde für „Gespräche, die von Bedeutung sind" entwickelt und kann eine nützliche Methode sein, um herauszufinden, was für eine Gruppe von Menschen wirklich wichtig ist. Es wird im Café-Stil ein Raum gestaltet mit Tischen, die jeweils einer bestimmten Frage gewidmet sind. Der ganze Prozess wird von sieben Prinzipien geleitet: den Rahmen setzen, gastfreundlichen Raum gestalten, bedeutsame Fragen untersuchen, die Beiträge des Einzelnen fördern, verschiedene Perspektiven verbinden, einander zuhören, und gemeinsame Entdeckungen teilen. Ähnlich wie bei OST können sich die Leute frei von Tisch zu Tisch bewegen, um Ideen auszutauschen, und hier setzt dann eine wertvolle „Fremdbestäubung" ein. Anders als bei OST wird das Thema für die Veranstaltung häufig vorab gewählt und nicht von der Gruppe bestimmt. Mit Text, Bildern und Farben werden die Ideen und Beiträge der Teilnehmer auf großen Papierrollen festgehalten. Diese werden an die Wand gehängt, damit alle sehen können, was diskutiert wird. Diese Dokumentation dient später auch der Erinnerung für die Gruppe, und ermöglicht das Teilen mit anderen.

Planung für größere Gemeinschaften

Transition Towns – Energiewendekultur

Das vielleicht jetzt schon größte soziale Experiment der Geschichte, die Idee der Transition Towns, wurde von Permakultur-Studenten in Kinsale, Südirland, geboren unter der Anleitung von Rob Hopkins. Der Energy Descent Action Plan (EDAP), den sie für ihre Kleinstadt im Jahr 2005 erstellt haben, inspirierte eine weltweite Bewegung, die nun eine Vision lokaler Resilienz angesichts von Klimawandel und Ölknappheit bietet. Indem sie unseren bevorstehenden Rückgang von fossilen Energien von einer positiven und kreativen Seite aus betrachtet, bietet die Transition-Kultur ein Konzept an, mit dem Gemeinden ihre Reise in die Zukunft auf sanfte und freudvolle Weise planen können. Die Transition-Bewegung ist einfach auf Gemeinden angewandte Permakultur. Du bist vielleicht schon ein Teil davon.

Planning for Real®

Dies ist eine Methode, um die lokale Bevölkerung in die Entwicklung ihres Ortes einzubinden. Sie beinhaltet ein tischgroßes Modell oder einen Plan, im Idealfall erstellt von Mitgliedern der Gemeinde. Das Modell wird dann zu Örtlichkeiten wie Einkaufsbereichen und Gemeindezentren mitgenommen und Passanten werden zu ihren Ideen und Meinungen befragt. Die Menschen erörtern ihre regelmäßigen Wege, was sie am meisten mögen und nutzen, und welche Dinge sie in der Gegend gerne verbessert sehen möchten. Diese Information wird mit Karten oder Flaggen auf dem Modell bzw. dem Plan gesammelt, und andere haben die Option, den vorigen Vorschlägen zuzustimmen oder sie abzulehnen. Da sich jeder auf das Modell konzentriert, können direkte Konfrontationen zwischen Einzelnen besser vermieden werden. Variablen wie Altersgruppe, Geschlecht und Wohnorte der Teilnehmer werden festgehalten, um eine gleichberechtigte Einbindung in den Prozess zu gewährleisten.

Partizipative Untersuchung für den ländlichen Raum

Dieser Ansatz kommt von Nicht-Regierungs-Organisationen, die in der internationalen Entwicklungszusammenarbeit tätig sind. Er besteht aus einem großen Werkzeugkoffer von partizipativen Techniken, mit dem Ziel, speziell die finanziell schlechter gestellten Menschen mehr Kontrolle über ihr Leben zurückerobern zu lassen. Diese Techniken können in vier Kategorien eingeteilt werden: zur Unterstützung von Gruppendynamik, zum Sammeln von Informationen, zum Führen von Diskussionen, und zur Arbeit mit Imagination. Eine der wichtigsten Ideen dahinter ist es, so weit wie möglich das Schreiben zu vermeiden, damit niemand ausgeschlossen wird. Stattdessen wird die Verwendung von Bildern, Symbolen und Gegenständen gefördert.

Fallstudien
(Einige eher informelle Methoden, die auch gut funktioniert haben)

Vereinbarung über gemeinschaftliche Grünflächen: Der Geschäftsführer des britischen Permakulturvereins, Andy Goldring, wurde eingeladen, den Gestaltungsprozess einer ökologisch orientierten Gemeinschaft zu moderieren. Ein Streitpunkt war die Unfähigkeit der Bewohner, sich über die Größe der Dorfwiese zu einigen. Andy nahm sie mit nach draußen, stellte sie in einen Kreis und fragte: „Ist dies groß genug?" Keiner konnte dem zustimmen, also gab er jedem einen Stock und bat sie, sich nach außen zu bewegen, bis sie das Gefühl hatten, dass es richtig war. Nach einer Weile der Verhandlung wurden die Stöcke in den Boden gesteckt, um die Grenzen zu definieren, und ein 18-monatiger Prozess kam rasch zu einem Ende. Obwohl Andy ein fähiger Moderator ist, sind es Werkzeuge wie dieses, zusammen mit dem Selbstvertrauen, in so einem Prozess die Führung zu übernehmen, die sehr wertvoll und zeitsparend sein können.

Umgestaltung eines Büros: Janey Williams wurde die Umgestaltung des Büros übertragen, in dem sie arbeitete. Nur wenige Leute waren zufrieden mit der aktuellen Raumsituation, aber der Belegschaft hatte es widerstrebt, ihre Gefühle auf formalem Wege zu teilen. Dadurch, dass sie in den Kaffeepausen einfach mit allen geplaudert hat, konnte Janey die Vorlieben und den Kummer von fast jedem erfahren. In so einer entspannten und weniger offiziellen Atmosphäre sind Leute eher bereit, darüber zu sprechen, wie es ihnen wirklich geht. Die Umgestaltung wurde ein großer Erfolg, da sie in der Lage war, die individuellen Bedürfnisse der meisten ihrer Kollegen zu erfüllen.

Kampfsport-Club: Als ich vor ein paar Jahren anfing, Aikido zu lernen, habe ich ein Design gemacht, um meine Lernmöglichkeiten zu maximieren. Mir wurde schnell klar, dass ich dafür ebenfalls sicherstellen musste, dass die Bedürfnisse meiner Mitlernenden und Senseis (Lehrer) auch gut erfüllt wurden. Ohne jemanden, der mich unterrichtet, oder der mit mir trainiert, konnte ich nichts lernen. Indem ich eine Liste für meine Clubkollegen erstellte, sammelte ich Meinungen über verschiedene Themen an jedem Trainingsabend (zweimal pro Woche), wieder auf informelle Weise. Weil wir so häufig trainierten, konnte ich meine Kollegen in kleinen Schritten über eine ganze Bandbreite von Themen befragen, ohne dass sich alle einem langen Interviewprozess unterwerfen mussten.

Zusammenfassung

Die wichtigsten Punkte des Kundeninterviews sind:

Vorbereitung auf das Kundeninterview

- Wenn du für andere arbeitest, ermittle alle Kunden mit einem Interesse an dem Design. Versuche mit allen zu sprechen.
- Wenn du sowohl der Gestalter als auch der Kunde bist, finde möglichst jemand anderen, der dich interviewt.
- Lass dir genug Zeit, um deine Fragen vorzubereiten, damit du die Zeit mit dem Kunden gut nutzen kannst.

- Du wirst von einer SMARTen Zielsetzung profitieren, stelle also Fragen, die dir klare Antworten liefern.
- Führe zumindest einen Teil des Interviews auf dem Gelände durch, damit du geländebezogene Fragen direkt vor Ort stellen kannst.

Das Kundeninterview

- Was gefällt ihnen schon? Was mögen sie nicht?
- Welches sind ihre unbefriedigten Bedürfnisse und Wünsche?
- Welche Werte haben sie?
- Was ist ihre Vision?
- Welches sind ihre individuellen Ressourcen und Begrenzungen?
- Wie ist der Zeitplan für die Gestaltung?
- Stelle alle deine geländebezogenen Fragen.
- Sammle Details über ihren Lebensstil.
- Stelle sicher, dass du ihnen die Möglichkeit gibst, Dinge zu ergänzen

Mit mehreren Kunden arbeiten

- Die für eine gute Zusammenarbeit im Gestaltungsteam erwähnten Methoden können genauso nützlich für kleinere Kundengruppen sein.
- Setze für wirklich große Gruppen eine der vorgeschlagenen Methoden ein, damit jeder gehört werden kann.
- Die Gruppendynamik und die verfügbare Zeit bestimmen, welche Methode für den jeweiligen Fall am passendsten ist.
- Einfache informelle Interviews sind manchmal die beste Option.

Flussdiagramm zum Kundeninterview

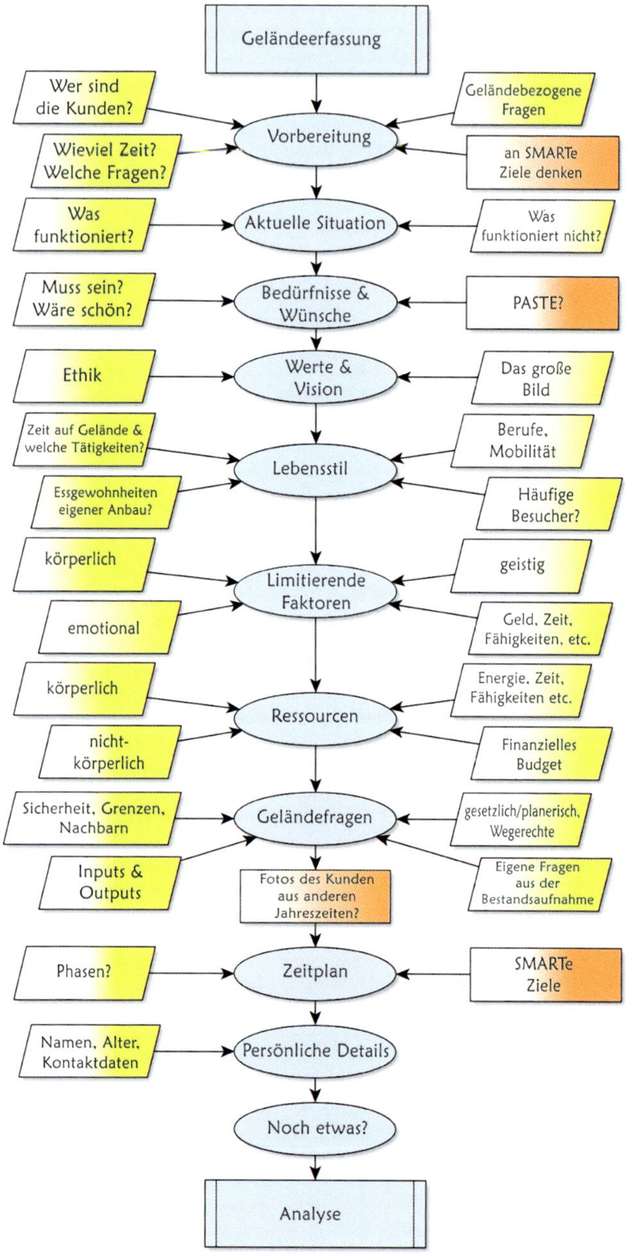

Analyse

„Permakultur-Gestaltung ist ein System der Zusammenführung von konzeptionellen, materiellen und strategischen Komponenten zu einem Muster, das das Leben in all seinen Formen unterstützt“.

Bill Mollison

Das klingt gut, aber wie? Keine Sorge, wir werden das jetzt Schritt für Schritt lernen.

Ich finde, dieser Phase des Gestaltungsprozesses, die vom „A“ in SADIM oder vom „E“ in OBREDIMET repräsentiert wird, sollten wir mehr von unserer Aufmerksamkeit schenken, als sich aus einem einzelnen Buchstaben ableiten lässt. In der Analyse stehen wir vor der Herausforderung, ein System zu entwerfen und aufzubauen, dessen Erhaltungsenergie mit der Zeit abnimmt, während seine Erträge sich erhöhen.

Wie schon angesprochen, ist es unser Ziel, 80% unserer Zeit und Energie in den Aufbau eines Systems zu stecken, so dass wir nur 20% für seine Erhaltung brauchen. Eine Gestaltung für geringe Erhaltungsenergie oder hohe Effizienz sollte immer ein beabsichtigtes Ergebnis sein, nicht nur eine gelegentlich gewählte Funktion.

In diesem Kapitel möchte ich euch einige Gestaltungswerkzeuge vorstellen, die für mich funktionieren. Ich denke, sie werden auch für euch Sinn machen, obwohl es am Ende nicht ausschlaggebend ist, welche Werkzeuge ihr benutzt, solange sie funktionieren. Letztendlich können Entscheidungen auf viele Arten getroffen werden, aber die Effektivität unserer Gestaltung steht in der Regel in Bezug zu der Zeit, die wir in unsere Analyse gesteckt haben.

Wo wir jetzt also all die schönen Informationen gesammelt haben, werden wir im nächsten Schritt damit spielen, die wichtigsten Funktionen in unserem Design ermitteln, und einige SMARTe Ziele definieren, an denen wir uns orientieren können. Wir formulieren dann alle unsere Ideen aus (auch die scheinbar verrückten) und beginnen sie einzugrenzen, um die besten herauszufiltern. Wir werden einige Denkwerkzeuge benutzen, die uns dabei helfen, und beginnen mit der Permakultur-Ethik. Dann werden wir uns anschauen, wie gut sich unsere besten Optionen miteinander zu einem effektiven System verbinden lassen, und entscheiden, welches die beste Platzierung für sie in unserer Gesamtgestaltung ist. Teil dieses Prozesses wird auch das Nachdenken über die Ökosystemkriterien sein, bei denen es einfach um die Anwendung erfolgreicher natürlicher Muster geht.

Funktionen und Qualitäten ermitteln

Dies ist die Phase, in der wir bestimmen, worum es bei unserer Gestaltung eigentlich gehen soll. Jede Gestaltung muss einen Zweck haben; was ist der Zweck bei unserer? Wir nehmen das, was wir aus dem Kundeninterview und der Bestandsaufnahme erfahren haben, und nutzen diese Information um herauszufinden, mit welchen Funktionen und Qualitäten wir uns befassen müssen (es mag davon viele geben, aber einige werden eine höhere Priorität haben als andere).

Wenn wir einen neuen Ort besuchen, beginnen wir oft, ihn in unseren Köpfen umzugestalten, auf der Grundlage von Dingen, die wir an anderen Orten gesehen haben, Dinge, die wir selbst bevorzugen. Diese Umgestaltung erfolgt meist in Form einer imaginativen Platzierung von Objekten, seien es Pflanzen, Tiere, Strukturen etc. Während einige Aspekte dieser ersten Einschätzung sich als gut herausstellen können, hat doch jeder Ort seine ganz eigenen Umstände und sollte auch so betrachtet werden. George Carlin hat einen Begriff geprägt: „Vujà dé" – das Gefühl, dass wir noch nie in dieser Situation waren – und das ist die beste Art, eine neue Gestaltungsaufgabe zu beginnen.

Der Prozess

Es ist nicht unüblich, dass wir bei der ersten Bestandsaufnahme eines Geländes schon einige Gestaltungsideen haben. Lasst uns also die Notizen dazu wieder hervorholen. Wir müssen uns nochmal an unsere ersten Einsichten erinnern und klären, warum wir diese Dinge für eine gute Wahl hielten. Was wollten wir durch ihre Einbindung erreichen? War es der Bedarf, einen höheren Grad an Selbstversorgung oder Energieeffizienz zu erreichen? Oder Schutz vor starken Winden? Wollten wir mehr Wildtiere anziehen? Oder einfach einen schönen Ort zum Entspannen haben? Diese Fragen definieren unser Design.

Wenn wir zum Beispiel dachten, dass ein Apfelbaum angemessen wäre, warum haben wir ihn gewählt? Weil er uns ernähren würde? Oder den Boden stabilisieren? Oder ein Einkommen generieren? Uns Schatten spenden? Den Bienen eine gute Nahrungsquelle wäre? Oder einfach schön aussieht, wenn er im Frühjahr blüht?

Gedanklich noch einmal zurückzugehen, um die von uns gewünschten Funktionen zu formulieren, ist ein wichtiger Schritt, um den besten Weg dorthin zu wählen.

Funktionen, Systeme und Elemente

Bist du noch verwirrt bezüglich des Unterschiedes zwischen Funktionen, Systemen und Elementen? Vielleicht hilft dies: Elemente sind individuelle Dinge, die ein System bilden, wenn Verbindungen zwischen ihnen bestehen. Einige Systeme können sich auch miteinander verbinden, um größere Systeme zu bilden. Entweder einzelne Elemente, oder auch ganze Systeme, üben (eine oder mehrere) Funktionen aus. Eine Funktion ist das, was du erreichen willst, und das System oder Element ist *das Mittel, mit dem du es erreichst*. Hier sind einige Beispiele:

Funktion	**System**	**Element**
Windschutz	Hecke	Hasel, Holunder, Esche etc.
	Zaun	
Bewässerung	Sammeln von Dachflächenwasser	Dachrinne, Abflussrohr, Regentonne, Teich
	Erdbauten	Wälle, Siele, Entwässerungsgräben, Bäume etc.
Bodenverbesserung	Hangstabilisierung	Terrassen, Mulden, Gabionen, Bäume etc.
	Nährstoffkreislauf	Kompostierung, Gründüngung, Jauche, Mykorrhiza
	Mulchen	Pappe, Rinde, Kompost, Stroh, Holzhäcksel etc.
Nahrungsproduktion	Gemüsegarten (Pflanzen)	Möhren, Kartoffeln, Zwiebeln, etc.
	Gemüsegarten (Struktur)	Hochbeete, Komposthaufen, Gewächshaus, Werkzeuge
	Obstgarten	Apfelbaum, Pflaumenbaum, Birnbaum etc.

Beachte, dass die Hasel hier zwar als Element in einem Heckensystem erscheint, um Windschutz zu geben, aber ebenso hätte sie als Element aufgelistet werden können, um die Funktionen der Bodenverbesserung oder Nahrungsproduktion zu erfüllen.

Denke auch daran, dass „anpassbar" (multifunktional), „resilient" (mehrere Elemente erfüllen jede wichtige Funktion) und „effizient" (geringer Einsatz für großen Effekt) immer Gestaltungsprinzipien sind und nicht als separate Funktionen betrachtet werden müssen.

Die Schlüsselfunktionen ermitteln

Wenn du die Notizen aus deinem Kundeninterview durchgehst, solltest du in der Lage sein, sowohl deren wichtigste unerfüllte Bedürfnisse zu identifizieren, als auch die weniger wichtigen Dinge, die sie gerne hätten. Deine Herausforderung besteht nun darin, die Bedürfnisse der Kunden mit denen der Natur in Einklang zu bringen, und ihnen trotzdem alles zu geben, was sie sich wünschen.

Zusätzlich hast du hoffentlich aus deinem Kundeninterview und der Bestandsaufnahme ermittelt, welches gegenwärtig die limitierenden Faktoren sind. Diese können zum Beispiel mit Energie- oder Ressourcenlöchern auf dem Gelände zusammenhängen wie Bodenerosion, Wasserabfluss, hohe Erhaltungskosten, schlecht isolierte Gebäude, vergeudete Freiwilligenarbeit etc. Diese Löcher zu stopfen (Bodenstabilisierung, Wassersammeln etc.) wird auch wichtige Funktionen ergeben, und oft den größten Effekt haben mit dem geringsten Einsatz. Auch potentielle Bedrohungen wie Feuer oder Überflutung sollten eine hohe Priorität bekommen.

Welches sind also die Schlüsselfunktionen in dieser Gestaltung?

- Die wichtigsten Bedürfnisse deiner Kunden
- Lösungsmaßnahmen (Eingriffspunkte), die die schlimmsten Energielöcher (Erosionsspirale) des Projekts stopfen

Während du noch dabei bist, dies zu lernen, solltest du nur drei oder vier Schlüsselfunktionen auswählen, auf die du dich konzentrieren kannst. Später, wenn du geübter geworden bist, kannst du ehrgeiziger herangehen und mehr Funktionen auswählen. Du wirst sicher bald herausfinden, dass einige Funktionen dazu da sind, andere zu unterstützen. Deine wichtisten Funktionen werden also die kundenorientierten sein, wie Nahrungsproduktion, und daran anschließend solche, die dabei das Ökosystem unterstützen, wie Bodenerhaltung und –verbesserung, Windschutz und Bewässerung.

Hier sind einige Funktionen, die für deine Gestaltung relevant sein könnten:

Unterkunft, Schutz, Privatsphäre, Wärme, Kinderspielplatz, Nahrungsproduktion, Bodenerhaltung, Bodenverbesserung, Freizeit, Energieproduktion, Windschutz, Wasserversorgung, Bewässerung, Zugang, Drainage, Abwasserbehandlung, Brennstoffversorgung, Lebensraum für Wildtiere, Viehfutter, Bildung, Gemeinschaftsbildung, Geld verdienen etc.

Die *Ästhetik*, obwohl sie in der Permakultur eigentlich nicht als eine Funktion betrachtet wird, könnte dennoch ein Faktor sein, der deine Entscheidungen beeinflusst. Nach harmonischen Mustern geformte Systeme fügen sich gut in ihre Umgebung ein, und auch die Elemente unterscheiden sich in ihrer ästhetischen Wirkung.

SMARTe Ziele erstellen

Nun lasst uns diese Schlüsselfunktionen nehmen und daraus möglichst SMARTe Ziele formulieren, anhand derer wir am Ende unseren Erfolgsgrad gut messen können. Detailklärungen schon während des Interviews ermöglichen es uns, die Ziele wie folgt zu bestimmen:

- **S**pezifisch – gut ausformuliert und für jeden Beteiligten klar
- **M**essbar – so dass wir erkennen, wann sie erreicht wurden
- **A**bgemacht – mit allen Beteiligten
- **R**ealistisch – erreichbar, in einer bestimmten Zeit mit bestimmten Ressourcen
- **T**erminiert – mit angemessener, aber nicht zu einfacher Deadline

Nehmen wir zum Beispiel den Fall, dass der Kunde mehr Nahrungsmittel in seinem Garten produzieren will, um unabhängiger von störungsanfälligen Lieferketten zu sein. In diesem Fall müssen wir herausfinden, wieviel mehr Nahrung gewünscht ist. Möchte er nur ein paar Kartoffeln mehr in der Woche ernten, oder eine richtige Selbstversorgung erreichen?

Wie können wir das messen? Nach dem Gewicht der Ernteprodukte, oder dem Geld, das durch weniger Lebensmitteleinkauf eingespart wurde? Die Art wie der Kunde dies definiert, kann unsere Strategien beeinflussen. Ersteres mag dazu führen, dass eine monokulturelle Fläche von Kartoffeln und Kürbissen in das Gestaltungskonzept eingebaut wird, wogegen Letzteres stattdessen die kreative Einbeziehung hochwertigerer Pflanzen bestärkt.

Der Wunsch unseres Klienten nach mehr Lebensmitteln aus dem Garten könnte also als SMARTes Ziel ungefähr so aussehen:

- *Bis Ende Juli 2009 wird der Blumen-Bauerngarten mindestens 200 kg Nahrung jährlich (für den Kunden) produzieren.*

ODER

- *Bis Ende Juli 2009 wird die im Blumen-Bauerngarten produzierte Nahrung die Lebensmittelrechnungen (des Kunden) um mindestens 25% reduzieren.*

Es ist so einfach, wie es klingt – aber wenn wir dies für jede Schlüsselfunktion getan haben, haben wir uns selbst ein Bezugssystem geschaffen, nach dem wir unsere Erfolge genau messen können.

Wenn wir also die Schlüsselfunktionen ermittelt haben, nach denen wir gestalten werden, und unsere SMARTen Ziele formuliert haben, können wir nun über den besten Weg nachdenken, diese zu erreichen.

Systeme und Elemente wählen

Im Idealfall integrieren wir nur Systeme und Elemente in unsere Gestaltung, die mindestens drei Funktionen erfüllen. Erinnere dich an das ökologische Prinzip: Jedes Element sollte mehrere Funktionen erfüllen. Die Natur ist deshalb so produktiv, weil alles so viele Dinge tut (nimm dir einen Moment Zeit, an all die Dienstleistungen zu denken, die ein Baum erledigt). Wir wollen also eine Straße gestalten, die gleichzeitig als Feuerschutz dient und außerdem Regenwasser sammelt und in einen Stausee leitet. Dies spart sowohl Platz als auch zusätzliche Kosten von extra Erdarbeiten. Es ist ebenso wichtig sicherzustellen, dass es eine Vielfalt von Elementen in deinem Design gibt, um Sicherheit zu geben – besonders für wichtige Funktionen wie Nahrung, Wasser, Energie etc. Denke daran: Jede wichtige Funktion sollte von mehreren Elementen getragen werden. Wenn all unsere Energie nur von einer einzigen Quelle kommt (z. B. dem Stromnetz), und diese Versorgung ausfällt, haben wir ein Problem. Wenn wir nicht mehrere Quellen für die Erfüllung unserer wichtigsten Bedürfnisse haben, sind wir sehr anfällig für Störungen.

Der Prozess

Statt eines "Black-Box-Designs", bei dem sich unsere Arbeit nur im Kopf abspielt, folgen wir einem „dokumentierten" Weg. Wenn wir alles aufschreiben, ist es später leichter nachvollziehbar, warum wir bestimmte Entscheidungen trafen, und es ist auch wahrscheinlicher, damit einen Kunden zu überzeugen. Nimm dir also jede gewählte Funktion nacheinander vor, und schreibe alle Wege und Dinge (Systeme/Elemente) auf, die dir einfallen, um diese Funktion (realistischerweise) zu erreichen. Lasse alles außer Acht, das eindeutig nicht im Budget liegt, oder zu groß oder klein für den gewünschten Zweck ist.

Wenn du damit fertig bist, solltest du drei oder vier Listen von Systemen und/oder Elementen haben, eine für jede Funktion. Ich finde oft einige der Dinge, die mir einfallen, auf mehreren meiner Listen, was ein guter Ausgangspunkt ist. Ich gehe dann noch einmal durch meine Listen, um zu sehen, welche der anderen Systeme und Elemente noch weitere nützliche Funktionen erfüllen. Dadurch zeigen sich einige starke Möglichkeiten, obwohl ich immer noch sicherstellen muss, dass sie für die Umstände auf dem Gelände und die Ansprüche des Kunden geeignet sind (passen sie z. B. zu den Werten des Kunden?), bevor ich entscheide, sie in das Design zu integrieren.

Permakultur Ethik

Hier sind einige Kriterien, die ich für die Auswahl der besten Systeme und Elemente für ein Design nützlich finde:

Permakultur Ethik
Vielleicht das Wichtigste von allen: wie erfüllen die Systeme und Elemente, über die wir nachdenken, die drei Ethiken der Permakultur?

Sorge für die Erde tragen – natürliches Kapital wieder aufbauen – Boden, Wälder, saubere Luft und Wasser, Artenvielfalt etc.

Sorge für die Menschen tragen – physisch, emotional, spirituell – für dich selbst, deine Familie, die Gemeinschaft, die Kultur und die Menschheit als Ganzes.

Gerechtes Teilen – von Überschüssen und freiwillige Begrenzung von Konsum und Wachstum – Gleichheit, die zur friedlichen Koexistenz auf dem Planeten führt. Fülle erzeugen in einer endlichen Umwelt.

Ökologische Auswirkungen

Einige unserer Wahlmöglichkeiten werden vermutlich einen größeren Einfluss auf die Umwelt haben als andere. Wir können bei der Entscheidungsfindung die folgenden Faktoren berücksichtigen:

- Emergie (graue Energie) – dies bezeichnet die Energie, die während eines ganzen Lebenszyklus[47] eines Produktes verbraucht wurde. Wir müssen die genauen Zahlen nicht kennen, um unsere Wahl zu treffen.
- Biologische Abbaubarkeit – natürliche Rohstoffe sind eine exzellente Wahl für unsere Designs, da sie nach ihrem Gebrauch in die Natur zurückkehren.
- Transport – lokal verfügbare Ressourcen verbrauchen weniger Energie, um zum Gelände gebracht zu werden.
- Treibhausgas-Emissionen (z. B. CO_2)
- Fußabdruck – wie viel Land wird gebraucht, um Nahrung anzubauen, obwohl hierfür auch manchmal die Menge des Wasserverbrauchs herangezogen wird.
- Firmenphilosophie – vieles aus der aktuellen grünen Technologie wird von den größten, skrupellosesten Firmen hergestellt.

Schau dir nochmal deine PASTE-Liste an und mache das beste aus den Resourcen, die du schon auf dem Gelände oder in der nahen Umgebung identifiziert hast.

Bei den Sektoren, die du aufgezeichnet hast, geht es immer um Energie, die durch das Gelände hindurch fließt. Deine Aufgabe ist es, Strategien zu ersinnen, um auf ihrem Weg so viel wie möglich

[47] Dieser Lebenszyklus beinhaltet Rohstoffabbau, Transport, Herstellung, Zusammenbau, Inbetriebnahme, Auseinandernehmen, Abbau und/oder Zersetzung. Zahlen für üblicherweise gebrauchte Materialien können leicht online gefunden werden – wenn du keine finden kannst, setze eine gute Schätzung an. Über diesen ganzen Prozess nachzudenken ist eine gute Übung, um über den Tellerrand hinaus zusehen. Schön dargestellt wird dies in dem Film „The Story of Stuff“: www.storyofstuff.com

davon zu speichern. Dazu möchte David Holmgren uns mit seinem Prinzip Sammle und speichere Energie ermutigen. Wir können dies auf unserem Gelände auf vielfältige Weise ganz natürlich erreichen.

Dieses Prinzip erinnert uns an folgendes:

- Wir sollten zuerst **Erträge erzielen**, indem wir einiges von dieser Energie einsammeln, vielleicht in Form von Pflanzen oder Bäumen, die Sonnenlicht speichern, Wasser, das auf dem Gelände gehalten wird, oder Wind, der Arbeit leistet.
- Als nächstes sollten wir Maßnahmen ergreifen, um die für uns verfügbare Energie und Ressourcen zu **speichern**, indem wir alle Löcher stopfen und rechtzeitige Pflegearbeiten durchführen.
- Erst nachdem wir diese Dinge getan haben, sollten wir darauf zurückgreifen, Resourcen zu **nutzen**, um unseren Verlust zu ersetzen.

Earthship in Brighton

Betrachten wir zum Beispiel ein Heizungssystem im eigenen Zuhause. Wir können die Sonnenwärme ernten, indem wir passive Solarenergie nutzen und in thermisch wirksamer Masse speichern. Wir können das Gebäude isolieren und Maßnahmen wie Wärmetauscher einbauen, um eine gute Durchlüftung zu gewährleisten, ohne dass zuviel Wärme mit der abgestandenen Luft verloren geht. Nur wenn all diese Strategien nicht ausreichen, sollten wir in Betracht ziehen, Holz oder fossile Brennstoffe zu verbrennen, um mehr Wärme zu erzeugen. Leider sind die meisten von uns genau dazu gezwungen, da wir schlecht konzipierte Häuser geerbt haben, die meist eher zur Straße hin ausgerichtet sind als zur Sonne.

„Wenn du das Gefühl hast, gehen zu müssen, bist du die Person, die bleiben muss, weil du Dinge wahrnimmst, die aus dem Gleichgewicht geraten sind…du bist derjenige, der eine Veränderung herbeiführen kann.“[48]

Warren Brush

Das bedeutet, dass du und ich, die realisiert haben, dass wir in diesen schlecht konzipierten Gebäuden leben, diejenigen sind, die etwas verändern können. Wenn wir in ein perfekt gestaltetes neues Ökohaus ziehen, werden die Leute, die in unser altes Haus ziehen, es ökologisch renovieren?

Suche nach Möglichkeiten, Energie und Ressourcen zu sammeln und finde Wege, sie zu speichern, damit der Bedarf an extra Arbeit und Energie minimiert wird.

Denke daran: Der Ertrag ist nur begrenzt durch die Vorstellungskraft des Gestalters. Beziehe auch ruhig die Ideen von anderen in deinen Prozess ein. Ein neues Paar Augen sieht oft Möglichkeiten, die wir selbst manchmal übersehen, so erfahren wir auch sein mögen.

Nun zur Hierarchie der Ressourcennutzung:[49]

- Ressourcen, die durch maßvolle Nutzung wachsen – z. B. auf den Stock gesetzte Bäume, abgegraste Büsche oder Gräser, sogar Freundschaften (Gastfreundschaft kann immer überstrapaziert werden!).
- Ressourcen, die durch Nutzung nicht beeinträchtigt werden – z. B. ein gutes Klima, Steine als Mulch oder Wärmespeicher, eine schöne Aussicht.
- Ressourcen, die zeitweise verschwinden oder sich abbauen, wenn sie nicht genutzt werden – z. B. jährliche Ernten inklusive reifer Früchte und Nüsse, Wasserablauf während des Regens, Bienenschwärme.

[48] Aus: Bridging Industry to Permaculture, DVD – EcoSutra.
[49] PDM, Mollison, S. 16.

- Ressourcen, die durch Nutzung langfristig reduziert werden – z. B. alte Wälder, Lehmreservoires, Fischbestände, Kohle, Öl.
- Ressourcen, durch deren Nutzung andere Ressourcen verschmutzt oder zerstört werden – z. B. Giftrückstände, radioaktive Stoffe, große Betonflächen, Abwässer, die in Flüsse oder Meere geleitet werden.

Versuche, nur die Ressourcen der ersten drei Kategorien zu nutzen. Alle Ressourcen aus den letzten beiden Kategorien sollten nur mit einem triftigen Grund ausgewählt werden. In gleicher Weise können wir die Spirale der Intervention[50] anwenden (die manchmal auch als eine Kaskade bezeichnet wird), sie liefert uns eine Hierarchie von Optionen, beginnend mit der am wenigsten schädlichen Strategie. Permakultur zeigt uns, wie wir mit der Natur arbeiten können; die einfachste Intervention ist es, nichts zu tun und die Natur jedes Ungleichgewicht ausgleichen zu lassen.

Manchmal bedeutet das, limitierende Faktoren zu beseitigen, die eine natürliche Sukzession verhindern, wie das Auszäunen von grasenden Tieren (sowohl wild als auch domestiziert), oder das Beenden der Nutzung von Maschinen oder Chemikalien. Erinnerst du dich an die Wölfe des Yellowstone (S. 25)? Sie waren der natürliche Kontrollfaktor für die Überweidung junger Bäume durch Hirsche.

Sollte es nötig sein, die Sukzession zu beschleunigen, ist die nächste angemessene Stufe einer von uns vorgenommenen Intervention eine **biologische**. Das bedeutet, die Hilfe von Pflanzen, Insekten, Vögeln, Tieren etc. als Teil einer integrierten Pflanzenschutzstrategie in Anspruch zu nehmen.

Sollten diese Techniken noch unzureichend sein, können wir **Mineralien** hinzugeben oder **mechanische Maßnahmen** ergreifen, die die Natur noch reparieren kann, wenn auch über einen längeren Zeitraum. Nur wenn wir alle Optionen auf diesem Level ausgeschöpft haben, sollten wir die am wenigsten angemessene Möglichkeit einsetzen: **chemische Eingriffe**.

---

[50] „The Permaculture Way" von Graham Bell, S. 71-72 (dt. „Permakultur praktisch. Schritte zum Aufbau einer sich selbst erhaltenden Welt").

Theoretisch sollte ein fähiger Gestalter nie auf diese Maßnahme zurückgreifen müssen.

Diese Interventionsstrategie kann gut für eine Gestaltung nach Option und Entscheidung[51] eingesetzt werden, wo sich der Prozess als Reaktion auf Entscheidungen entfalten kann, die durch Beobachtung und Ausprobieren getroffen wurden. Wir können die Spirale der Intervention als Leitlinie nehmen, wenn wir es mit Ernteverlusten oder der Regeneration von degradierten Landschaften zu tun haben.

Wenn zum Beispiel in deinem Garten die Schnecken den ganzen Salat vernichtet haben, kannst du einfach den Verlust akzeptieren (nichts tun), vielleicht ihren Platz im Ökosystem wertschätzen und anerkennen, welch erstaunliche Wesen sie sind, oder einfach mehr Salat pflanzen zum Ausgleich.

Wenn das nicht ausreicht, kannst du als nächstes einige Köderpflanzen einführen oder Fressfeinde, vielleicht Hühner (biologischer Eingriff). Du kannst Steinmehl einsetzen, damit die Salate größer werden (mineralischer Eingriff). Wenn das nichts nützt, kannst du physische Barrieren einbauen, Gräben oder Kupferbänder (mechanischer Eingriff). Die Schnecken zu vergiften (chemischer Eingriff) sollte der letzte Ausweg wegen der Auswirkungen auf das Bodenleben sein. Wenn wir dieser Methode folgen und nur von einem Schritt zum nächsten gehen, wenn es unbedingt nötig wird, verringern wir unseren Einfluss auf das natürliche Ökosystem.

Zum Anbau von Pflanzen können wir auch einige oder alle der Vier Prinzipien der Natürlichen Landwirtschaft von Masanobu Fukuoka berücksichtigen:

- Keine Kultivierung – kein Pflügen oder Wenden des Bodens. Die Erde kultiviert sich selbst auf natürlichem Wege.
- Keine chemische Düngung oder aufbereitete Komposterde – diese Praxis entzieht dem Boden seine wesentlichen Nährstoffe.

[51] PDM, Mollison, S. 46-47.

- Keine Wildkrautvernichtung durch Bodenbearbeitung oder Herbizide – Unkräuter sind ein wichtiger Beitrag zur Bodenfruchtbarkeit und zum Gleichgewicht der biologischen Gemeinschaft. Als Grundprinzip sollten Wildkräuter kontrolliert werden, nicht ausgemerzt.
- Keine Abhängigkeit von Chemikalien – schwache Pflanzen entwickeln sich als Ergebnis von Pflügen und Düngen, und sind anfälliger für Krankheiten und „Schädlinge".

Finanzieller Rahmen

Die Nutzung lokal verfügbarer Materialien war einmal die einfachste und günstigste Art, etwas zu bauen, weswegen ältere Gebäude häufig so gut in ihre Umgebung passen. Leider ist dies in Zeiten von billiger ausländischer Arbeitskraft und mit fossilen Brennstoffen betriebener Massenproduktion nicht immer der Fall. Umweltfreundliche Wege sind oft finanziell aufwändiger, was am Beispiel regionaler Bionahrungsmittel gut erkennbar ist. Wir müssen jedoch oft ein begrenztes finanzielles Budget berücksichtigen, und unsere Aufgabe als Designer ist es, innerhalb dieser Grenzen zu planen.

Da sich die Dinge schnell verändern können, sind Alternativen mit einzuplanen für den Fall, dass sich die finanziellen Kapazitäten des Kunden irgendwann in der Zukunft entweder deutlich erhöhen oder reduzieren. Wenn du dem Kunden „Pläne B" anbieten kannst, erhöht das die Flexibilität deiner Gestaltung. Während du budgetierst, denke auch daran, wie sich die Kosten durch rechtzeitige Eingriffe verringern lassen (Löcher stopfen – „Was du heute kannst besorgen …") oder durch den Kauf günstigerer Optionen (zum Beispiel Saatgut anstelle von Pflanzen). Tatsächlich kann deine ganze Umsetzungsplanung von Strategien zur Kostenreduzierung beeinflusst werden.

Ein Projekt gut budgetieren zu können ist eine sehr wertvolle Fähigkeit, besonders wenn du vorhast, professionelle Designs für andere zu erstellen. Vergiss aber nicht, dass für einige Kunden die Zeit ihr größter limitierender Faktor ist.

Zeitliche Begrenzung

Du solltest alle Ideen für Systeme, deren Umsetzung zu zeitaufwändig ist, ausschließen, obwohl eine Neuverhandlung der Projektdeadline möglicherweise sinnvoll ist, wenn eine Idee sich als besonders gut erweist.

Letztendlich wird es dir zugute kommen, abschätzen zu können, wie viel Zeit und Geld jede Gestaltungsphase brauchen wird. Wenn du dir angewöhnst, sowohl die zeitlichen als auch die finanziellen Kosten jedes deiner Projekte zu notieren, wird es dir später leicht fallen, Schätzungen für zukünftige Kunden abzugeben. Wenn du zum Beispiel die Zeiten und Materialien für den Bau eines Hochbeetes mit einer bestimmten Größe kennst, kannst du diese Zahlen multiplizieren und eine einigermaßen genaue Schätzung für ähnliche Situationen abgeben. Wie bei allen Dingen macht Übung hier den Meister.

Angemessene Größe

Überlege dir, welche Systeme und Elemente am besten zu der Größe des jeweiligen Geländes passen würden. Eine größere Komposttoilette wird wahrscheinlich zu massig für die meisten urbanen Gärten sein, während Waldgartentechniken wie Fächer, Schnüre oder Spalierobst immer noch angewendet werden können. Wäge auch die benötigten Kapazitäten der Systeme ab. Kann ich genügend von einer bestimmten Pflanze auf diesem Raum anbauen? Wie viele Tiere wird dieses Land füttern können? Wie viel Strom brauche ich, und wird dieses Windrad/diese Solarzellengruppe ihn erzeugen können?

Vernetzung

Durch die Ermittlung der Bedürfnisse (Inputs) und Erträge (Produkte/Outputs) jedes Systems oder Elements erkennen wir, wo unterstützende Beziehungen geschaffen werden können. Wenn wir zwei Elemente so miteinander verbinden, dass der Ertrag des einen die Bedürfnisse des anderen erfüllt, sind wir auf einem guten Weg, ein sich selbst erhaltendes System zu schaffen. Je mehr solcher Verbindungen wir herstellen können, desto weniger Arbeit wird nötig sein, um das von uns gestaltete Gesamtsystem zu erhalten.

Bedürfnis- und Ertragsanalyse (Input/Output-Analyse)

Das klassische Lehrbuchbeispiel ist das „Permakultur-Huhn“[52], dessen gesamte Bedürfnisse, Produkte und (wesenhaftes) Verhalten berücksichtigt werden. Im Idealfall werden alle seine Bedürfnisse auf dem Gelände erfüllt, sein Verhalten wird genutzt, um Arbeit zu sparen, und seine zusätzlichen Outputs (zum Beispiel Kot) werden einem Nutzen zugeführt, um Umweltverschmutzung zu vermeiden.

Um mögliche unterstützende Verbindungen zu ermitteln, müssen wir diese Analyse für jedes Schlüsselelement im System durchführen. Folglich kann dieser Prozess ein wenig Zeit erfordern, aber die Menge an Zeit und Energie, die durch gutes Design gespart werden kann, ist wesentlich größer. Unser übergeordnetes Ziel ist es, jedes unserer Hauptelemente in einen sich gegenseitig unterstützenden Kreislauf zu bringen. Wir kommen darauf noch im Kapitel über Platzierung und Integration zurück, aber für den Moment hilft es uns bei der Auswahl der für unser System am besten geeigneten Elemente (zum Beispiel Pflanzen, Tiere, Strukturen, Werkzeuge etc.).

---

[52] PDM, Mollison, S. 37-39.

Zwei weitere nützliche Methoden, die dir bei der Auswahl von Elementen helfen, die sich am besten mit anderen Teilen deines Designs verbinden lassen, sind „Zufallsverbindungen“ und „Beziehungsnetz“. Was wir daraus lernen, kann ebenfalls nützlich für uns sein, wenn wir im nächsten Abschnitt über die Platzierung entscheiden.

Beziehungsnetz

Zeichne einen großen Kreis und schreibe die Namen deiner potenziellen Elemente an die Außenränder. Gehe die Elemente nacheinander durch und stelle fest, wo du Beziehungen zu den anderen potenziellen Elementen finden kannst. Ziehe dann eine Linie, um diese Elemente zu verbinden. In dem einfachen Beispiel unten habe ich eine Auswahl an Farben eingesetzt, um die verschiedenen Arten von Beziehungen herauszustellen: zum Beispiel täglich, wöchentlich, saisonal, zu beaufsichtigen etc. Du kannst auch eine weitere Farbe hinzufügen für „Elemente die auseinander gehalten werden müssen“!

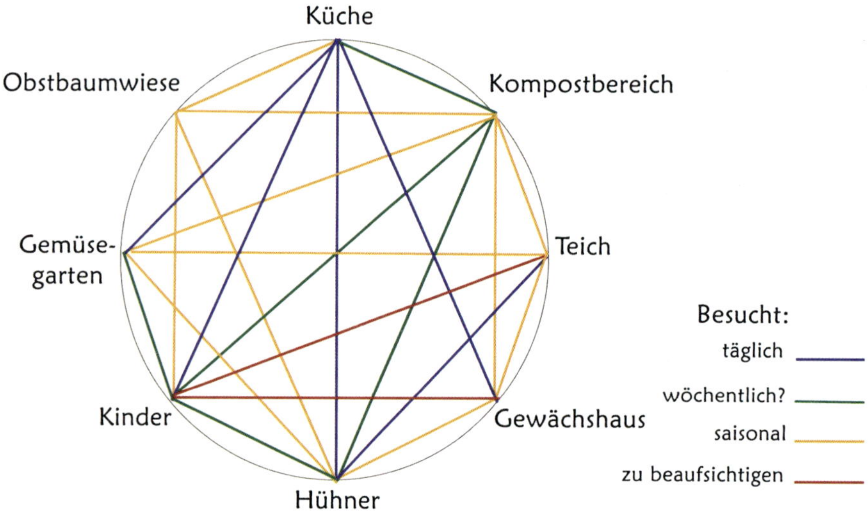

Dieses Beispiel hat nur acht Elemente am äußeren Rand des Kreises, so dass es übersichtlich ist; deines wird möglicherweise viel mehr haben. In solch einem Netz tendieren die am meisten in Beziehungen stehenden Elemente dazu, sich durch eine größere Anzahl von Linien von den anderen abzuheben. Die meiste Erkenntnis gewinnt man allerdings beim Durchlaufen dieses Prozesses selbst und nicht durch das Anschauen des fertigen Diagramms. Wenn dir besonders gute Verbindungen auffallen, notiere es dir, um später daran zu denken, oder zeichne die Linie vielleicht etwas dicker.

Wie die Elemente untereinander verbunden sind wird natürlich variieren, je nachdem, wie jedes System funktionieren soll. Hier sind die Kinder in die Gartenaktivitäten einbezogen und brauchen vielleicht manchmal Betreuung. In anderen Situationen müssen sie vielleicht völlig vom Gewächshaus oder dem Teich ferngehalten werden. Der Teich wiederum könnte indirekt Grauwasser aus der Küche erhalten durch ein System von Pflanzenklärbeeten.

Eine weitere Sache, die es hier zu bedenken gibt, ist, dass einige dieser Elemente beweglich sind und andere fest am Platz stehen. Hühner sind sehr beweglich, ein Hühnerhaus möglicherweise nicht; außer du bestimmst, dass dies ein Vorteil wäre[53]. Um effektive Beziehungen zwischen weniger beweglichen Elementen zu schaffen, sollten sie zumindest in einiger Nähe zueinander platziert werden, wenn sie nicht physisch miteinander verbunden sind.

Zufallsverbindungen

Dies ist eine Entwurfsmethode, die ich schon in vielen verschiedenen Formen angewendet gesehen habe, seit sie im „Handbuch der Permakultur-Gestaltung“ vorgestellt wurde. Hier ist meine bevorzugte Art, sie zu benutzen: Schreibe alle Elemente (oder Sys-

[53] Wie in Joel Salatins System, wo seine Hühner ein paar Tage hinter seinem Vieh hergeschickt werden, wo sie sich von Fliegenlarven in deren Dung ernähren und ihn verteilen, während sie danach suchen.

teme), die du auf deiner Liste hast, auf einzelne Blätter oder Karten. Lege sie auf einen Haufen, drehe ihn um, mische sie und mache daraus zwei Haufen. Drehe dann die oberen Karten beider Haufen um und schaue, ob du dir irgendwelche Beziehungen zwischen den beiden Systemen/Elementen vorstellen kannst. Nimm dir Zeit, da dieser Prozess dir helfen kann Beziehungen zu finden, die du durch ein schnelles Nachdenken nicht gefunden hättest.

Zufallsverbindungen: Bildkarten der Elemente und eine Liste mit Beziehungsstichwörtern, um mögliche positive Wechselwirkungen festzustellen.

Während viele Kombinationen keine sinnvollen Verbindungen ergeben werden, ist diese Methode sehr geeignet, um gelegentlich innovative Lösungen für Probleme hervorzubringen, die andere dann als „tolle Ideen" in Erinnerung behalten. Als aktuelles Beispiel hatte ich neulich die Verbindung von „Nussbäume" und „Teich", wobei eine nähere Betrachtung die Idee hervorbrachte, die Bäume auf einer Insel zu pflanzen und die Eichhörnchen so daran zu hindern, an die Nüsse zu kommen. Sie können zwar schwimmen, mögen es aber nicht, sich am Boden zu bewegen, wo sie angreifbar für Feinde sind. Auch hier solltest du dir wieder jede besonders gute Verbindung extra notieren, und auch alle Elemente, die deiner Ansicht nach deutlich voneinander getrennt werden sollten!

Als Ergänzung kannst du dem Prozess ein Blatt mit verbindenden Begriffen hinzufügen, auf denen Dinge stehen wie „über", „neben", „in der Mitte von" etc.[54] Diese können nützliche Stichworte sein, um über die Art der Beziehungen nachzudenken, die zwischen den Dingen hergestellt werden können. Lass dir mit diesem Prozess Zeit, die besten Ideen können aus dem Moment heraus entstehen, wenn der bewusste Verstand abschaltet und die Inspiration kommt. Notiere dir alle guten Ideen, bevor du zu den nächsten beiden Karten weitergehst. Wenn du dann mit dieser Übung fertig bist, wirf die Karten nicht weg – wir werden sie später wieder benutzen, um uns bei der Platzierung zu unterstützen.

Intrinsisches[55]

Wir haben mit einem Brainstorming von Elementen angefangen, die alle Funktionen erfüllen könnten, aber wir haben vielleicht noch nicht die jedem Element innewohnende Fähigkeit betrachtet, seine Funktion auf diesem bestimmten Gelände auszufüllen. Die Effizienz von Systemen kann durch klimatische Bedingungen und die Verfügbarkeit von Energie, Ressourcen und Dienstleistungen beeinflusst werden, wir müssen also diejenigen auswählen, die am besten zur Situation vor Ort passen. Das Leben im Allgemeinen hat sich um tägliche und saisonale Rhythmen herum entwickelt, und reduziert seine Aktivität, wenn weniger Energie verfügbar ist.

Vom Menschen entwickelte Technologien sind selten anders. Photovoltaikanlagen zum Beispiel erzeugen fast das ganze Jahr über Strom, aber nur während des Tages und nur in Form von

[54] PDM, Mollison, S. 47 - 48.

[55] Von innen her kommend

Gleichstrom. Eine verlässliche Wasserversorgung vorausgesetzt, laufen Hydrogeneratoren 24 Stunden täglich während der nassen Jahreszeit (also die kälteren Monate in unseren Breitengraden, wenn der Bedarf an Strom am höchsten ist), und sie produzieren Energie in Form von besser nutzbarem Wechselstrom. Wähle Technologien aus, die am besten zu den lokalen Gegebenheiten passen; ihre Effizienz ist irrelevant, wenn die Energie oder die Ressourcen, die sie brauchen, nicht verlässlich verfügbar sind.

Verfahre genauso mit Pflanzen, wähle solche aus, die im örtlichen Klima gut wachsen und Erträge bringen. Mögen sie diese Art von Boden? Greife auf deine Geländebeobachtung zurück, inklusive Glasproben und pH-Tests, Schattenplänen und allem, was du über die Wachstumsperiode weißt, um deine Auswahl zu treffen. Einige empfindliche, grenzwertige Arten können vielleicht in einem günstigen Klima angebaut werden, aber betrachte sie als entbehrlichen Luxus.

Manchmal kann eine anfängliche Investition das Leben langfristig viel einfacher machen; zum Beispiel die Kompostherstellung in einem intensiv genutzten Gemüsegarten. Wenn wir mehr Erträge aus unserer selbst angebauten Nahrung erzielen, müssen wir nicht so viel Geld verdienen, um sie anderswo (und weiter weg) zu kaufen. Im Allgemeinen solltest du jedoch Elemente auswählen, die weniger Aufmerksamkeit brauchen; sie sind oft die beste Wahl, auch wenn sie weniger produktiv sind. Wenn du multifunktionale Elemente auswählst, nimm diejenigen, die deine wichtigste Funktion am besten erfüllen. Zum Beispiel legen die meisten Entenarten Eier und fressen Schnecken, aber einige Züchtungen sind bessere Eierleger und andere bessere Schneckenfresser.

Die besten Optionen vergleichen

Nun werden wir unsere Liste hoffentlich bald auf die stärksten Möglichkeiten reduziert haben. Einige Entscheidungen waren leicht, andere etwas schwieriger. Im Idealfall wollen wir ja mindestens drei Wege haben, wie wichtige Funktionen erfüllt werden können. Wenn wir uns also zwischen mehreren starken Auswahlmöglichkeiten schwer entscheiden können, ist unsere beste Alternative vielleicht, sie alle einzubeziehen.

Auch in anderen Fällen werden wir womöglich eine Auswahl treffen müssen, wenn zum Beispiel wenig Platz vorhanden ist. In diesem Fall können wir einige einfache Denkhilfen heranziehen: SWOC (abgeleitet vom bekannteren SWOT) und PMI. Beides sind einfache Rahmenkonzepte, die uns bei der Entscheidungsfindung helfen. Nachdem wir eine dieser Methoden auf unsere verschiedenen Auswahlmöglichkeiten angewendet haben, sollten wir als Ergebnis eine Auswahlliste von denjenigen mit dem meisten Potenzial vorliegen haben.

SWOC steht für:

Strengths/Stärken – was sind die Vorteile dieses Elements?
Weaknesses/Schwächen – was sind die nicht so guten Dinge daran?
Opportunities/Möglichkeiten – was werde ich damit noch tun können?
Constraints/Begrenzungen – welche negativen Effekte wird diese Wahl auf die benachbarten Dinge haben?

Zum Beispiel stellen wir vielleicht fest, dass als Windschutz eine Hecke eine Lösung anbietet, die mit der Zeit noch effektiver wird (S), jedoch eine gewisse Zeit zur Einrichtung braucht (W), zusätzliche Erträge liefert wie Lebensraum für Tiere und Nahrung (O), aber auch Schatten und Konkurrenz für andere Pflanzen verursacht, die auf ihrer Schattenseite wachsen (C). Mit einem Holzzaun wird man recht schnell eine Barriere aufbauen (S), er wird jedoch mehr Wartung brauchen (W), eine gute vertikale Struktur anbieten für Kletterpflanzen (O), aber diese können durch Instandhaltungsmaßnahmen auch verletzt werden und er wird auch Schatten werfen auf einer Seite (C).

Bei S und W geht es also um die Sache selbst, und bei O und C um den Effekt auf die sie umgebenden Dinge. Nenne es COWS wenn du es dir so leichter merken kannst!

Du kannst auch eine einfachere Version davon verwenden, ein weiteres Denkwerkzeug von Edward de Bono: **PMI**, das steht für:

Plus – was sind die guten Dinge daran?
Minus – was sind die nicht so guten Dinge?
Interessant – was könnte noch wichtig sein, auch wenn es weder gut noch schlecht ist?

Mit SWOC betrachtest du die Beziehung zwischen den Elementen, wogegen PMI diesen Schwerpunkt nicht hat, es ist aber nicht so wichtig, wofür du dich entscheidest, hauptsache die Methode bringt gute Ergebnisse. Benutze, was für dich am besten funktioniert.

Visionieren und wildes Design

Unser Ansatz war bisher sehr analytisch (danach ist dieses Kapitel ja auch benannt), vergiss aber nicht, auch Zeit für die Fantasie zu lassen. Dafür brauchst du ein ganz anderes Umfeld als für den Rest dieses Kapitels. Die Zufallsverbindungen haben deinen Geist angeregt, kreative Beziehungen herzustellen, aber nur zwischen den Elementen, die dein logischer Verstand gefunden hat. Hoffentlich hast du deinen Klienten die Möglichkeit gegeben, ihre eigene Vision auszudrücken – nun lasse deiner Imagination freien Lauf. Jetzt, wo die logische Seite deines Hirns zufrieden ist, nimm dir Zeit – am besten wieder auf dem Gelände – um herumzulaufen oder einfach zu sitzen und nachzudenken. Erlaube deinem Geist, einfach zu wandern und lass die Natur zu dir sprechen. Gib dich den ganzheitlichen Prozessen in deinem Kopf für eine Weile hin und schaue, was zum Vorschein kommt.

Zusammenfassung

Die wichtigsten Dinge in der Analysephase sind:

Analyse

- Die Analysephase ist wichtig und sollte genau so viel Zeit und Aufmerksamkeit bekommen wie die Beobachtungsphase.
- Wie du zu Entscheidungen kommst ist zwar deine Sache, aber eine gute Gestaltung basiert auf dem Gebrauch von effektiven, bewährten Prozessen.

Funktionen erkennen

- Funktionen sind das, was du erreichen willst; Systeme und Elemente sind die Mittel dazu.
- Dein Kundeninterview (z. B. ihre Wünsche und Bedürfnisse) und die Bestandsaufnahme (z. B. begrenzende Faktoren) bestimmen die Schlüsselfunktionen in deinem Gestaltungsprozess.
- Einige Funktionen sind primär und erfüllen die Bedürfnisse des Klienten direkt (zum Beispiel erhöhte Nahrungsproduktion); andere sind sekundär und unterstützen die ersteren (zum Beispiel Bodenaufbau, Erosionskontrolle, Bewässerung).
- Manche Funktionen werden vielleicht Schutz vor potenziellen Gefährdungen brauchen.
- Versuche deine Schlüsselfunktionen in SMARTe Ziele umzuwandeln.

Auswahl von Systemen und Elementen

- Dokumentiere deinen Entscheidungsprozess, um dich später an deine Begründung zu erinnern und das Vertrauen des Kunden zu gewinnen.

- Bringe alle Ideen für die Erfüllung der Funktionen erstmal aus deinem Kopf auf Papier. Nutze dann die nachfolgenden Prozesse dazu, sie auf die besten Optionen zu reduzieren.
- Welche deiner möglichen Elemente sind multifunktional?
- Die Permakultur-Ethiken sollten der nächste Filter sein für deine ursprünglichen Ideen.
- Betrachte den Fußabdruck/die graue Energie etc. für jede Option.
- Ermittle die biologischen/erneuerbaren Ressourcen auf deiner Liste.
- Überprüfe deine PASTE-Liste und schaue, wie viele Ressourcen auf dem Gelände oder in der nahen Umgebung genutzt werden können.
- Denke daran: sammeln, speichern, und erst dann verbrauchen.
- Überprüfe die Sektoren und schaue nach Gelegenheiten, frei zur Verfügung stehende Energie auf dem Gelände zu benutzen bzw. zu sammeln.
- Stelle fest, wo deine verschiedenen Elemente innerhalb der Hierarchie der Ressourcennutzung und der Spirale der Intervention liegen.
- Stelle sicher, dass die Systeme eine dem Gelände angemessene Größe haben.
- Liegen die verbleibenden Optionen noch innerhalb des Budgets?
- Können sie innerhalb des Zeitplans erreicht werden?
- Entscheide, welche Elemente am besten vernetzt sind, indem du Methoden benutzt wie die Input-Output-Analyse, das Beziehungsnetz oder die Zufallsverbindungen.
- Stelle sicher, dass deine Auswahl am besten geeignet ist, um die gewünschten Funktionen auf diesem bestimmten Gelände zu erfüllen.
- Vergleiche deine Auswahlliste mit Werkzeugen wie SWOC oder PMI.
- Erfüllst du jede wichtige Funktion auf mindestens drei Arten?
- Lasse deiner Fantasie freien Lauf, um die Fülle der Möglichkeiten für das Gelände zu erkunden.

Ein multifunktionaler Salat: lebender Mulch, Nahrung, Feier, Kunst, und Einkommensquelle.

Flussdiagramm zur Auswahl von Systemen und Elementen

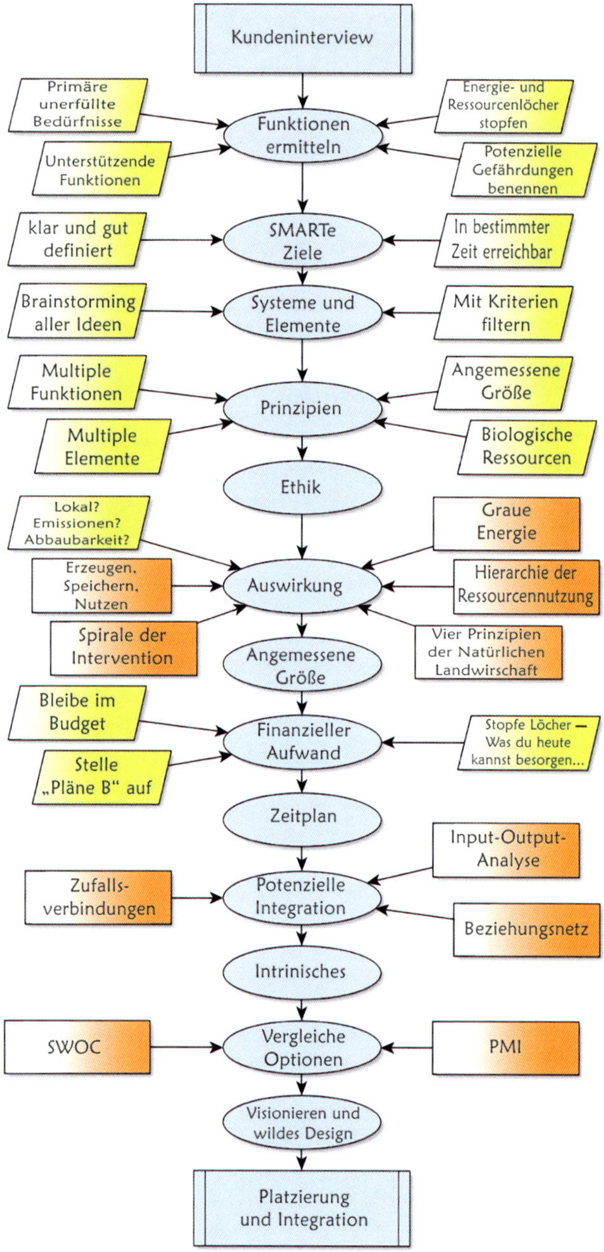

Platzierung

In diesem Kapitel wollen wir damit experimentieren, welches die beste Platzierung für die verschiedenen Elemente und Systeme in unserem Design ist. Gibt es bereits einen festen Fokuspunkt auf dem Gelände (wie ein Haus), dann setzen wir alles möglichst günstig dazu in Bezug. Starten wir jedoch mit einem leeren Blatt Papier, dann sollten wir zuerst den besten Platz auf dem Gelände für unsere Haupttätigkeiten finden. Wenn wir unser Design um ein neu zu bauendes Haus oder eine andere feste Struktur gestalten, dann ist unsere wichtigste Entscheidung die Festlegung des richtigen Platzes dafür. Wenn wir ein Gelände ohne ein klares zentrales Element gestalten, dann bestimmen wir zuerst die wichtigsten Elemente, die wir dort unterbringen wollen, und nehmen sie als Ausgangspunkt.

Platzierung um ein bestehendes Hauptelement

Für die Planung eines Geländes um ein bestehendes Element herum, wie ein Gebäude, stehen uns eine Reihe von Methoden zur Verfügung. Hierfür nutzen wir unseren Bestandsplan und die Overlays, um Fehler möglichst auf dem Papier und nicht in der Landschaft selbst zu machen. Ein hilfreiches Werkzeug für diesen Prozess ist das Landschaftsmodell, das ich auch nutze, um die Zonierung und Sektorierung zu erklären.

Untersuchung der Platzierung von Elementen und Systemen durch die Landschaftsmodellierung.

Hierfür lege ich auf dem Boden oder auf dem Tisch ein grobes Modell des Geländes mit Hilfe von Kissen, Stoffen und Seilen aus, so dass ein dreidimensionaler Raum entsteht, in dem wir die Platzierung von Elementen und Systemen erkunden können. Dazu können wir die Karten aus der Übung „Zufallsverbindungen" nutzen, um Elemente darzustellen und ihre Beziehung untereinander zu untersuchen, indem wir sie verschieben. Solch ein Modell kann uns einen Überblick über das Gelände geben, den wir vom Boden aus nicht erhalten würden. Stell dir vor, du wärst 1.500 Meter groß oder du flögest über die Landschaft in einem Heißluftballon. Jetzt prüfst du der Reihe nach verschiedene Faktoren, um für jedes Element oder System die beste Position zu finden.

Plane vom Muster zum Detail

Bevor du dich um die feineren Details kümmerst, erstelle ein übergreifendes Muster, bei dem du dich an den im Folgenden dargestellten Faktoren orientierst. Es ist wichtig, dein Design an die Möglichkeiten des Geländes anzupassen und nicht das Gelände an dein Design (seit der Nutzung fossiler Treibstoffe ist das eine übliche menschliche Strategie, die wir ersetzen können durch rohe Gewalt). Du bist vielleicht von der Idee eines Waldgartens oder eines Olivenhains begeistert, aber auf einem nicht geeigneten Gelände verschwendest du nur Zeit und Energie im Kampf gegen die Natur. Beispielsweise sind hügelige und bergige Regionen hervorragend geeignet, um Wasser hoch oben in der Landschaft zu speichern, wo es genutzt werden kann, um für uns zu arbeiten (z. B. als Wasserkraftwerk oder zur Bewässerung), aber sie sind nicht für empfindliche Feldfrüchte geeignet. Finde heraus, welche Möglichkeiten das Gelände bietet und plane so, dass du den größten Vorteil daraus ziehen kannst.

Mikroklima

Scheinbar gehen wir damit direkt zum Kleinteiligen über, jedoch kommen Mikroklimata in allen Größen und Formen vor. Ganz Großbritannien ist ein Mikroklima, das vom warmen Nordatlantikstrom profitiert. Die vorherrschenden Winde aus Südwesten bringen viel Regen, von denen der Westen mehr erhält als der Osten. Wohingegen das Dartmoor, eine Gegend mit Hochmooren im Südwesten, mehr Regen erhält als die umliegenden Gebiete. Wenn wir weiter in das Moor hineinzoomen, dann können wir auch innerhalb der Täler des Moors sonnigere und schattigere Teile finden, windigere und ungeschütztere, feuchtere und trockenere. Wenn du noch genauer hinschaust, entdeckst du weitere Unterschiede bis hin zu einem einzelnen Stein, wo du Lebewesen findest, die die hier herrschenden dunklen und feuchten Bedingungen lieben. Unsere Aufgabe als Designer ist es, diese Möglichkeiten zu erkennen und die Dinge dort unterzubringen, wo sie diese Gegebenheiten am besten nutzen können.

Schon seit langem nutzen Gärtner das günstige Mikroklima an nach Süden ausgerichteten Mauern, um empfindliche, aber beliebte Früchte wie Feigen oder Trauben anzupflanzen.

Hier ist eine weitere geniale Variante dieser Strategie mit einer zusätzlichen Funktionalität, die mein Freund Tony Martin ausgeklügelt hat: Er nutzt die thermische Masse seiner Wasserspeichertanks im Garten nicht nur zum Schutz der Früchte auf dem nach Nordwesten weisenden Berghang, sondern auch als Reservoir für ein Kapillar-Bewässerungssystem. Zudem baut er auf den Wassertanks wertvolle, aber anfällige Früchte wie Erdbeeren an, von denen er so die hungrigen Käfer fernhält. Die Pflanzen und die Erde auf den Tanks schützen diese auch vor der zersetzenden UV-Strahlung der Sonne und vermindern den Algenwuchs in den Tanks. Genial! Die genaue Anleitung findest du in den Online-Quellen¤.

Die vielleicht größte Kunst ist es, das Beste aus den kälteren, schattigeren und feuchteren Arealen zu machen. Dies sind Plätze, an denen die meisten Lebensprozesse langsamer vonstatten gehen, doch auch das können wir zu unserem Vorteil nutzen. Die kälteren Plätze wie schattige Mauerseiten sind ideal, um Dinge kalt zu lagern, beispielsweise zur Konservierung von Lebensmitteln. Schattige Orte haben stabilere Temperaturen, was junge Pflanzen oder Stecklinge in den Wintermonaten weniger anfällig macht als in direktem Sonnenlicht. Nach Norden ausgerichtete

Schrägen erhalten weniger Sonne, Bäume treiben im Frühling später aus. Die daraus resultierende spätere Blüte kann der entscheidende zeitliche Unterschied für Frühblüher wie Pfirsich und Kirsche sein, deren Blüten durch späte Fröste geschädigt werden, was zum Ernteausfall führt.

In den Tropen wird der Schatten oft bevorzugt, weil die Fotosynthese aufhört, wenn es zu heiß wird, zudem verringert sich die Wasserverdunstung, wo kein direktes Sonnenlicht einfällt. Durch langfristige Beobachtung entdecken wir, wo und wann all diese Mikroklimata vorkommen. Hier kann unser Notizbuch seine Schätze enthüllen, besonders durch die Notizen, die bei rauem Wetter gemacht wurden. Schattenpläne und Fotografien helfen uns, das richtige Mikroklima für die Elemente zu finden, die wir anordnen möchten.

Höhenunterschiede einplanen

Indem wir die Höhe des Geländes und alle vorhandenen Hangneigungen einbeziehen, können wir die verschiedenen Mikroklimata sowie deren Möglichkeiten und limitierenden Faktoren erkennen. Es gibt ganz bestimmte Strategien, die für jeden Punkt auf einer Hanglage am besten funktionieren, wie beispielsweise Bäume zu nutzen, um ein starkes Gefälle zu stabilisieren, und empfindliche Früchte über der Frostgrenze zu pflanzen. In den kalten gemäßigten Klimazonen bietet die frostfreie Zone zwischen eisigen Hügelgipfeln und der Talsohle eine leicht verlängerte Anbausaison. Auch die Ausrichtung der Hangneigung sollte bedacht werden. Beispielsweise können die Wachstumsbedingungen nahe des Gipfels eines sonnenzugewandten Hanges in etwa denen am Fuß der schattigen Seite desselben Hügels entsprechen. Mit anderen Worten, das Mehr an Sonne kompensiert die Einschränkungen durch die höhere Lage (Temperaturabfall von 0,5° C pro 100 Meter über dem Meeresspiegel).

Wie sollen wir also die geplanten Elemente in Bezug zur Hangneigung setzen? Wenn etwas durch den Einfluss der Schwerkraft durch ein System fließen soll, dann müssen wir das Element natürlich in der richtigen relativen Höhe einplanen. Um Wasser von der Dachregenrinne in einen erhöhten Tank zu leiten, von dort in die Zisterne für das Toilettenwasser, weiter in einen Abwassertank und letztendlich in eine Pflanzenkläranlage, muss jedes Element tiefer liegen als das vorherige. Wasser kann auch bergauf gepumpt werden, indem man Technologien wie den hydraulischen Widder nutzt, es ist jedoch einfacher, soweit wie möglich mit der Schwerkraft zu arbeiten.

Ein hervorragendes Solar-Heißwasser-System, das sowohl die Schwerkraft als auch den Wärmeumlaufeffekt optimal nutzt.

Ähnliches gilt für Sonnenkollektoren, die besser unterhalb des Heißwassertanks gestellt werden, um so den Wärmeumlauf-Effekt voll auszunutzen und auf eine Pumpe verzichten zu können. Warme Luft steigt nach oben, das sollten wir bei der Planung von Räumen und dem Heizsystem in Gebäuden nutzen. Es benötigt wesentlich weniger Energie, die warme Luft von der Decke nach unten zu bringen, als die kalte Luft am Boden zu erwärmen, wo wir sitzen und uns entspannen.

Zonierung

Mein Salat wächst in Zone 1.

Systeme und Elemente, die die meiste Aufmerksamkeit benötigen, werden natürlich am besten in der Nähe unseres zentralen Ortes platziert, wo wir die meiste Zeit verbringen. Deshalb solltest du zuerst die Elemente in deinem Design ermitteln, die die meiste Aufmerksamkeit benötigen. Denke also darüber nach, wie oft du dieses spezielle Element nutzt oder besuchst, egal ob es um Reinigen, Reparieren oder Ernten geht. Ein Hühnerstall zum Beispiel braucht mindestens zwei Besuche am Tag, um die Hühner rauszulassen und wieder einzuschließen. Zudem sind vielleicht zusätzliche Gänge nötig, um Eier einzusammeln. Säubern steht mehrmals die Woche an und die Instandhaltung des Stalls ist mehrmals im Jahr nötig. Im Gegensatz dazu erhält ein Komposthaufen nur alle paar Tage frisches Grün aus der Küche, muss einmal alle zehn Tage gewendet werden (bei Heißkompostierung) und wird im Frühling mehrmals aufgesucht, um den reifen Kompost zu holen. Aus diesen Beispielen wird uns klar, dass einige Aufgaben täglich anstehen und andere eher saisonal sind. Nutze diese Information, um die Elemente, die die meiste Aufmerksamkeit benötigen, nahe am zentralen Ort zu platzieren. Dies ist eine allgemeine Regel, der du folgen solltest, obwohl es auch Ausnahmen gibt, wie wir im nächsten Kapitel lernen.

Zugangspunkte und Wegesystem

Sowohl die Zugangspunkte als auch das Wegesystem beeinflussen das kreisförmige Grundmuster der Zonierung. Regelmäßig begangene Wege können auch als Zone 1 eingestuft werden, so dass pflegeintensive Systeme dort platziert werden können. Fahrwege benötigen weniger Aufmerksamkeit, da der Fahrer eher daran denkt, wohin er fahren will oder was er nach seiner Ankunft Zuhause machen muss; plane sie also als Bereiche mit wenig Pflegebedarf. Im Gegenzug kannst du Systeme mit hoher Pflegeintensität oder interessante Punkte so platzieren, dass neue vorteilhafte Wege entstehen. Eine attraktive neue Besonderheit in einem ehemals vernachlässigten Bereich erhält mehr Aufmerksamkeit und erzeugt eine zusätzliche Zone 1 entlang des Weges dorthin.

Wenn die Menschen langsamer werden und mit den Elementen entlang des Weges interagieren sollen, gestalte den Weg nicht zu gerade. Wir erzielen weitere Vorteile, wenn wir auch neue Wege für andere Lebewesen anlegen. Platziere einen hohen Mast in der Mitte eines offenen Bereiches, wo Gemüse angebaut wird, um Greifvögel anzuziehen. Indem du ihnen einen Sitzplatz schaffst, können sie für dich die Nagerpopulation eindämmen als Teil deiner integrierten Schädlingsbekämpfungsstrategie. Die optimale Platzierung von Elementen kann das Leben manchmal so viel einfacher machen. Bedenke wieviel weniger Arbeit es ist, Tiere zusammenzutreiben, wenn die Tore in den Ecken der Felder liegen und nicht in der Mitte der langen Seiten.

Sektoren

Betrachten wir nun, wie die freie, von außen hereinkommende Energie wie Wind, Wasser und Sonnenlicht, mit unseren gewählten Systemen und Elementen interagiert und wie wir diese so positionieren, dass wir die Energie möglichst effizient einfangen oder andere Elemente davor schützen können. Oft ist der beste Ort, um diese freien Energien einzufangen, ein Punkt, wo sie bereits gebündelt sind. So kann Wasser gesammelt werden, indem ein Damm an dem Punkt im Gelände gebaut wird, wo eine Hanglage den Wasserabfluss in Richtung eines Keypoints lenkt (siehe Pfeil). Beachte, wieviel höher die Bäume ab diesem Punkt und im Tal darunter sind, da das Wasser und die in ihm enthaltene Fruchtbarkeit erst in flacherem Gefälle einsickern. Da es sehr viel Energie benötigt, eine Landschaft zu verändern (erinnere dich an die Permanenzskala), ist es einfacher, mit dem existierenden Gelände zu arbeiten. Deshalb wird beim Keyline® Design das Wassersystem als Erstes festgelegt, und das Land wird durch die Nutzung der Schwerkraft bewässert. Durch Unterbodenlockerung oder Grabenführung kann Wasser aus den feuchten Seitentälern zu tiefer gelegeneren Punkten auf den trockeneren Nebenkämmen gelangen. Diese Techniken sind gut geeignet, um mit den Möglichkeiten, die die Topografie des Geländes bietet, einen Ertrag zu erzielen.

In gleicher Weise werden Hangaufwinde durch das ansteigende Gelände komprimiert und zum Hügelkamm hin beschleunigt. Wir können dies zu unserem Vorteil nutzen, indem wir hier Windgeneratoren aufstellen. Dies ist ein Beispiel zur Energiegewinnung in einem Sektor. Wenn wir an Gebäude denken, dann geht es natürlich meistens um Windschutz, um den Wärmeverlust zu vermindern. In höheren Lagen ist es auch wichtig, die niedrige Wintersonne nicht zu hindern, in das Gebäude zu dringen, also halte diesen Sektor von Hindernissen frei, die den Lichteinfall re-

Ein Keypoint an einem griechischen Berghang.

duzieren würden. Oft müssen jedoch Kompromisse eingegangen werden, wenn einerseits die Wintersonne das Gebäude erreichen und es andererseits vor den vorherrschenden Winden geschützt werden soll. In Großbritannien kommen diese aus Südwesten, wo auch zur Wintersonnenwende die Sonne untergeht. Welchem Umstand du den Vorrang gibst, hängt sicherlich noch von weiteren Faktoren ab. Bei Pflanzen und Bäumen ist Wind allerdings der limitierende Faktor für das Wachstum und die Bestäubung durch Insekten, die bei zu viel Wind gar nicht fliegen. So kann es ein guter Kompromiss sein, etwas Sonnenlicht für einen guten Windschutz zu opfern.

Eine ähnliche Frage stellt sich, wenn zwischen zwei Elementen eine gute Verbindung besteht, die räumlich nah beieinander liegen müssen, aber ein unterschiedliches Mikroklima bevorzugen. Schwachstrom-Windgeneratoren werden oft genutzt, um Energie für ein Gebäude zu liefern, obwohl die windigen Bedingungen, die die Energiegewinnung fördern, die Energieeffizienz jedes Gebäudes verringern können. Wenn wir sie weiter auseinander aufstellen, um diesen Effekt zu umgehen, dann vergrößert sich die Länge der Stromleitung, was gerade bei Niederspannung zu hohen Verlusten führen kann. Dies führt uns dazu, größere Windkraftanlagen mit höherer Spannung in Erwägung zu ziehen, die jedoch eher für Wohnsiedlungen geeignet sind.

Um hier ein Beispiel für die Wichtigkeit einer guten Platzierung zu geben: einige Obstplantagen nutzen gigantische, energiehungrige Gebläse, damit die Kaltluft sich nicht auf den Blüten niederlässt und die Ernte vernichtet. Die Natur hätte diese Bäume nicht in einem frostgefährdeten Mikroklima angesiedelt, und wenn wir keine Unmengen von Energie verschwenden wollen, dann sollten wir das auch nicht tun. Letztendlich geht es darum, wie du durch eine gute Platzierung auf dem Gelände die Sektoren mit hohem Wert schützen und verstärken kannst, wie zum Beispiel eine gute Aussicht oder Rückzugsräume, und wie du unerwünschte Sektoren, wie eine schlechte Aussicht oder Lärm und Verschmutzung, abmildern kannst. Manchmal kann der ideale Ort für ein System oder Element bestimmt werden, indem wir einfach die optimale Zone, den optimalen Sektor und die Höhenlage kennen.

Bodenarten

Nichtsdestotrotz müssen Pflanzen und Bäume auch in den richtigen Boden gepflanzt werden und hier können wir noch mal durchgehen, was wir aus unseren Beobachtungen gelernt haben. Wenn die Bodenbedingungen auf dem Gelände unterschiedlich sind, dann haben wir eine größere Vielfalt an Möglichkeiten für den Anbau. Gärtnern wird oft vermittelt, der ideale Boden habe aus gutem, fruchtbarem Lehm mit einem pH-Wert von etwa 6,5 zu bestehen. Aber wenn der Boden überall so wäre, dann würde es wesentlich weniger Arten geben. Die unterschiedlichen Bodenbedingungen auf der Erde führen zu einer Diversität an Ökosystemen, die eine Vielzahl von Arten beinhalten, und dieses Mehr an Diversität führt zu einem Mehr an positiven Beziehungen, die das gesamte Netz des Lebens stärken. Vielfalt erzeugt Stabilität.

Die Auswertung von Zonen und Sektoren mag dazu führen, eine bestimmte Pflanze an einem bestimmten Ort anbauen zu wollen, aber wenn der Boden unzureichende Fruchtbarkeit aufweist, den falschen pH-Wert hat und zu trocken oder zu feucht ist, dann sollten wir nochmal darüber nachdenken. Es ist immer einfacher, entsprechende Pflanzenarten für den jeweiligen Boden zu finden (wie auch die Natur es tut), als zu versuchen, den Boden zu verändern. Jedoch kann es manchmal die Mühe wert sein (besonders bei extrem saurem Boden) Zeit und Ressourcen[56] darauf zu verwenden, den pH-Wert zumindest in kleinen Bereichen im Rahmen eines allgemeinen Bodenverbesserungskonzeptes für den intensiven Nahrungsmittelanbau zu ändern. Dies ist fast immer der Fall für die Zone 1.

[56] Besonders wenn diese Ressourcen bisher ungenutzte Nebenprodukte sind wie Holzasche.

Versorgungsleitungen

Vergiss nicht, dass alle Elemente, die einen Anschluss an ein Versorgungsnetz benötigen (z.B. Elektrizität, Gas, Wasser, Abwasser, Telekommunikation usw.), so geplant werden sollten, dass sie leicht angeschlossen werden können. Es sei denn, die Vorteile eines anderen Ortes wiegen die Mehrkosten für längere Leitungen und Kabel auf.

Visualisierung der Sukzession

„Weitsicht ist nicht, Dinge zu sehen wie sie sind, sondern wie sie sein werden."

David Holmgren

Die Natur steht niemals still. Bäume werden größer und werfen mehr Schatten, Mikroklimata entstehen und Lebensräume verändern sich. Alte Bäume fallen um, Flüsse ändern den Lauf, und dann gibt es noch den Klimawandel zu berücksichtigen. Abhängig von der Zeitskala für unser Design, müssen wir diese Dinge bei der Platzierung von Elementen mit einbeziehen.

Die Beobachtung der Landschaft und die Visualisierung der Sukzession ermöglichen es uns, sich ändernde Bedingungen vorherzusehen und ein Design zu erstellen, das daraus Nutzen zieht. Diese Fähigkeit wächst mit der Erfahrung. Manchmal umfasst der Wunsch des Kunden verschiedene Phasen. Hier ein Beispiel: Der erste Fokus liegt auf der Errichtung des Hauses, aber gleichzeitig ist auch ein Garten zur intensiven Nahrungsmittelproduktion gewünscht. Du kannst den Garten erstmal in einen sicheren Abstand zur Baustelle des Hauses planen, um ihn nach dessen Fertigstellung in die Zone 1 zu verlegen. Dann kann ein Waldgarten auf dem ehemaligen Gemüsegarten entstehen, wenn direkt zu Beginn die jungen Obstbäume gepflanzt werden, um die herum der Garten angelegt wird. Indem wir die Entwicklung des Geländes visualisieren, erhalten wir Anhaltspunkte, die uns helfen, die Sukzession in einem von uns angelegten System zu beschleunigen.

Schrittweise Gestalten – Sukzessionsplanung

„Erlaube dem System, seine eigene Entwicklung zu durchlaufen."

Bill Mollison

Eine Entwurfszeichnung zeigt nur eine Momentaufnahme davon, wie ein Gelände in einer bestimmten Phase seiner Entwicklung aussehen mag. Visualisiere daher, wie das Gelände voraussichtlich reifen wird. Außerdem können sich auch die Bedürfnisse der Kunden ändern. Sie könnten eine größere Abhängigkeit von den auf dem Gelände produzierten Nahrungsmitteln und Ressourcen entwickeln, weil diese Produkte in den Läden knapp werden, oder weil mehr Mäuler zu stopfen sind.

Zukunftssicherung: eine neue Obstplantage auf der „Ragman's Lane Farm", die angepflanzt wurde, um die Abhängigkeit ihrer erfolgreichen Mosterei vom Apfelzukauf zu verringern.

Vielleicht wird der Überschuss anderer lokaler Anbaubetriebe eine Änderung ihrer Ausrichtung erfordern, weil sich ihr Einkommen aus hochwertigen Feldfrüchten verringert? Neue Menschen können neue Ideen bringen. Das Gelände wird vielleicht zusätzliche oder andere Funktionen erfüllen müssen. Nachbarn wechseln, was ein höheres Risiko für die Verunreinigung der Geländeumgebung nach sich ziehen kann. Manche Veränderungen sind vorhersehbar, andere nicht. Indem wir die Kunden so stark wie möglich während des Gestaltungsprozesses mit einbeziehen, stellen wir sicher, dass sie die Entwicklung über die Zeit besser beobachten und angemessen reagieren können. Ein Design ist niemals vollständig abgeschlossen, da es mit der Zeit optimiert wird, um seinen Erfolg zu verbessern.

Ein Beispiel hierfür ist ein Walisischer Gipfel-Wettlauf, der eine Strecke von rund 42 Kilometern vom Gipfel des Snowdon nach Foel Fras umfasst, auf der 14 Gipfel von über 1000 m Höhe innerhalb von 24 Stunden erklommen werden müssen. Im Laufe der Jahre haben die Leute versucht, die Strecke zu variieren, um Zeit zu gewinnen. Jede neue erfolgreiche Änderung verbessert das Design, da es jedoch unendliche viele Möglichkeiten für kleine Änderungen gibt, kann die perfekte Streckenführung niemals gefunden werden. Das ist ein klassisches Beispiel für das schrittweise Gestalten.

Die feinen Details...

Nachdem wir für das gesamte Gelände das grundlegende Muster festgelegt haben, können wir beginnen, die feinen Details für jedes Element oder System zu planen: jetzt erstellen wir Pflanzpläne und anderes. Es ist nun hilfreich, unsere Ideen auf dem Gelände auszuprobieren, da wir nur so überprüfen können, ob sie auch in der Praxis funktionieren. Indem wir unseren Entwurfsplan auf dem Gelände auslegen mit Hilfe von Seilen, Schläuchen oder

Stangen als Markierungen, bekommen wir ein Gefühl dafür, wie er in der realen Welt wirkt. Lade deine Kunden ein, die Wegeführung auszuprobieren, im Idealfall für ca. eine Woche, und dir dann eine Rückmeldung zu geben (indem sie zum Beispiel die Markierungen ändern). Nimm in dein Design auf, was sich für alle richtig anfühlt.

Platzierungen auf dem leeren Blatt Papier

Von Zeit zu Zeit begegnen wir der Freiheit (oder Herausforderung) von einem leeren Blatt Papier aus zu planen. Ohne ein bestehendes zentrales Element, um das herum wir die Zonierung festlegen, können wir all den anderen Faktoren mehr Beachtung schenken, die die besten Plätze bestimmen, an denen wir unser Design ausrichten. Ich finde die folgende Methode hilfreich, um die Zone 0 festzulegen.

Ausschlussmethode nach McHarg

Dies ist ein hilfreiches Werkzeug, um unsere wichtigsten Elemente zu platzieren, oder die empfindlichen mit speziellem Bedarf bzw. Elemente, auf die sich mehrere Faktoren schnell nachteilig auswirken. Indem wir systematisch alle für das gewählte Element ungeeigneten Bereiche oder Sektoren ausschließen, können wir die Optionen schneller eingrenzen und den idealen Platz einfacher bestimmen. Manchmal gibt es so viele Ausschlussbereiche, dass nur eine einzige Option übrig bleibt.

Dies war der Fall als ich den besten Platz für Apfelbäume in einer irischen Bergregion suchte. Nachdem ich alle Plätze ausgeschlossen hatte, die zu feucht, zu windig und zu frostgefährdet waren, blieb nur noch ein Standort übrig. Natürlich kann es auch sein, dass man ein Element platzieren möchte, das von nur einem

Faktor in Mitleidenschaft gezogen wird, also nur von Frost oder Staunässe oder kalten Winden, oder von einer Kombination dieser Faktoren.

Hier können wir auf unsere Overlays zurückgreifen, die sehr hilfreich sind für solche Entscheidungen. Wir wählen die Overlays aus, die die notwendigen Informationen enthalten und legen sie über unseren Bestandsplan. Wenn dieser erste Prozessschritt uns mehr als eine Möglichkeit bietet, dann sollten wir weiterhin überlegen, wie alle weiteren Elemente und Systeme miteinander verflochten sind. So können wir Bereiche ausschließen, die für Systeme und Elemente ungeeignet sind, die wir in die Zone 0 integrieren möchten.

Bestimmung des besten Standortes für Apfelbäume an einem Berghang in Irland.

Wenn wir zum Beispiel Quellwasser durch Schwerkraft in unser Haus leiten möchten, können wir für dessen Bau alle Bereiche auf dem Gelände ausschließen, die oberhalb des Niveaus der Quelle liegen.

Flussdiagramm für die Platzierung

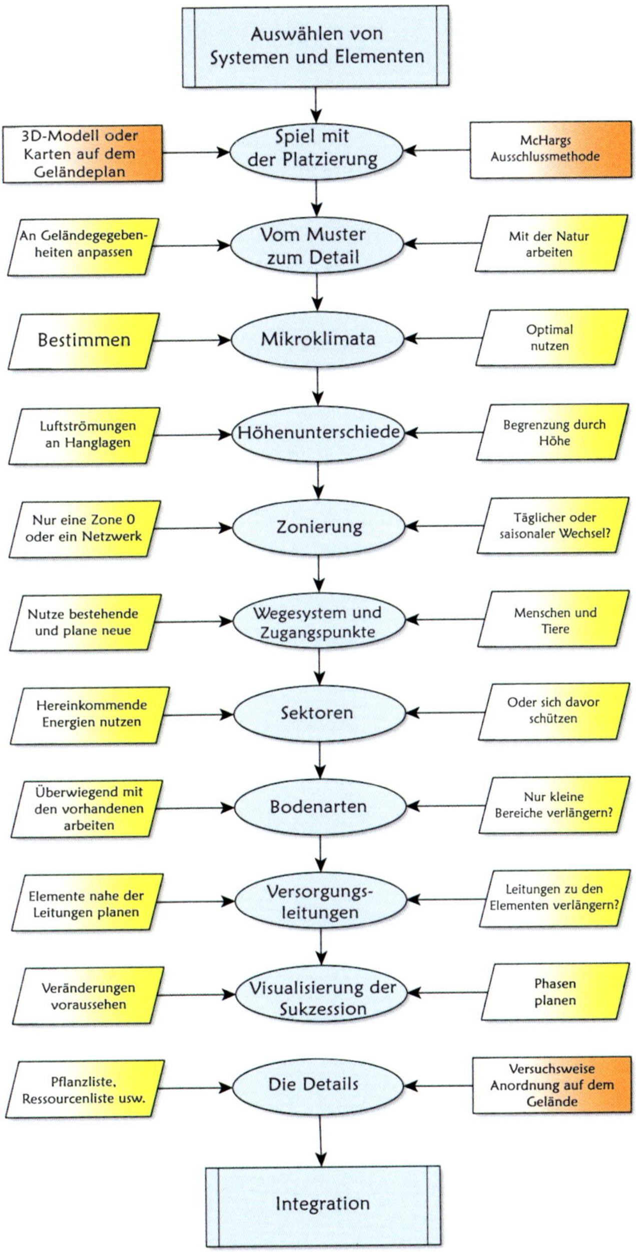

Integration

Nachdem wir unsere Systeme und Elemente dort platziert haben, wo jedes scheinbar am besten funktioniert, werden wir jetzt darauf schauen, wie sie miteinander verbunden werden und ob sich daraus noch bessere Anordnungen ergeben.

Wenn wir viele unterstützende Beziehungen schaffen, wird das Design effizienter und widerstandsfähiger, achte also darauf, deine Systeme und Elemente miteinander zu verknüpfen, wo immer es möglich ist. Für lebende Komponenten (wie beispielsweise Hühner) reicht es oft, sie einfach an der richtigen Stelle zu platzieren: sie haben dann die Tendenz, unterstützende Beziehungen einzugehen mit allem, was sie umgibt. Bei nicht-lebendigen Komponenten (beispielsweise Heißwasser-Solarmodule) müssen wir diese Verbindungen selber herstellen. Auch hier gibt es eine Reihe von Werkzeugen, die uns bei diesen Entscheidungen leiten können.

Energiekreislauf

„Unsere Aufgabe als Permakultur-Designer ist es, Energie solange auf dem Gelände zu halten, bis die Grundbedürfnisse des gesamten Systems erfüllt werden, damit Wachstum, Vermehrung und Pflege in den lebendigen Komponenten fortgesetzt werden.“

Bill Mollison

Plane also so, dass der beste Nutzen aus allen Energien oder Ressourcen gewonnen werden kann, die sich über das Gelände bewegen. Verbinde so viele Elemente wie möglich miteinander, um ein sich selbst erhaltendes Kreislaufsystem zu schaffen, die Fruchtbarkeit zu erhöhen oder einen Überschuss zu erwirtschaften, genauso wie es die Natur hervorragend vormacht. Jede Analyse von Bedürfnissen und Erträgen, die du in dem vorherigen Kapitel gemacht hast, wird dir bei diesem Prozess helfen. Indem du Elemente miteinander verbindest, kannst du eine wertvolle Ressource wie Wasser mehrmals nutzen, bevor es irgendwann das Gelände verlässt (natürlich auf eine nicht verschmutzte Weise). Zur optimalen Wassernutzung müssen wir die Elemente bestimmen, die die höchste Reinheit benötigen, so dass wir sie in der richtigen Reihenfolge anordnen können.

Dann zeichnen wir die verbundenen Elemente auf dem Gelände ein und führen das Wasser so durch das System, dass wir nichts weiter als die Schwerkraft benutzen. Das mag nicht immer möglich sein für das gesamte System, doch wo immer wir die Schwerkraft einsetzten können, ist sie die verlässlichste Technologie.

Eine permakulturelle Tasse Tee
Wörter im Bild: Regenwasser (rain water); verdünnter Urin (diluted urin); Komposttoilette (compost toilet); Regenwasser sammeln (collect rain water); heißes Wasser über Solaranlage (solar pre-heat water); empfindliche Teepflanzen (tender tea plants); Filter (filter); Holzofen (woodburner); Sturmkanne (storm kettle); Raketenofen (rocket stove); Biogas (biogas); Feststoffe (solids); Wasser kochen (boil water); benutzte Blätter (used leaves); Kompost (compost); Teepflanzen (tea plants); düngen (feed); Pflanzen vermehren (propagate more plants); Teilen (share); Töpfe wiederverwenden (re-use pots); Saatgut (seeds); sammeln (save)

Im Bild sehen wir verschiedene Kreisläufe, die unter Permakulturgesichtspunkten gestaltet wurden, um eine einfache Tasse Tee zuzubereiten. Heutzutage ist Teetrinken eine ziemlich industrielle Angelegenheit mit hohem Energieaufwand und Ressourcenverbrauch für die Produktion, Verpackung und den Transport des Tees. Meist kochen wir Wasser mit Elektrizität, die oft aus fossilen Energieträgern gewonnen wird oder durch schmutzige Atomenergie. Dann gehen wir auf die Toilette, und in den meisten Fällen ist damit die Fruchtbarkeit für das Gelände verloren.

Im obigen Beispiel werden die Teepflanzen auf dem Gelände angebaut; das geht ganz einfach draußen, wenn man in einer warmen Region wohnt, in Großbritannien jedoch benötigt man ein Gewächshaus. Alternativ könnten wir auch einfach einräumen, dass der Genuss einer Tasse *Camelia sinensis* (Teestrauch) nur eine Gewohnheit ist, die man leicht ändern kann.

Es gibt viele heimische Kräuter in unserer gemäßigten Klimazone, aus denen man perfekte wohlschmeckende Tees herstellen kann, wenn auch ohne den stimulierenden Koffeinschock. Diese können wir mit minimalem Aufwand anbauen und vermehren, indem wir benutzte Teeblätter und Küchenabfälle für den Kompost nutzen und wieder den Pflanzen zuführen. Verdünnter Urin hat einen hohen Stickstoffgehalt und ist ein hervorragender Dünger für Blattpflanzen – also genau das, was wir brauchen! Wasser können wir vom Dach sammeln, auch wenn es vor dem Trinken gefiltert werden muss.

Für die Zubereitung der meisten Tees benötigen wir allerdings heißes Wasser. Wasser können wir in gemäßigten Klimazonen am besten auf einem Holzofen oder Holzherd zum Kochen bringen (nur im Winter verfügbar?), ansonsten mit Biogas, mit einem Raketenofen[57] oder einer Sturmkanne[58], wobei die beiden letzteren viel Rauch produzieren und somit für den Innenbereich ungeeignet sind.

---

[57] Raketenofen zum Zubereiten von Speisen, der durch eine besondere Anordnung des Brennstoffs im Feuerraum sehr effizient brennt.

[58] Wasserkocher zur Verwendung im Freien, bestehend aus einem Feuertopf und einem doppelwandigen Kessel, der mit Wasser gefüllt wird, so dass durch den Kamineffekt, der innen im Kessel verläuft, das Wasser schneller heiß wird.

Die Schaffung von Kreisläufen kann uns außerdem dabei helfen, alle wichtigen Elemente aufzuzeigen, die wir möglicherweise übersehen haben, so wie wir in einem Puzzle auf ein fehlendes Stück aufmerksam werden. Dadurch können wir auch neue Möglichkeiten erkennen, die wir vorher nicht bemerkt haben.

Prozessabläufe

Es ist zwar ideal, lokale Kreisläufe zu schaffen, die auf dem Gelände verfügbare Energie und Ressourcen nutzen, manche Kreisläufe gehen jedoch über die Grenzen unseres Entwurfs hinaus und erfordern einen Austausch mit der Umwelt. Das ist in Ordnung; das Leben tauscht permanent Ressourcen aus und es ist absolut normal, dass auch wir das tun, es stärkt sogar die Resilienz des Netzwerks der Natur. Wir müssen nur darauf achten, dass wir den Austausch immer im Gleichgewicht halten; sowohl den Austausch mit unseren Mitmenschen als auch mit dem Leben als Ganzes. Damit etwas einen Tauschwert hat, kann es notwendig sein, dass wir – zusätzlich zu den gewonnenen freien Energien und der Energie auf dem Gelände – Ressourcen von außen einbringen. Beispielsweise müssen wir vielleicht Mist zur Bodenverbesserung anfahren lassen, damit wir Früchte und Gemüse für den Verkauf anbauen können. In diesem Fall versuche es so einzurichten, dass jedes Ende der Prozesskette guten Zugang zum Gelände und wieder heraus hat. Wenn der Mist angeliefert wird, sollte die Abladefläche möglichst nah am Garten sein, oder es sind sehr viele Schubkarrenfahrten nötig. Am anderen Ende der Kette sollte auch der Verkaufsstand oder die Abholstation gut erreichbar sein.

Wo die jeweilige Aufgabe im Prozessablauf erledigt wird, kann hauptsächlich darüber bestimmt werden, ob sie die Nähe zu einem Zugangspunkt benötigt. Es ist auch möglich, dass eine oder mehrere Aufgaben im Prozessablauf Ressourcen, Werkzeug oder Energie benötigen, die nur an einem bestimmten Punkt auf dem

Gelände zur Verfügung stehen. Identifiziere diese Aufgaben und versuche, eine effiziente Kette der Abläufe zu planen vom Anfang bis zum Ende. Im Kapitel „Mehr als Landschaftsgestaltung“ werden wir uns den Einsatz von Flussdiagrammen näher anschauen, um solche Arbeitsabläufe zu planen. Für den Moment ist es erstmal wichtig sich zu merken, dass der Prozessablauf uns helfen kann, die richtige Platzierung der Elemente zu finden.

Muster und Prinzipien

„Mit Hilfe von Mustern entwerfen wir unsere Designs; sie sind die Form, in die wir unsere Informationen, Gegenstände und Objekte einpassen, die wir aus der Beobachtung, den Overlays, der Analyse von möglichen Verbindungen und der Auswahl von bestimmten Materialien und Techniken zusammengetragen haben. Es sind diese Muster, die es unseren Elementen ermöglichen, in unterstützende Beziehungen zu fließen und zu funktionieren. Das Muster ist das Design, und um Design geht es in der Permakultur.“

Bill Mollison

Der Waldgarten von Martin Crawford setzt das „Stapeln“ zur Nutzung verschiedener Vegetationsschichten ein.

Wir können Muster sowohl nutzen, um das Gesamtdesign für unser Gelände zu definieren, als auch um unsere Elemente zu Systemen zusammenzufügen. Wir können herausfinden, welche der erfolgreichen Muster, die wir in der Natur beobachten, sich am besten für unsere speziellen Gegebenheiten eigenen. Wo können wir ökologische Prinzipien anwenden, beispielsweise für das Energie-Recycling?

Wie können wir unterstützende Beziehungen bilden? Wo können wir den besten Nutzen aus der Sukzession oder dem Stapeln ziehen, um Elemente miteinander zu verknüpfen?

Selbst wenn nicht genug Platz für alle Schichten eines Waldgartens ist, so können wir uns dennoch die vertikalen und zeitlichen Möglichkeiten zunutze machen. Können wir neue Mikroklimata erzeugen und die bestehenden optimal nutzen? Das gleiche gilt für Verhaltensmuster. Wie können wir unser Gelände so planen, dass es sich für Tiere und Menschen eignet? Wo verlaufen die optimalen Wege, die sie gerne nutzen? Welche Aufgaben werden üblicherweise zusammen erledigt und können sie miteinander entlang des Weges verbunden werden? Was funktioniert bereits gut zusammen?

Die Informationen, die wir in Gartenbüchern oder auf Saatgutpackungen bezüglich Aussaatzeit oder Bodenvorlieben finden sind schlicht und einfach erfolgreiche Muster. Wenn wir so viel Saatgut hätten, wie z. B. ein Baum produziert, dann könnten wir es einfach überall hinwerfen und zusehen, welche Samen aufgehen. Da dies im Allgemeinen aber nicht der Fall ist, nutzen wir diese Muster, um die Chancen unserer wenigen Samen zu erhöhen.

Dies sind Muster, die sich bereits viele Male an anderen Orten bewährt haben, doch letztendlich lernst du über dein Gelände nur etwas durch eigene Versuche. In ähnlicher Weise wurde eine Mustersprache entwickelt, um Architekten, Landschaftsarchitekten und andere Planer (und uns) dabei zu unterstützen, menschenfreundlichere Gebäude und Städte zu planen. Die Biomimikry ist ein spannendes Beispiel für die Anwendung von Mustern aus der Natur, um nachhaltige Technologien zu entwickeln. Biologen arbeiten derzeit mit Designern, um ihnen zu zeigen, welche Lösungen die Natur für Problemstellungen bereits gefunden hat. Die bisherigen Ergebnisse sind sehr vielversprechend.

Randzoneneffekte

Eines der Muster, das wir in der Natur beobachten können, ist der Randzoneneffekt. Wir wissen, dass die Grenzbereiche zwischen Systemen aufgrund der vielen wechselseitigen Interaktionen besonders fruchtbar sind. Ganz gerade verlaufende Randbereiche kommen in der Natur nur selten vor. Flüsse verlaufen kurvenreich, um einem großen Gebiet lebensbringendes Wasser und Fruchtbarkeit verfügbar zu machen. Natürliche Teiche und Inseln haben ausgedehnte Ränder. Bäume bilden Äste, um den Austausch mit der Sonne und der Atmosphäre zu erhöhen. Alles ist dadurch eingebundener und effizienter.

Randzonen, die wir in der Natur beobachten, haben eine bestimmte Tiefe; der Effekt der Interaktionen zwischen ihnen nimmt mit der Entfernung ab. Die Wirkungstiefe eines Waldrandgebietes wird hauptsächlich von der Lichtmenge bestimmt, die durch das Laubdach seitlich eindringt. Wir kennen auch den jahreszeitlichen Aspekt bei den Bodendeckern, die im Frühjahr unter den Bäumen blühen, bevor das Laubdach sich voll entfaltet. Der Frühling ist die zeitliche Randzone, in der diese Pflanzen leben.

Die Wirkungstiefe einer Randzone wird also von den Fähigkeiten der Ressourcen oder Dienstleistungen (manchmal als Vektoren bezeichnet) bestimmt, sich durch diese Zone zu bewegen. Behalte dies im Hinterkopf, wenn du sie planst. Wie weit zwei Elemente in einer Randzone auseinanderstehen können und noch voneinander profitieren, hängt davon ab, auf welche Art sie im Austausch stehen. Wie weit Pflanzen von einer Wasserquelle entfernt wachsen können, mag davon abhängen, wie weit ihr Wurzelsystem reicht. Vorteile wie die Bestäubung können über eine wesentlich größere Distanz auftreten; Insekten können die Pollen über einen Kilometer oder noch weiter tragen, der Wind noch viel weiter. Vögel oder Eichhörnchen tragen Samen oder Nüsse aus dem Waldgebiet heraus auf die Wiese und verteilen sie in einiger Entfernung.

Manche Randzonen können sehr tief reichen, wobei es schwierig ist festzulegen, in welcher Entfernung genau ein Effekt vernachlässigbar wird, da dies mit sich ändernden Umweltbedingungen wie dem Wetter oder der Bodenfeuchtigkeit variieren kann. Denk nur daran, wie du an einem sonnigen Tag das Fahrrad wählst, um in die Stadt zu fahren, und das Auto an einem nassen und windigen Tag. Bestäubende Insekten verhalten sich ganz ähnlich! Solche Dinge sind schwer messbar. Vorteilhafte Effekte können nur kurz, aber auch ganzjährig auftreten, abhängig von der Art der Interaktion.

Wenn wir also Randzonen vergrößern, dann können wir sie sowohl länger als auch tiefer machen. Natürliche Muster wie die Wellenbildung zeigen uns, wie wir sie verlängern können. Eine größere Tiefe kann erreicht werden, indem wir den Überbringern von Dienstleistungen so gut wie möglich helfen, wie z. B. durch das Pflanzen einer Windschutzhecke den bestäubenden Insekten oder durch den Kauf einer guten wasserdichten Jacke einem zögerlichen Radfahrer! Indem wir einen Teich mit sanft abfallendem Rand anlegen, vergrößern wir die Flachwasserbereiche, die sich in der Sonne erwärmen: ein bei Kaulquappen sehr beliebtes Mikroklima. Wenn wir beim Pflanzen Mykorrhizapilze hinzugeben, dann bilden die meisten Pflanzen und Bäume eine vorteilhafte Partnerschaft, die die Fähigkeit erhöht, an Nährstoffe zu kommen.

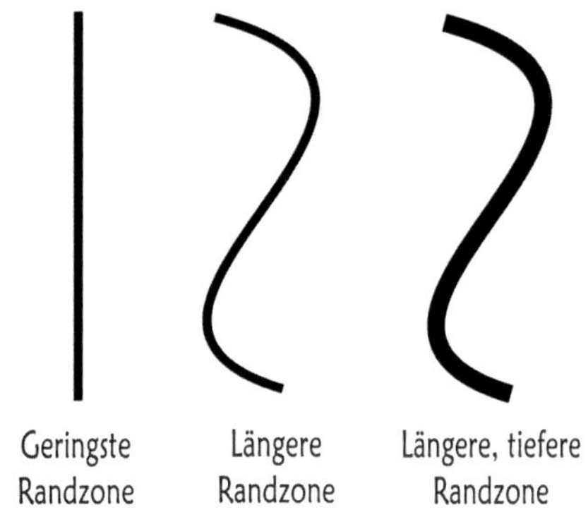

Bedenke jedoch, dass die Vergrößerung von Randzonen in unserem Design zwar grundsätzlich eine gute Idee ist, dennoch sollten wir sie eher optimieren und weniger maximieren. Wenn wir von einer Ressource mehr haben, als wir nutzen können, machen wir uns selber mehr Arbeit als nötig, um alles zu ernten und neue Verwendungen oder Verkaufsstellen zu finden. Wenn wir sie nicht nutzen, dann riskieren wir ein Ungleichgewicht im System, denn jede ungenutzte Ressource birgt das Potential, zu Abfall zu werden und „Schädlinge“ anzuziehen. Sei nicht gierig, passe dein Design an deine Bedürfnisse an. Du kannst eine Randzone später immer noch vergrößern, wenn du die Kapazität hast, die zusätzliche Ernte zu verarbeiten. Denk daran: Fange klein an und baue gut funktionierende Bereiche aus.

… aber, werde kein besessener Randzoni!

Streifenanbau

Der Streifenanbau ist eine einfache Technik, die Randzoneneffekte auf Feldfrüchte anwendet und dabei nur wenig von der aktuellen Praxis der Monokultur abweicht. Zwei oder mehr Früchte werden in Mischkultur angebaut, wenn dies einen Mehrwert hat. Wie nah beieinander müssen zwei Arten sein (wir nennen dies den wirksamen Abstand einer Interaktion), damit ein positiver Nutzen entsteht? Das finden wir am besten durch Ausprobieren heraus, da es meist von den örtlichen Voraussetzungen abhängt. So können wir beispielsweise den optimalen Abstand zwischen sich bestäubenden Bäumen auf einer Obstwiese herausfinden oder die Breite der Pflanzstreifen in einer Polykultur. Die Streifenbreite sollte niemals mehr als das Doppelte des wirksamen Abstands der Interaktion betragen, so dass auch Pflanzen in der Mitte des Streifens noch nah genug an der anderen Frucht sind, um einen positiven Nutzen daraus zu ziehen. Manchmal wird die Breite der Streifen auch einfach durch die Breite der Maschinen des Landwirts bestimmt.

Ein Beispiel ist Weizen, der in Streifen mit Luzerne, einer Leguminose, angebaut wird (Stickstoffbinder). Durch den gemeinsamen Anbau profitiert der Weizen vom Stickstoff, der dem Boden durch die Wurzelmasse der Luzerne zugeführt wird. Die Luzerne fungiert auch als Windschutz und schützt den Boden vor Winderosion, nachdem der Weizen geerntet wurde, und der Weizen übernimmt die gleiche Funktion für die Luzerne im Frühling. Forschungsergebnisse zeigen, dass Luzerne natürliche Feinde von Weizenschädlingen anzieht, was ein zusätzlicher Gewinn ist. Der positive Effekt ist so ausgeprägt, dass dieses spezielle System so viel Weizenkorn produziert, als ob das ganze Feld nur für Weizen genutzt würde, und es kommt noch eine Luzernenfutterernte dazu.

Agroforst-Methode

Ein ähnliches Muster wird für die Planung von Agroforstsystemen genutzt. Hier werden Baumreihen zwischen Feldfrüchte wie Getreide oder auch Weinreben gepflanzt. Idealerweise werden die Bäume weniger dicht gepflanzt als üblich, so dass viel Licht zwischen ihnen hindurch fällt. Hoch aufgeastete Baumkronen sind auch sinnvoll. Beim einfachsten System pflanzen wir nur eine Frucht und eine Baumart an, aber mit dieser Methode können ebenso mehrere Früchte zusammen angebaut werden. Durch die Bäume werden zusätzlich tiefer liegende Mineralien an die Oberfläche gebracht und der Laubfall bringt der oberen Bodenschicht Fruchtbarkeit. Einige Bäume stellen dem System Stickstoff zur Verfügung, andere können als Obst-, Nuss- oder Holzlieferant dienen.

Der Abstand der Streifen kann entsprechend der nutzbringendsten Beziehung zu den Nachbarpflanzen optimiert werden, obwohl man auch an den Schattenwurf und die Breite der Erntemaschinen denken muss. In höheren Breitengraden wie Großbritannien werden Reihen oft nach Nord-Süd ausgerichtet, um die Mittagssonne optimal zu nutzen. Baumreihen können auch gut Teil eines Keyline®-, Graben- oder Windschutzsystems sein, dann sollten auch das Gefälle des Geländes und die Sektoren (und deren Interaktion) in die Planung einbezogen werden. Auch hier sollten wir beachten, dass die vorherrschenden geraden Linien in solchen Systemen weniger Randzonen haben als Wellenlinien.

Gilden und Begleitpflanzen

Bill Mollison hat eine Gilde wie folgt definiert:

„... die harmonische Zusammenstellung von Arten um ein zentrales Element herum gruppiert (Pflanze oder Tier). Diese Zusammenstellung steht in Beziehung zu dem Element und unterstützt seine Gesundheit, begünstigt unsere Arbeit oder mildert Umwelteinflüsse ab."

Wir können diese Zusammenstellungen überall in der Natur beobachten. Wenn Samen neben für sie förderliche Pflanzen fallen, dann wachsen sie üppiger und diese Gilden dominieren schließlich das Gelände. Auch Tiere gedeihen besser, wo Pflanzen wachsen, die sie unterstützen.

Nur weil etwas an einer Stelle sehr gut funktioniert, heißt das jedoch noch lange nicht, dass es das auch woanders tut. Die Gilde der „Drei Schwestern" (Bohnen, Mais und Kürbis) funktioniert gut in den Tropen, im kalten nassen britischen Klima hingegen nicht, denn die Bohnen wachsen schneller als der Mais. Es gibt eine Reihe von Büchern und Tabellen über Begleitpflanzen mit guten Ideen zum Ausprobieren, aber es kann sein, dass die empfohlenen Kombinationen nur für einen bestimmten Ort funktionieren. Es könnte sogar sein, dass die Autoren andere wichtige Arten in der Nähe übersehen haben, ohne die solche positiven Effekte gar nicht aufgetreten wären.

Minze unter einem Apfelbaum, um Bienen anzuziehen.

Denke immer daran, dass Systeme komplex sind und die Grenzen, die um sie gezogen werden, oft willkürlich und trügerisch sind. Grundsätzlich kann die Erfahrung anderer beim Pflanzenkombinieren zwar als hilfreiche Startgrundlage für eigene Entdeckungen dienen, aber dein Gelände mit seiner Ökologie ist auf seine Art einzigartig. Wenn du deine eigenen lokalen Gilden anlegst, ist es oft hilfreich, zunächst einen Stickstoffbinder (oft Leguminosen) zusammen mit einem sogenannten Starkzehrer zu pflanzen, und einer anderen Art zu deren Schädlingskontrolle. Spiele mit verschiedenen Kombinationen und finde heraus, was für dich passt. Beachte auch die Wildtierkorridore, da manche deiner Gilden von Wanderern aus Zone 5 abhängen können. Schaffe für die Wildtiere sichere Routen durch dein Gelände. Wenn du Barrieren errichtest, beachte die existierenden Wegesysteme der Tiere. Das ist besonders wichtig bei Dachsen, die jeden Zaun zerstören, der auf ihrem Pfad liegt!

Analyse des Zusammenwirkens

Die Planung von vorteilhaften Beziehungen in nur zwei Richtungen, wie beim Streifenanbau oder Agroforst, ist ein recht einfacher Prozess. Für komplexere Systeme wie Gilden oder Waldgärten ist ein höherer Planungsaufwand erforderlich. Jede Pflanze oder jeder Baum im Design hat überall weitere Arten um sich herum. Das macht die Planung komplizierter, aber es gilt die gleiche Idee wie beim Platzieren verschiedener Arten, um die vorteilhaften Beziehungen zu unterstützen und die schädlichen herauszuhalten. Wie wir von unserem kleinen Ausflug in die Systeme wissen, ist die richtige Platzierung alles. Ein gutes Hilfsmittel für uns ist die Analyse des Zusammenwirkens. In unserem Beispiel haben wir zwei Baumarten, die wir anbauen möchten. Der größere Baum sondert einen Stoff ab, der das Wachstum des kleineren unterdrückt (dies wird dargestellt mit –), aber in keiner Weise von dessen Nähe profitiert (als 0 dargestellt).

Keine tolle Anordnung bis hierhin, aber allelopathische[59] Beziehungen wie diese sind in der Natur recht häufig.

Wir wählen jetzt eine dritte Art und pflanzen sie zwischen die Bäume, um den allelopathischen Effekt des großen Baumes abzumildern und um zusätzlich vielleicht noch die Anziehung von Schädlingsfressern für den kleineren Baum zu stärken. Das ist schon besser, aber es kann noch optimiert werden.

Durch die sorgfältige Wahl und Platzierung einer vierten Art können wir die Situation noch weiter verbessern. Dies könnte ein dynamischer Akkumulator[60] sein, der bestimmte erwünschte

[59] Allelopathie befasst sich mit der Wechselwirkung zwischen Pflanzen (auch Mikroorganismen und Pilzen) durch die Abgabe von selbst produzierten chemischen Verbindungen und die Wirkung auf das Wachstum, das Überleben und die Vermehrung des Empfängerorganismus.

[60] Pflanzen, die vor allem durch ihr großes Wurzelnetz gut angepasst sind, um die notwendigen knappen Nährstoffe in geschädigten Böden zu finden. Das gibt ihnen einen Vorteil gegenüber anderen Pflanzen, d.h. sie dominieren oft in solchen Situationen. Mit der Zeit bringen sie die fehlenden Nährstoffe in den Boden durch Laubfall, so dass auch andere Pflanzen in dieser Umgebung erfolgreich sind. Sie sind eine gute Basis zur Herstellung von Flüssigdünger.

Nährstoffe liefert und so den Boden verbessert. Dies verbessert die Anordnung erheblich; die neue Pflanze nützt den Nachbarpflanzen, während sie gleichzeitig die dritte Art vor den allelopathischen Absonderungen des großen Baumes schützt.

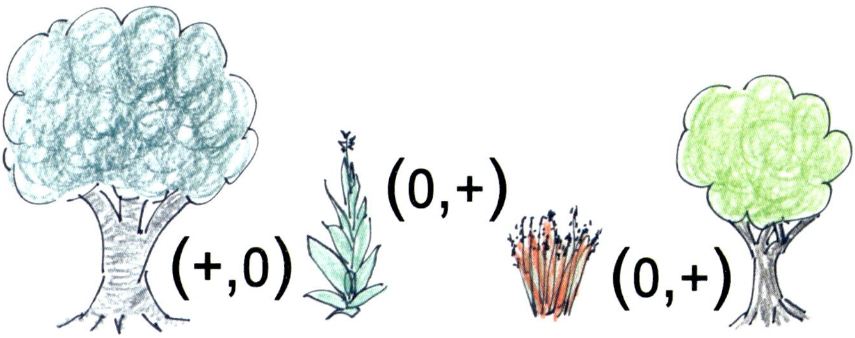

Die dargestellte Situation ist bewusst rein hypothetisch gewählt, da jedes konkrete Beispiel sehr geländespezifisch[61] sein würde. Nutze dieses Konzept, um auf deinem Gelände heimische Arten entsprechend anzuordnen.

Wenn du eine Liste von Arten hast, die du in dein Design einbringen möchtest, dann geh raus und schau dich in deiner Umgebung um, wo diese Pflanzen bereits zusammen wachsen. Notiere dir, wie gesund sie jeweils aussehen und gleiche die gesammelten Ergebnisse ab, um Muster in deren Wechselbeziehungen zu erkennen. Solche Beobachtungen sind oft hilfreicher als alles, was man in Büchern lesen kann, die sehr wahrscheinlich von Menschen geschrieben wurden, die in anderen Klimazonen leben.

---

[61] Im „Handbuch der Permakultur-Gestaltung" nutzt Bill Mollison eine Gilde von Walnuss, Akazie, Maulbeere und Apfel, um diesen Prozess der Platzierung zu erläutern.

Biologische Kontrolle

Bis jetzt haben wir uns auf sich gegenseitig unterstützende Gilden konzentriert, aber es gibt auch Situationen, in denen wir Arten pflanzen, um ganz bewusst das Wachstum einer anderen Art zu unterdrücken. Dies ist biologische Kontrolle und kann eingesetzt werden, um die Population von „Schädlingen" oder Beikräutern auf dem Gelände auf natürliche Weise zu verringern. In seiner einfachsten Form könntest du eine Art einführen, die eine unerwünschte Art auffrisst oder vertreibt. Die nächste Stufe wäre eine Art einzuführen, die eine zweite Art anzieht, die sich von den „Schädlingen" einer dritten Art ernährt. Natürlich sind in erster Linie wir selbst verantwortlich für ein Ungleichgewicht. Eine einfache Aktion, wie das Umzäunen eines Gartens, um große Grasfresser rauszuhalten, schließt auch einige „Räuber" aus. So schaffen wir unbeabsichtigt einen Unterschlupf für deren Beute – oft Grünzeugliebhaber, die nun an unserem Gemüse knabbern. In solch einem sicheren Zufluchtsort wird ihre Zahl wachsen und wir müssen deren Anzahl kontrollieren – außer wir werden kreativ.

Fledermauskästen in einer Kiefer in Martin Crawfords Waldgarten.

Das Anlegen von Pflanzengilden ist ziemlich einfach. Wenn wir jedoch Vögel, Tiere oder Insekten integrieren wollen, dann müssen wir ihnen einen Anreiz bieten. Wenn du beispielsweise Fledermäuse anlocken möchtest, die sich von Apfelwicklermotten ernähren, deren Larven unsere Apfelernte im Herbst fressen, dann solltest du vielleicht einen Teich anlegen und Fledermauskästen aufhängen. Die Fledermäuse werden sowohl von all den Insekten über dem Teich angelockt als auch von den komfortablen Unterkünften, die du ihnen bietest.

Denke daran: Alles gärtnert. Alles was du tun musst ist zu erkennen, wer sich da draußen von welchen anderen Arten ernährt, und sie zu deiner Party einladen! Diese Art der biologischen Kontrolle ist ein wirksamer Teil einer integrierten Schädlingsbekämpfungsstrategie.

Alles zusammenfügen…

Spiele also damit, Systeme und Elemente in deinem Design so zu platzieren, bis du das Gefühl hast, die wirkungsvollste Anordnung gefunden zu haben. Beginne damit, alles in seiner idealen Nische zu verorten, indem du nur an die Bedürfnisse jedes Elementes in Bezug auf das Mikroklima auf dem Gelände denkst. Dann berücksichtige, wie die Elemente besser angeordnet werden könnten, um in ein System integriert zu werden, das Arbeit erleichtert und Verschmutzung reduziert. Die offensichtlichen Lösungen sind oft nicht die besten, daher sind Werkzeuge wie Zufallsverbindungen so nützlich. Auch die gewünschten Ergebnisse bestimmen die ideale Methode der Integration.

Hier das Beispiel eines Gemüseanbaubetriebs, der Enten einsetzt: wenn der Hauptgrund für die Enten die Eierproduktion ist, dann können wir sie sicher vor „Räubern“ in einem Entenhaus auf einer Insel in einem Teich halten (wobei wir allerdings eine Strategie benötigen, um die Eier zu holen). Wenn wir die Enten jedoch auch nutzen möchten, um die Nacktschnecken zu bekämpfen, dann müssen wir einen Entenpfad für sie durch den Gemüsegarten anlegen. Dafür könnten wir das Entenhaus und den Teich am gegengesetzten Ende des Gartens anbringen, so dass unsere gefiederten Freunde jeden Morgen und Abend einmal durch den Garten müssen und dabei die Nacktschnecken fressen. Mit dieser Anordnung schaffen wir einen Strom von Enten, oder genauer von Nacktschneckenfressern, dort, wo wir sie benötigen. Wenn sie dann einen großen Appetit auf Grünzeug entwickeln, dann können wir sie täglich mit einer „genehmigten Ration" füttern, bevor sie durch den Garten gehen.

Der Teich kann natürlich auch für eine regelmäßige Bewässerung oder Notfallbewässerung des Gemüsegartens genutzt werden. Wenn dem so sein soll, dann legen wir den Garten unterhalb des Teiches an, um die Schwerkraft zu nutzen. Wo der Teich selber platziert werden soll, ist abhängig davon, woher er gespeist wird. Ein Teich kann auch wertvolles zusätzliches Licht in ein Gebäude im Winter reflektieren. Solch ein Gebäude mag deine Zone 0 sein, um die herum alles andere angesiedelt ist. Das mag nach einem komplexen Prozess aussehen, aber jede einzelne Beziehung ist ganz einfach. Wir müssen sie nur zusammenfügen und den wichtigsten Beziehungen Prioritäten geben, wenn wir eine Wahl zu treffen haben.

Zusammenfassung

Kernaussagen über Platzierung und Integration

Platzierung

- Kann mit einem „weißen Blatt" begonnen werden, oder mit einem oder mehreren Aktivitätspunkten, um die herum Systeme und Elemente angeordnet werden.
- Mit einem Modell zu spielen oder Elemente-Karten über den Plan zu schieben ist eine gute Art, mit den verschiedenen Möglichkeiten zu experimentieren.
- Plane immer vom Muster zum Detail.
- Nutze die Kernwerkzeuge der Zonierung, Sektorierung und Höhenunterschiede, um den besten Platz für die Elemente zu identifizieren.
- Stelle sicher, dass Elemente, die regelmäßig Inputs von außen benötigen oder Outputs erzeugen, die vom Gelände weg-

gebracht werden sollen, an die Zugangswege angeschlossen sind.

- Nutze bereits existierende Wege und schaffe neue, wo sie von Vorteil sind.
- Berücksichtige die Bodenarten, wenn du Pflanzpläne anlegst.
- Die McHarg'sche Ausschlussmethode kann helfen, wichtige oder schwierige Elemente zu platzieren.
- Visualisiere die Sukzession – bedenke, dass sich die Bedingungen auf dem Gelände mit der Zeit ändern. Platziere die Elemente dementsprechend.

Integration

- Wenn der beste Ort für jedes Element gefunden ist, experimentiere damit, nützliche Beziehungen zu schaffen.
- Schaffe Energie- und Materialkreisläufe, indem du den Output aus dem einen System als Input für ein anderes nutzt.
- Nutze natürliche Muster, um die Energien über das Gelände zu leiten, wie Stapeln oder Sukzession.
- Suche Möglichkeiten, um Randzoneneffekte zu nutzen, aber nicht zu Lasten von notwendigen Wegen.
- Nutze die Analyse des Zusammenwirkens, um die nützlichen Verbindungen zu maximieren und experimentiere mit dem Aufbau von Gilden.
- Nutze die biologische Kontrolle, um Ungleichgewichten zu begegnen.

Flussdiagramm zur Integration

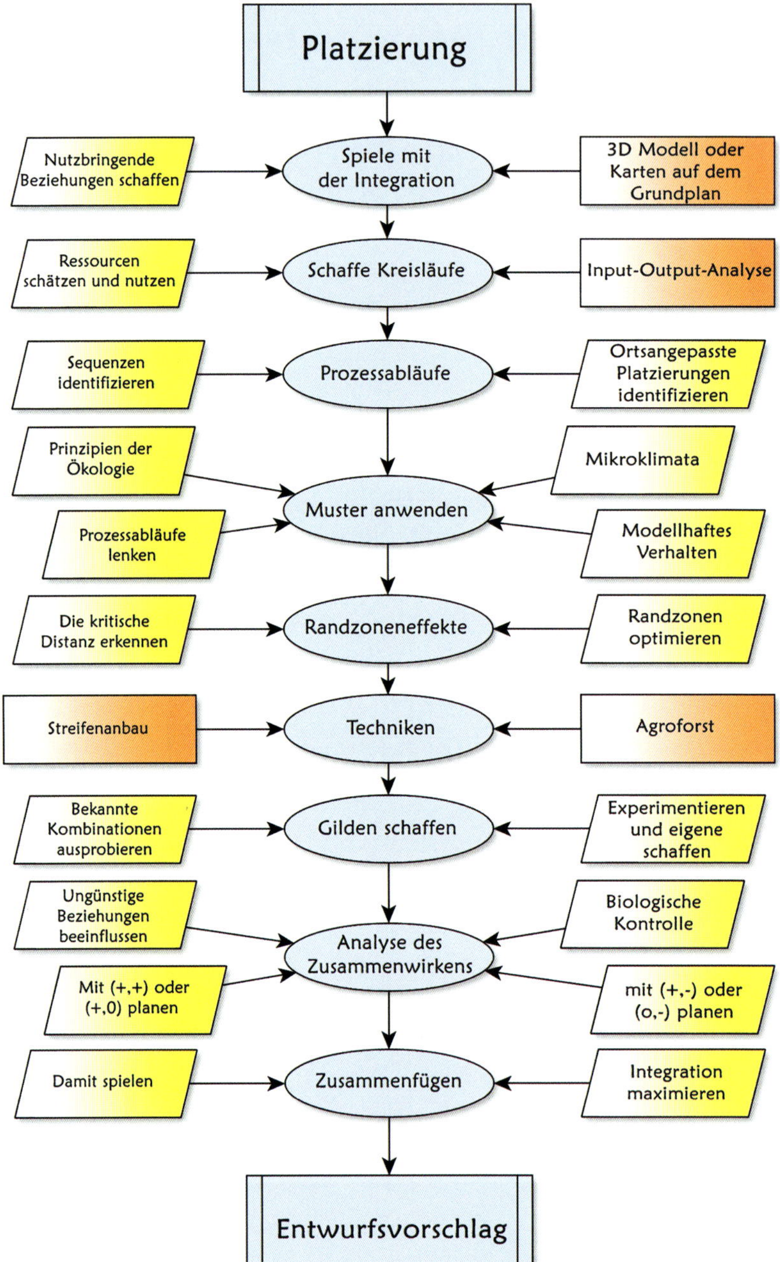

Entwurfsvorschlag

Nach der umfassenden Analyse müssen wir uns nun darauf einlassen, unsere besten Ideen zu teilen. Kein Design ist jemals perfekt, also habe keine Angst vor Entscheidungen; du wirst immer daraus lernen, wenn auch manchmal erst im Nachhinein.

Teile deine Planungsideen frühzeitig

Es ist besser, die Hauptideen mit dem Kunden zu teilen, sobald du sie hast, als zu warten, bis alles bis ins kleinste Detail fertiggestellt ist. Das Feedback, das du so erhältst, ermöglicht es dir, alle notwendigen Anpassungen vorzunehmen und voller Vertrauen mit dem Rest des Designs fortzufahren. Dies kann per Telefon oder E-Mail erfolgen, aber besser ist ein persönliches Treffen.

Nutze die Gelegenheit, deine Hauptideen zur Diskussion zu stellen, z. B. mithilfe eines Modells oder eines Plans mit Karten, damit der Kunde darauf reagieren kann. Vielleicht ist der Kunde von allem begeistert, aber es ist auch möglich, dass eine entscheidende Information während des Interviews vergessen wurde, so dass eine oder mehrere deiner Ideen doch nicht geeignet sind. Wenn Kunden Widerstand gegen etwas formulieren, gehe dem Problem auf den Grund und prüfe, welche Anpassung sie zufrieden stellt.

Ein wichtiger Faktor zum Erfolg ist, dass der Kunde das Gefühl hat, es ist SEIN Design, also stelle sicher, dass sich alle gehört fühlen und ihre Bedürfnisse erfüllt werden. Ziel des Treffens sollte sein, am Ende ein Einvernehmen über die Hauptelemente zu erhalten und alle Planungsthemen zu klären. Frage an dieser Stelle auch, ob der Kunde irgendwelche Wünsche hat bezüglich der Personen, die die Umsetzung durchführen sollen.

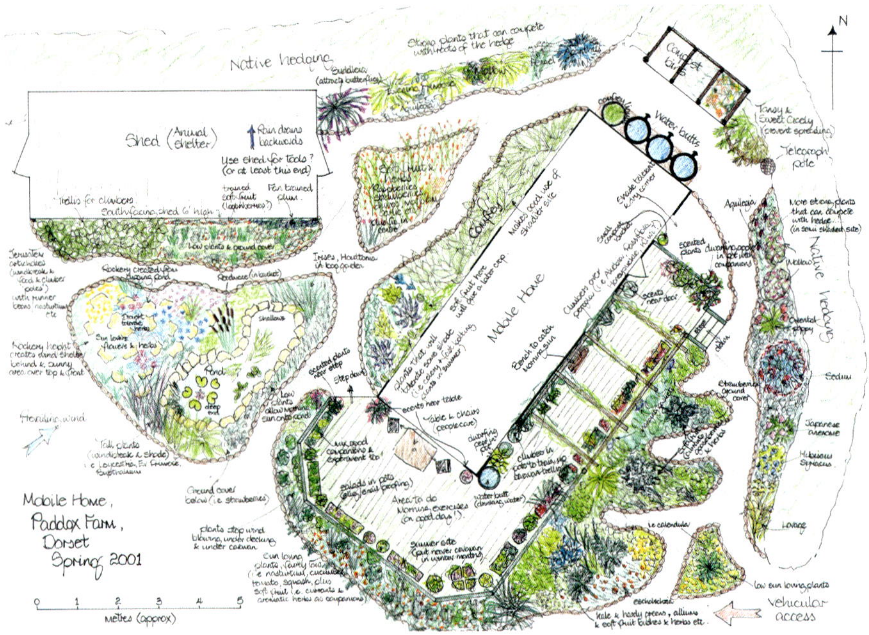

Design: Aranya

Bestandsplan und Overlays

Eine andere Möglichkeit ein Design zu präsentieren ist, es auf eine Overlayfolie zu zeichnen. Wenn du dich im Vorfeld schon dafür entschieden hattest, deine Informationen zum Gelände so aufzuzeichnen, dann kannst du die gleiche Methode wählen, um deine finalen Ideen zu präsentieren. Benutze wenn möglich gutes Transparentpapier, also solches mit hoher Durchsichtigkeit; dies macht es möglich, mehrere Overlays übereinander zu zeigen.

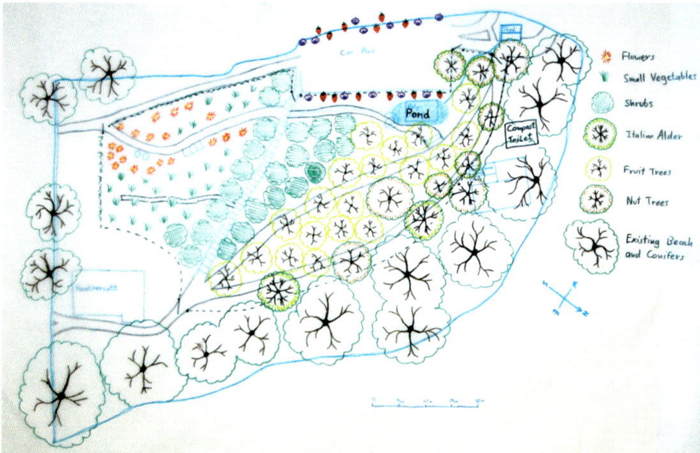

Design: Andres Brackenborough / Collin Dunn / Sophie Ege / Randy Mayers

Überblick plus hervorgehobener Details

Wenn man ein großes Gelände plant, in dem die Details einzelner Bereiche hervorgehoben werden sollen, dann kann man diese Bereiche in kleinen Nebenkarten größer darstellen, zum Beispiel wie hier:

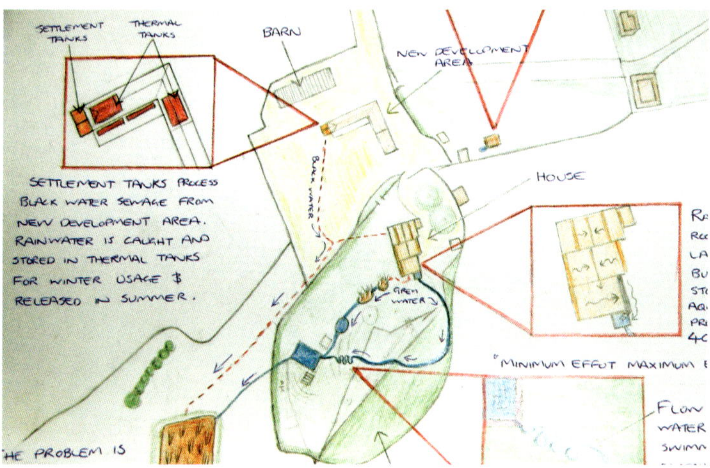

Design Ellie Colley / Gari Porteous

Entwurfsideen auf Fotos

Fotos sind ein weiterer Weg, um Ideen zu vermitteln. Mache Fotos von dem Gelände wie es ist, und nutze entweder Overlays aus Transparentpapier oder fertige Papierelemente, um die vorgeschlagenen neuen Elemente zu zeigen. Wer entsprechend computeraffin ist, kann dies heutzutage natürlich auch am Computer machen.

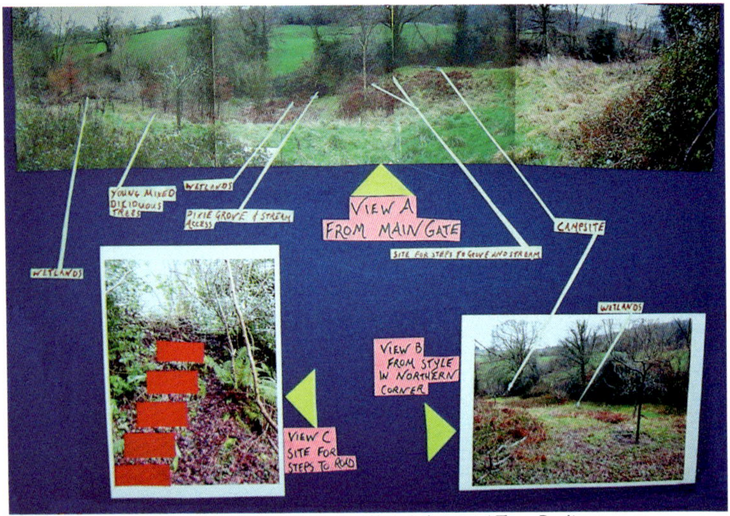

Design: Brendan Buesnel / Francis Burton / Kay Johnson / Tom Purling

Gezeichnete Querschnitte

Diese sind hilfreiche Ergänzungen, um die relativen Höhen zu zeigen. Querschnitte können auch weitere Informationen wie die ungefähren jahreszeitlichen Schattenwürfe enthalten.

Design: Vinnie Blackwall

Gezeichnete Darstellungen

Wenn du gut zeichnen kannst, kannst du dem Kunden vermitteln, wie dein Entwurf in 3D aussehen wird. Manchmal lohnt es sich, dafür einen Grafiker zu bezahlen. Ein paar Bilder machen einen großen Unterschied beim Präsentieren und bringen Leben in deine Ideen.

Design: Ed Barsley / Stephen Noshie / Adam Rogerson / Maro DaSilva

Vorderansicht, Seitenansicht und Draufsicht

Technische Zeichnungen vermitteln dem Kunden einen guten Eindruck von drei verschiedenen Seiten. In diesem Beispiel sehen wir Phase drei einer Sukzessionsplanung für die Neugestaltung meines kleinen Büroplatzes im Bauwagen. Da mehr Funktionalität von dem Platz verlangt wurde, mussten zusätzliche Geräte untergebracht werden. Diese Zeichnung zeigt die Seiten- und Vorderansicht des Schreibtisches.

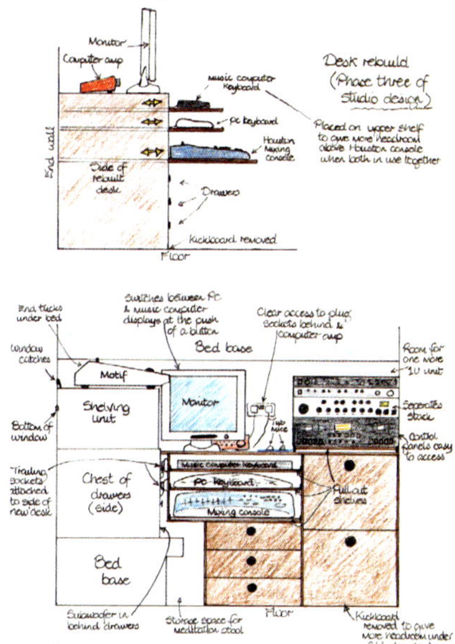

Design: Aranya

Oberer Teil, linke Spalte: Zimmerwand / Monitor / PC-Verstärker / Seite des optimierten Schreibtisches; Mittlere Spalte: Musik-Tastatur / PC-Tastatur / Houston Mischpult / Schubladen / Kickboard entfernt / Fußboden; Rechte Spalte: Auf das obere Brett gesetzt für mehr Kopfhöhe des Mischpults, wenn beide gleichzeitig benutzt werden; Unterer Teil: Äußere Beschriftung rund um die Zeichnung, von links nach rechts: Kabelaufhängung am Rand des „neuen" Schreibtisches befestigt, Fensterunterkante, Fensterverriegelung, Rand passt unters Bett, Wechsel zwischen PC- und Musik-Bildschirm auf Knopfdruck, Bettrahmen, Direkt zugängliche Anschlussbuchsen, Platz für eine weitere 1U-Einheit, Leicht zugängliche Steuerelemente, Kickboard entfernt für mehr Kopfhöhe unter dem Klappbett; Boden: Stauraum für Meditationshocker, Subwoofer hinter Schubladen; Linke Spalte: Regaleinheit / Schubladen / Bettrahmen; Mittlere Spalte: Monitor / Mauspad / Musik-Tastatur / PC-Tastatur / Mischpult; Rechte Spalte: Auszieh-Regale

Modellieren

Deinen Ideen eine dritte Dimension geben

Die Darstellung deines Entwurfs in 3D, selbst mit einem vergänglichen Material wie Sand, hilft die Ideen lebendig zu machen. Dies ist vor allem dann hilfreich, wenn Wassergewinnungsstrategien erklärt werden müssen und ähnliches. Oder füge deinen Zeichnungen einfach ein 3D-Element bei wie in diesen Beispielen:

Design: Rob Knowles / Clement Malcurat / Lizzie Meade / Simon Watkins

Design: Elise Bijl / Danny Brown / Kate McGuire / Helen Smith

Technische Hilfsmittel

Diashow

Technik kann hilfreich sein, wenn du eine Präsentation vor einer großen Gruppe zu geben hast. Tageslichtprojektoren und 35-mm-Folien sind zwar einfachere, aber alte Technologien; ein Laptop und Beamer bedeuten eine größere Investition, können aber oft auch ausgeliehen werden. Software muss kein Geld kosten, allerdings braucht es etwas Zeit, deren Anwendung zu lernen. Vielleicht hast du schon PowerPoint als Teil von Microsoft Office. Alternativ können Open-Source-Progamme wie Impress kostenfrei aus dem Internet heruntergeladen werden (in Open Office oder Libre Office).

Computergestütztes Gestalten

Wenn dir diese Arbeit liegt, kann eine CAD-Software (computer-aided design) ein guter Weg sein, Ideen zu vermitteln, vor allem durch die Möglichkeit verschiedene Ebenen darzustellen. Der Landwirtschaftsplaner und Praktiker Darren Doherty nutzt den Computer für seine Entwürfe mit großartigen Ergebnissen. Hier ist ein Beispiel:

Design: Heenan Doherty

Design: Aranya

Zusätzliche Pläne

Zusätzlich zu deinem Entwurf für das Hauptgelände kann es hilfreich sein, weitere Pläne einzubeziehen, die folgende Bereiche zeigen:

- **Überblick über die Gegend** – Dieser kann besondere Aspekte der Umgebung zeigen wie Wohngebiete, Straßen, Boden, Geologie, Wassereinzugsgebiete usw.
- **Bestehende Systeme und Elemente** – Als eigener Plan oder Overlay in einem Bestandsplan werden hier Wasser, Energie, Vegetation, Versorgungsleitungen, Boden usw. dargestellt.
- **Zonen, Sektoren, Mikroklimata, Wege(system), Zugangspunkte, Randbedingungen usw.** – Als Plan oder Overlay für einen klaren Gestaltungsprozess.
- **Vegetationspläne** - die du beobachtet und aufgezeichnet hast.
- **Vorschlag für eine neue Zonierung und Änderungen von Zugangspunkten** – um die Prozessabläufe zu optimieren.
- **Geplante Systeme** – z. B. Wasser, Energie, Produktionsabläufe, Details zur Wassergewinnung, große Muster wie Keyline® -Erdarbeiten.
- **Details von bestimmten Orten** – z. B. Pflanzpläne und -muster.

Weitere Informationen

Du entscheidest darüber, welche räumlichen Informationen auf den Plan kommen, denn es gibt immer ein Limit dafür, wie viele Details man zeigen kann. Hier eine Liste von hilfreichen Dokumenten, die du vielleicht ebenfalls für deine Dokumentation nutzen möchtest.

Zusammenfassung des Kundeninterviews – sollte die Wünsche und Bedürfnisse widerspiegeln, Werte und Visionen, Ressourcen und begrenzende Faktoren, und die Zeitvorgaben für das Design.
Thematische Details – spezielle Dokumentationen zum aktuellen Zustand von Boden, Wasser, Energie.
Liste der verfügbaren Ressourcen auf dem Gelände bzw. in der Nähe – PASTE, DAFOR usw.

Design: Ed Barsley / Stephen Nothie / Adam Rogerson / Marco daSilva

Fotos von:

- Abfluss von Energie und Ressourcen durch Erosion, offensichtliche Verluste von Energie, Wasser usw.
- Schatten im Verlauf der Jahreszeiten
- wichtige Sichtachsen
- Besonderheiten, die du hervorheben möchtest.

Überblick über die wichtigsten begrenzenden Faktoren – auch Abfluss von Energie und Ressourcen

Liste von Schlüsselfunktionen und damit verbundene SMARTe Ziele

Überblick über deine Analyse:

- **konkurrierende Themen**
- **dein Entscheidungsprozess** – vielleicht erwähnst du die Ethik, Prinzipien, Methoden usw.
- **hergestellte Verbindungen** – Muster, Prozessflüsse, Kreisläufe

Deine Empfehlungen:

- **Begrenzende Faktoren überwinden** – Strategien, um mit den wesentlichen Beschränkungen oder undichten Stellen, wo Energie abfließt, umzugehen.
- **Schlüsselsysteme** – vergleiche derzeitige Nutzungsmuster mit den vorgeschlagenen Änderungen (Zonierung, Wegesystem usw.)
- **Systemdetails** – Wasser, Energie usw.
- **Müssen Entscheidungen getroffen werden?**

Liste mit den notwendigen Ressourcen – bereits an Ort und Stelle verfügbar, irgendwo auf dem Gelände vorhanden, noch zu importieren

Informationsblätter – zusammen mit Fotos, um neue ungewohnte Techniken und Systeme zu erklären.

Finanzübersicht – Schätzung der benötigten Mengen und Kosten der Elemente und wie diese ins Budget passen.
Liste von potenziellen Fördermittelstellen – für Systeme, die weitere finanzielle Unterstützung benötigen.
Liste von potenziellen Partnerorganisationen – z. B. den Permakultur Institut e.V., die Permakultur Akademie oder das Europäische Netzwerk.
Liste empfohlener Arten, Sorten und Züchtungen – jegliche relevante Flora, Fauna und Fungi. Auf einem großen Gelände wirst du wahrscheinlich nicht für alle Beete einen Pflanzplan erstellen, aber du kannst eine Liste mit Arten, möglichen Gilden und Orten für einige Schlüsselpflanzen zusammenstellen.
Integriertes Schädlingsbekämpfungssystem
Bücherempfehlungen und Webseiten – als weitere Lektüre oder zum Recherchieren.
Umsetzungs- und Instandhaltungsplan – dazu kommen wir noch im Detail …
Empfehlung von Personen – als Team für die Umsetzung

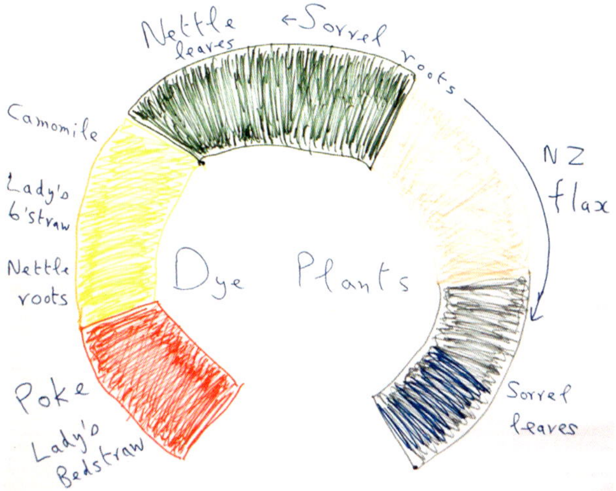

Design: Robin Aaronson / Liz Coates / Be Oliver
Gelbes Labkraut, Kermesbeere / Brennesselwurzeln, Gelbes Labkraut, Kamille / Brennesselblätter, Sauerampferwurzeln / Neuseelandflachs / Sauerampferblätter

Umsetzungsdetails

Deiner Projektdokumentation fehlt noch ein Plan zur Umsetzung all der Ideen. Bisher haben wir vorwiegend darauf geschaut, wie wir unseren Entwurf in der Fläche umsetzen, nun wenden wir uns der zeitlichen Dimension zu.

Ein Umsetzungsplan kann sowohl einfach als auch komplex sein, das kommt auf die Größe des Designs an und wer einbezogen wird. Mindmaps sind ein Weg, den ich häufig nutze, um die Hauptelemente einer einfachen Umsetzung zu zeigen. Hier ist ein Beispiel:

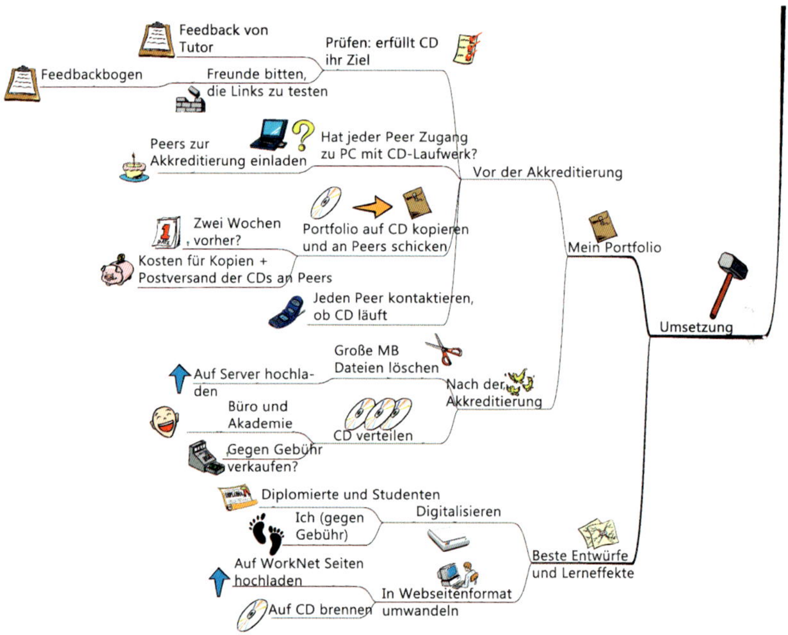

Design: Aranya

Nichtsdestotrotz werden die meisten Kunden von dir eine noch größere Detailschärfe als diese von dir erwarten. In welcher Reihenfolge sollen sie den Entwurf umsetzen? Wo sollen sie beginnen und wie lange dauert es? Dazu mehr im nächsten Kapitel.

Zusammenfassung

Dieses Kapitel handelte davon, deine Ideen in ein angemessenes Format zu bringen, um sie dem Kunden zu präsentieren. Dazu braucht es kein besonderes künstlerisches Talent, wobei es jedoch dabei helfen kann, deine Vorschläge attraktiv zu gestalten. Die Hauptsache ist, dass die Ideen so dokumentiert werden, dass sie leicht verständlich sind und vom Kunden nachvollzogen werden können.

Akzeptiere also folgendes:

- Wir machen alle Fehler und einige deiner Ideen werden nicht funktionieren. Lass dich davon nicht in deinem Engagement bremsen. Ein Entwurfsvorschlag umfasst üblicherweise mehrere Pläne, ergänzt durch eine unterstützende Dokumentation.
- Für eine Präsentation oder einen Bericht werden möglicherweise Pläne und andere Dokumente in einem größeren Format benötigt, damit sie besser lesbar sind.
- Nutze ein Format, mit dem du dich wohl fühlst. Solange es deine Ideen transportiert ist es das richtige. Viele der hier gezeigten Beispiele sind ganz besonders schön, die Hauptsache ist jedoch, dass sie deutlich sind.
- Wenn es um einen besonders wichtigen Job geht, dann ist es vielleicht sinnvoll, einen Grafiker zu engagieren, der die Ideen für dich visualisiert.
- Auch Modelle, Mindmaps und Flussdiagramme sind Pläne.
- Technik macht das Leben manchmal leichter, kann uns aber auch abhängig davon machen, dass sie funktioniert.
- Definiere die Funktionen und SMARTen Ziele, die du planst zu erreichen.
- Scheue dich nicht, Details der Analyse einzubeziehen; das hilft dem Kunden den Gestaltungsprozess zu verstehen.
- Füge Pläne und spezielle Systeme für die Verständlichkeit ein.

- Nutze Fotos für die Illustration von wichtigen Themen und um vorgeschlagene Veränderungen zu zeigen.
- Füge nur Details von Systemen ein, mit denen du dich auskennst, oder verweise den Kunden an Experten auf diesem Sachgebiet.
- Empfehle deinen Kunden Möglichkeiten, wie sie mehr über Permakultur oder andere Sachgebiete des Designs lernen können.

Flussdiagramm Entwurfsvorschlag

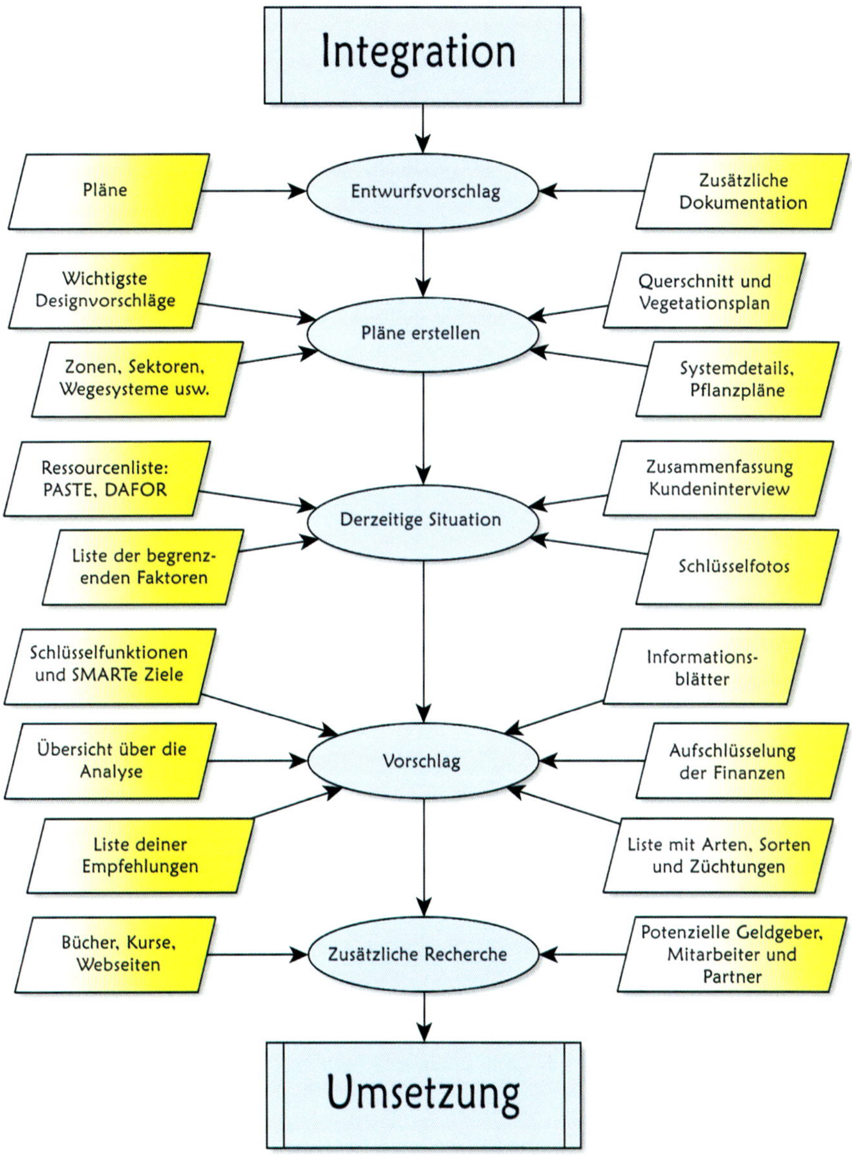

Umsetzung

Wir sind jetzt fast an dem Punkt, wo wir unseren Entwurf der realen Welt übergeben können. Doch zuerst müssen wir einen Umsetzungsplan erstellen, der uns leitet.

Die Aufgaben gliedern

Wir beginnen damit, den gesamten Prozess in Hauptaufgaben zu gliedern, um handhabbare Pakete zu erhalten. Dies mag bereits aus unserem Gestaltungsprozess heraus sehr klar geworden sein. Für ein einfaches Design, oder wenn du gleichzeitig Designer und Kunde bist, reicht dies aus, um mit der Umsetzung zu beginnen. Für komplexere Designs hast du wahrscheinlich bereits Einzelentwürfe für bestimmte Phasen erstellt, jedes mit eigenem Budget, eigener Frist oder SMARTen Zielen und einem Plan. Egal mit welchem Grad von Komplexität wir beginnen, wir sollten jede Unteraufgabe weiter aufteilen, um einen Projektstrukturplan (PSP) zu erstellen.

Fange klein an und baue gut funktionierende Bereiche aus

Setze dir realistische Ziele – viele kleine Erfolge fühlen sich für dich und den Kunden gut an und führen zu wachsender Begeisterung für das Projekt. Wie du hier siehst, bildet der Projektstrukturplan ein Astmuster, in dem das Ziel ganz oben steht.

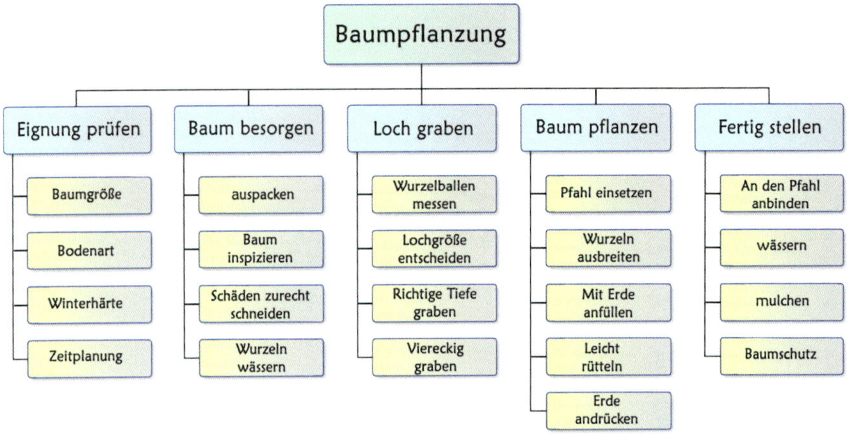

Ein einfacher Projektstrukturplan für eine Baumpflanzung

Alle Unteraufgaben werden mit diesem Ziel verbunden und nochmal in kleinere Aufgaben, Komponenten und so weiter gegliedert, bis jedes Arbeitspaket eine handhabbare Größe hat. Dies ist die Basis für unseren Plan, allerdings bildet ein PSP keine Prioritäten oder Zeitabläufe ab.

Faktoren, die die Aufgabenschwerpunkte beeinflussen

Um mit der Schwerpunktsetzung der Aufgaben beginnen zu können, müssen wir alle Faktoren berücksichtigen, die diese beeinflussen. Das Nachfolgende hilft bei der Entscheidung, wann was getan werden muss, und bei der Klärung, welche Aufgaben von der Fertigstellung anderer abhängen. Ich gehe meist in der folgenden Reihenfolge vor:

Die kleinste Veränderung für den größten Effekt

Welches kleine Etwas kannst du tun, das den größten Nutzen im Verhältnis zu aufgewendeter Zeit und Materialien bringt? Natürlich hängt von der Größe des Gesamtprojektes ab, was man als „klein“ bezeichnet. Oft geht es darum, ein Leck zu stopfen wie den Verlust von Boden, Geld oder Energie. Bodenaufbau kann beispielsweise den Aufwand an Bewässerung senken, was wiederum Erdarbeiten oder Bewässerungssysteme erspart. Es ist immer leichter Energie zu speichern, als Ressourcen für deren Erzeugung aufzubrauchen. Kleine Investitionen, die auf lange Zeit Geld oder Ressourcen sparen (z.B. Gebäudedämmung), können zusätzliche Mittel freigeben, mit denen in Zukunft Investitionen getätigt werden können, die wieder Geld einsparen. Frühe Erfolge können uns zu weiteren Aktionen ermutigen. Wenn sich eine Maßnahme für den Kunden also direkt bezahlt macht, sieht er umso eher den Wert deiner Designempfehlungen.

Um begrenzende Faktoren herum planen

Jahreszeitliche Beschränkungen müssen berücksichtigt werden, wenn man einen Baum pflanzt oder Feldfrüchte aussät. Wenn Bäume gewünscht sind und Geld einen begrenzenden Faktor darstellt, ist es sinnvoll wurzelnackte Bäume zu nehmen. Sie sind günstiger als Bäume, die in Kübeln vorgezogen wurden. Allerdings können sie nur während der kälteren Wintermonate gepflanzt werden. Diese beiden begrenzenden Faktoren führen also dazu, den Winter für die Baumpflanzung zu priorisieren. Wenn du eine gute Ernte von deinem Garten im Herbst haben möchtest, dann gibt es im Frühling ebenfalls ein recht kleines Zeitfenster, in dem die meisten Pflanzen ausgesät werden müssen. Samen sind günstiger als Pflanzen. Erinnere dich an die McHarg-Ausschlussmethode (S. 185). Wir können dieses Konzept auch auf die Zeit anwenden. Identifiziere die wichtigsten oder schwierigsten oder zeitkritischsten Aufgaben und setze sie zuerst auf deinen Kalender.

Verfügbarkeit von Ressourcen

Viele begrenzende Faktoren sind zu anderen Zeiten ein Zugewinn. Viele Menschen mit einem Einkommen aus landwirtschaftlichen Aktivitäten haben im Sommer und Herbst mehr Geld als im Winter. Umgekehrt kann Zeit eine wichtige Ressource sein, wenn es im Garten wenig zu tun gibt. Tätigkeiten, die viel Geld oder einen hohen Arbeitseinsatz benötigen, sollten dann getan werden, wenn diese Ressourcen im Überschuss verfügbar sind. Überschüssige Arbeitskraft kann auch zusätzliche Fähigkeiten mit sich bringen. Wenn das Gelände sich dafür eignet, kann man durch das Angebot von Kursen von dieser Möglichkeit Gebrauch machen. Ein Praxiskurs kann nicht nur einen finanziellen Ertrag einbringen, sondern auch Experten und viele engagierte freiwillige Mitarbeiter auf das Gelände bringen, um ein größeres Projekt umzusetzen.

Abhängigkeiten oder Rangfolgen

Bestimmte Dinge müssen komplett oder zumindest in Teilen fertiggestellt sein, bevor man mit anderen beginnen kann. Ein Gebäude benötigt zuerst das Fundament, bevor das Dach gemacht werden kann, und für ein Sandwich muss zuerst das Brot gebacken werden. Das nennt man kausale Abhängigkeiten. Es gibt aber auch andere Faktoren, die bestimmen, wie schnell ein Projekt voranschreitet. Manchmal ist die Verfügbarkeit der Ressourcen der limitierende Hauptfaktor, und manchmal macht es aus organisatorischer Sicht Sinn, die Aufgaben in einer bestimmten Reihenfolge anzuordnen. Du hast vielleicht gerade jemanden mit bestimmten Fachkenntnissen auf dem Gelände, der zwei verschiedene Aufgaben erledigen kann, die normalerweise nicht gleichzeitig erledigt werden. Das sind sogenannte weiche Abhängigkeiten.

Die Hauptsache ist es natürlich, im Hinterkopf zu behalten, alle abhängigen Aktivitäten auf der Zeitachse nach denjenigen anzuordnen, von denen sie abhängen.

Yeoman'sche Keyline®-Permanenzskala

Wenn wir an einem großflächigen Gelände arbeiten, dann legt die Yeoman'sche Skala fest, welche relative Permanenz die Hauptelemente haben.

1. Klima 2. Landschaftsform 3. Wasserversorgung 4. Straßen 5. Pflanzensysteme 6. Mikroklimata 7. Gebäude 8. Unterteilende Hindernisse 9. Boden

Dies legt nahe, dass wir die Wasserversorgung zuerst anlegen, dann die Straßen, dann die Bäume usw. Andererseits kann die Unterbodenlockerung mit einem guten Weidemanagement die Tiefe der Böden schnell erhöhen und den Bewässerungsbedarf der Landschaft verändern. Folglich muss der Bodenaufbau vor der Anlage von Teichen oder Wasserreservoirs liegen.

Einen einfachen Umsetzungsplan erstellen

Wenn du der Designer und Kunde in einer Person bist, dann muss dieser Plan nur für dich Sinn machen und ist somit schnell erstellt – eine einfache Liste der Aufgaben auf einer Zeitleiste reicht schon aus. In dieser Situation, ohne dass zusätzliche Arbeitskraft oder Fachkenntnisse involviert sind, hast du so viel Flexibilität, wie dein eigener Geduldsfaden aushält, und du musst nur ein einfaches Basismuster als Arbeitsgrundlage erstellen. Dies erfordert trotz allem ein Grundverständnis von Abhängigkeiten, aber nicht die kleinen Details für einen genauen Zeitplan.

Umsetzung / Jahr 1: Zugangstreppe; Jahr 2: Backofen und Grillbereich, Meditationsort; Jahr 3: Pflanzenkläranlage, Feuerlöschteich (zwei kleinere Zettel waren nicht lesbar).
Design: William Baker Morrison / Alibhe Gerrard / Xavier de la Huerga / Rebecca Rothera

Papierblätter oder Haftnotizen sind für mich ein einfaches und hilfreiches Werkzeug, um zeitliche Aspekte im Gestaltungsprozess zu planen, da ich sie auf der Zeitleiste oder im Kalender solange hin und herschieben kann, bis ich mit der Anordnung zufrieden bin. Alles was du tun musst, ist ein Grundmuster festzulegen und zu klären, in welcher Reihenfolge die Aufgaben erledigt werden müssen. Die genauen Einzelheiten von bestimmten Aufgaben können an anderer Stelle festgelegt werden.

Ein einfacher Zeitplan ist ausreichend, wenn du nicht mit anderen zusammenarbeitest. Sobald du aber mit anderen oder für andere planst, musst du mit etwas handfesterem um die Ecke kommen, das sowohl klar als auch vollständig ist. Und bedenke auch, dass Fachleute selten kurzfristig verfügbar sind. Deshalb gilt es klarzustellen, wann im Prozess solche benötigt werden, damit du sie zeitig genug beauftragen kannst.

Einen Projektmanagementplan erstellen

Glücklicherweise managen Menschen schon seit langer Zeit Projekte, so dass es eine Reihe hilfreicher Werkzeuge gibt, die uns helfen, einen Plan zusammenzustellen.

Entweder erstellst du einen Plan für jemand anderen, oder du hast selbst die Aufsicht. Bei beiden Varianten gibt es einen Start- und einen Endpunkt für dich, den du definieren solltest, entweder durch einen zeitlichen Rahmen, oder den Fertigstellungsgrad der Aufgaben. Du und dein Kunde solltet euch über den Grad deiner Beteiligung im Klaren sein und an welchem Punkt du die Verantwortung übergibst und das Projekt verlässt.

Ein erfolgreiches Projekt muss die Anforderungen des Kunden erfüllen, im Finanzplan bleiben und termingerecht fertig werden. Bevor du beginnst, solltest du dir darüber klar sein, was die Kriterien dafür sind und einen Plan erstellen, der die bestmögliche Aussicht hat sie zu erfüllen.

Als Designer bist du dafür verantwortlich, das Projekt in eine Reihe von handhabbaren Aufgaben (Projektstrukturplan/PSP) herunterzubrechen mit SMARTen Zielen, der Recherche von Bezugsquellen und der Zusammenstellung eines Teams, das die Arbeit macht. Das umfasst auch einen Projektleiter, der die Umsetzungsphase betreut, falls du die Verantwortung nach der Erstellung des Umsetzungsplans übergibst.

Wenn du selber die Umsetzungsphase betreust, dann solltest du über gute Kenntnisse der Ausgabenverwaltung verfügen und über die Fähigkeit, mit Menschen umzugehen. Womöglich musst du auch ein guter Problemlöser sein, da Projekte selten genau nach Plan ablaufen.

Um einen realistischen Zeitplan zu erstellen, musst du für die Erfüllung jeder Aufgabe wissen, was an Zeit, Energie und Ressourcen benötigt wird. Wenn du hinsichtlich der genauen Zahlen unsicher bist, frage diejenigen, die den Job wahrscheinlich machen werden. Ressourcen sollten dann angeliefert werden, wenn sie benötigt werden, auch um die Lagerhaltung zu reduzieren, aber denke daran, es können Lieferschwierigkeiten auftreten oder die Preise können steigen.

Dinge, die schief gehen können sind unter anderem:

- schlechte Kommunikation, das Team weiß nicht, was es tun soll
- Meinungsverschiedenheiten, persönliche Konflikte, oder Menschen gehen einfach
- Regeln und Standards werden nicht eingehalten
- schlechtes Management und unzureichend formulierte Ziele
- schlechtes Wetter.

Wenn du auf solche Eventualitäten vorbereitet bist, dann ist die Chance sie erfolgreich zu meistern recht gut.

Ein gutes Werkzeug, um einen einfachen Projektstrukturplan zu erstellen und diesen als effektive Arbeitsgrundlage zu nutzen ist ein Gantt-Diagramm. Hier werden die Aktivitäten eines Projektes eingetragen, auf einer Zeitachse dargestellt und dabei auch die Abhängigkeiten, sich überschneidende Aktivitäten und kritische Punkte visualisiert.

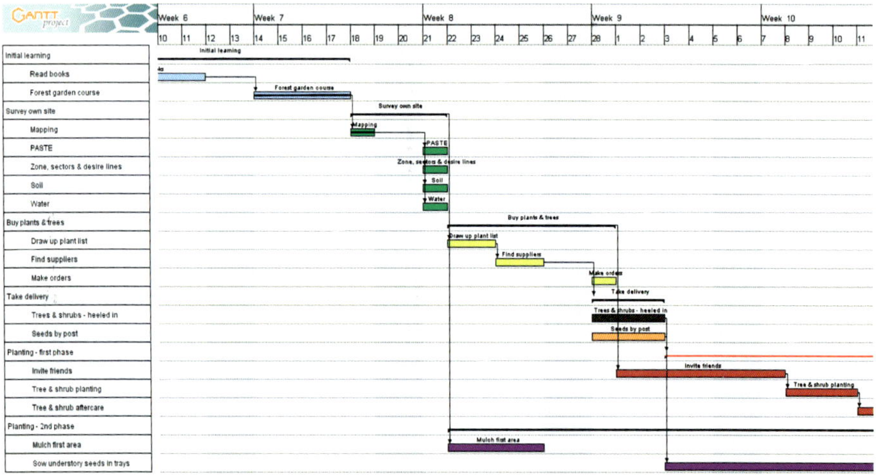

Gantt-Diagramm mit Open Source Software, es kann auch auf einem Blatt Papier erstellt werden.

Ein Vorteil einer solchen Software ist, dass, wenn sich eine Aufgabe verschiebt, alle Abhängigkeiten entlang der dazugehörigen Zeitleiste mitverschoben werden können. Wenn du computeraffin bist, ist es am einfachsten, wenn du eines der kostenlosen Gantt-Programme runterlädst und es spielerisch erkundest, um den Umgang damit zu lernen. Ein Gantt-Diagramm führt alle Aufgaben schrittweise und in der Reihenfolge der Umsetzung in der linken Spalte auf. Die Zeitbalken laufen von links nach rechts und für jede Aufgabe zeigt ein farbiger Balken die vorgesehene Start- und Endzeit an.

Wenn eine Aufgabe von der Fertigstellung einer anderen abhängt, dann werden sie mit einem Pfeil verbunden. Dies gibt uns ein klares visuelles Bild der Beziehungen zwischen den Aufgaben und zeigt die kritischen Punkte auf, von denen die zeitgemäße Fertigstellung des Projektes abhängt.

Analyse der kritischen Pfade

Wenn ein enger Zeitplan vorliegt und du mit vielen Zulieferern zusammenarbeitest, dann ist es hilfreich, eine Analyse der kritischen Pfade vorzunehmen. Diese Methode setzt alle Aufgaben des Projektes mit der jeweiligen individuellen Dauer in Beziehung

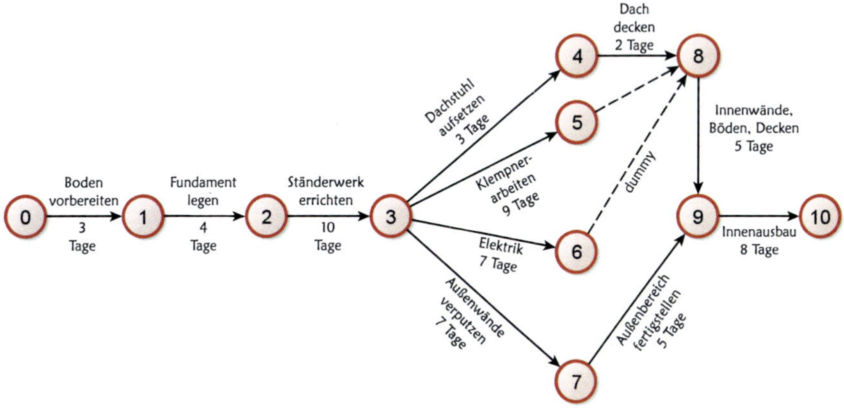

und berechnet den frühesten und spätesten Zeitpunkt für den Start und das Ende jeder Aktivität, ohne dass sie die Projektlaufzeit verlängert. Wenn Mathematik nicht dein Ding ist, dann kannst du den nächsten Absatz überspringen.

Das Beispiel zeigt ein CPM/PERT-Diagramm[62]. Hier ist der längste Weg 0-1-2-3 (alle hängen voneinander ab), dann 5-8-9-10.

Das ist so, weil 3-5-8-9 insgesamt 14 Tage benötigen, zwei mehr als 3-7-9 oder 3-6-8-9, beide brauchen 12 Tage, und vier mehr als 3-4-8-9, die nur 10 Tage benötigen. Damit ist unser kritischer Pfad 0-1-2-3-5-8-9-10 und ist 39 Tage lang. Alle Verzögerungen entlang dieses Pfades werden das gesamte Projekt verzögern, wohingegen Aufgaben, die nicht auf dem kritischen Pfad liegen, etwas Spielraum haben. Beispielsweise können sich 3-4-8 um vier Tage verzögern, ohne den Gesamtablauf zu verzögern. Dieses Wissen zeigt uns, welche Aktivitäten zusätzliche Arbeitskräfte benötigen, falls sie sich verzögern und welchen Aktivitäten wir die Flexibilität geben können, sich ein bisschen zu verschieben, ohne dass die Frist des Gesamtprojektes gefährdet ist.

Selbstverständlich kannst du diese Diagramme auch per Hand zeichnen, eine Gantt-Software kann diese jedoch ganz automatisch erstellen und spart somit Zeit. Zudem bestimmt sie den frühesten und spätesten Start- und Endzeitpunkt für das Projekt, wenn du in Ergänzung zur wahrscheinlichen Fertigstellungszeit noch deine Einschätzung für den optimistischsten und den pessimistischsten Verlauf eingibst.

Die Projektumsetzung beaufsichtigen

An dieser Stelle ist nur Platz für eine Übersicht über diesen Prozessschritt. Wenn du ein Projekt von einer gewissen Größe hast, das du beaufsichtigen musst, dann empfehle ich, mindestens ein gutes

[62] CPM = Critical Path Method; PERT = Project Evaluation and Review Technique(Methode für die Projektbewertung und Projektübersicht).

Buch durchzuarbeiten, besser noch ist eine Fortbildung. Während Fehler bei der Umsetzung in einem kleinen Projekt normalerweise nicht schwerwiegend sind, solltest du bei der Umsetzung eines Projekts mit einem größeren Budget und Lieferanten wirklich gut auf alle Eventualitäten vorbereitet sein.

Nichtsdestotrotz bist du mit den SMARTen Zielen, dem Gantt-Diagramm und dem CPM-Diagramm auf dem besten Weg, das Projekt erfolgreich im Blick zu haben. Denke immer daran, du arbeitest hier mit einem System, und Systeme verhalten sich manchmal unvorhersehbar. Das System kann zahlreiche Lieferanten und Handwerker umfassen, also muss ein guter Projektmanager das Team anleiten und motivieren können, um rechtzeitig fertig zu werden. All die vorher bereits aufgeführten Dinge können schief gehen, also sind Voraussicht und Anpassungsvermögen auf deiner Seite sehr wichtig.

Nicht alle sind begeistert, wenn sie mit Zahlen arbeiten müssen, doch den Geldfluss im Blick zu haben ist eine wichtige Fähigkeit beim Projektmanagement. Es ist eine Sache zu planen, was wann zu tun ist, und eine andere dafür zu sorgen, dass Werkzeuge, Ressourcen und Lieferanten pünktlich bezahlt werden (das schließt dich ein!), damit das auch klappt. Ein Freund von mir hat beispielsweise bei einem spannenden Projekt in Spanien alles stehen und liegen lassen, da sein Chef nicht die Geldmittel freigegeben hat, die er zum Arbeiten benötigte. Bedenke auch die Banklaufzeit bis das Geld auf dem Konto gutgeschrieben ist.

Deine Fähigkeit mögliche Szenarien vorherzusehen, hilft dabei auf alles vorbereitet zu sein, was schief gehen kann. Wenn eine bestimmte Aufgabe länger braucht als vorhergesehen, dann kannst du das Gantt- oder CPM-Diagramm zur Hand nehmen, um herauszufinden, ob es eine zeitkritische Aufgabe ist, also das gesamte Projekt verzögert. Wenn dem so ist, dann kannst du zusätzliche Personen einsetzen, damit das Gesamtprojekt im Zeitplan bleibt. Wenn es nicht zeitkritisch ist, dann ist es beruhigend zu sehen, wieviel Pufferzeit noch vorhanden ist.

Ein anderer möglicher Fall, der eintreten kann, vor allem bei längerfristigen Projekten, ist eine Veränderung des Budgets. Es wird uns nicht weiter beunruhigen, wenn uns mehr Geld zur Verfügung steht, eine Budgetkürzung hingegen schon. Hier ist Flexibilität nötig und der Plan B kommt zum Einsatz. Den hast du doch in deinem Design vorgesehen oder? Der Schlüssel für ein erfolgreiches Projektmanagement ist auf alle realistischen Eventualitäten vorbereitet zu sein. Ich wünsche dir natürlich ein schönes, nachhaltiges und funktionierendes Design zu erstellen. Es wird jedoch nach deinem Weggang noch viel zu tun geben, und du musst dem Kunden vermitteln, die Leistungsfähigkeit des Designs über die Zeit selbst zu beobachten und idealerweise Verbesserungen vorzunehmen. Dies kann bereits in den Pflegeplan integriert sein. Wir werden uns als nächstes ansehen, wie dieser aussehen könnte.

Umgesetztes Gartendesign um meinen früheren Bauwagen.

Zusammenfassung

Für die Umsetzung sind dies die wichtigsten Punkte:

Die Aufgliederung und Priorisierung von Aufgaben

- Erstelle einen Projektstrukturplan, indem du große Aufgaben in kleine, besser handhabbare Aufgaben aufgliederst.
- Erkenne die kleinen Veränderungen, deren Umsetzung sofort nutzbringende Auswirkungen haben können.
- Erkenne, welche Aufgaben von jahreszeitlichen Gegebenheiten abhängig sind und notiere sie im Kalender.
- Stelle fest, welche Aufgaben viel Arbeitskraft oder Ressourcen benötigen und plane sie dann ein, wenn diese im Überfluss zur Verfügung stehen.
- Erkenne Abhängigkeiten und ordne diese Aufgaben entsprechend an.

Einen Plan erstellen

- Ein einfacher Plan reicht, wenn du dein eigener Kunde bist.
- Papierblätter und Haftnotizen sind hilfreiche Planungsmittel.
- Kalkulationstabellen können hilfreich sein.

Projektmanagement

- Erstelle einen Projektmanagementplan für größere Umsetzungen oder wenn du für andere arbeitest.
- Kläre die SMARTen Ziele, da sie den Zeitplan festlegen und auch, ob das Budget reicht.
- Lege fest bis zu welchem Grad du und dein Kunde sich in den Umsetzungsprozess einbringen.

- Erstelle einen realistischen Zeitplan. Erfasse die Zeitdauer für jede Aufgabe (bei Unsicherheiten frage die Auftragnehmer) und trage zusammen, was du über deren Abhängigkeiten untereinander weißt, um ein Gantt-Diagramm zu erstellen.
- Identifiziere den kritischen Pfad und priorisiere die Aufgaben entsprechend.
- Baue das Team auf und motiviere es das Design umzusetzen.
- Dinge können – und werden wahrscheinlich auch – schief gehen, sei vorbereitet.
- Schule dich im Vorfeld, wenn du das Management für ein größeres Projekt machst.

Pflege und Evaluation

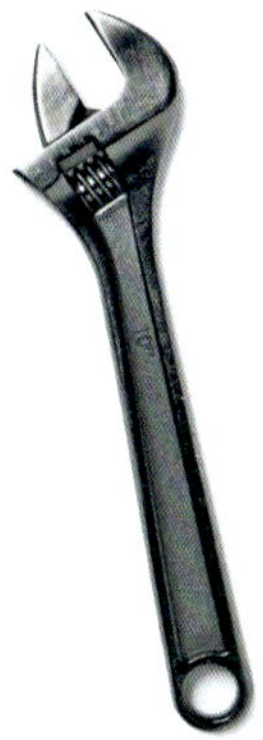

Die Idealvorstellung in der Permakultur ist der Gedanke von der „Erntearbeit als Pflegemaßnahme“. Tatsächlich haben wir ziemlich viel richtig gemacht, wenn unser Designprojekt bei steigenden Erträgen mit der Zeit immer weniger Pflegeaufwand benötigt.

Erstellen eines Pflegeplanes

Bei der voranschreitenden Umsetzung eines Designs müssen die Zeit und andere Ressourcen für die laufenden Pflegemaßnahmen von denen abgezogen werden, die für die weitere Entwicklung vorgesehen sind. Wenn du also die Wahl hast, setze zuerst die Systeme um, die am wenigsten Pflege bedürfen, und die mit dem höchsten Pflegeaufwand zuletzt. Auf diese Weise kann dein Entwurf in der kürzesten Zeit umgesetzt werden. Wie wir jedoch im vorigen Kapitel gesehen haben, wird die Umsetzung häufig von der zur Verfügung stehenden Arbeitskraft oder anderen vorhandenen Ressourcen begrenzt, so dass man nicht immer diesem bestmöglichen Muster folgen kann.

Unser Ziel ist es, ein System zu entwerfen, das so wenig Pflegearbeit wie möglich benötigt, aber für intensiv genutzte Systeme kann es durchaus nötig sein, jemanden anzustellen. Hier einige weitere Punkte, die es zu überlegen gilt:

Das Leben geht immer weiter

Pflanzen und Bäume bleiben nicht immer gleich groß und benötigen ein gewisses Maß an regelmäßiger Aufmerksamkeit, und sei es nur der jährliche Schnitt und die Ernte. Die Zeiten für diese Arbeiten richten sich nach den Jahreszeiten und können gut in einem Jahresplaner festgehalten werden.

Ermittle die laufende Verfügbarkeit von Arbeitskraft und anderen Ressourcen.

Dies hilft bei der Planung größerer Pflegemaßnahmen, die dann zu den entsprechenden Spitzenzeiten vorgesehen werden können. Dabei hilft es, ein gutes Gefühl für den Zeitaufwand dieser Maßnahmen zu entwickeln.

Was du heute kannst besorgen …

Es ist normal, dass die meisten unbelebten Dinge sich mit der Zeit abnutzen und verschleißen, aber rechtzeitige Pflege kann einem viel Arbeit zu einem späteren Zeitpunkt ersparen. Kalkuliere in deinem Plan also genügend Zeit für eine regelmäßige Überprüfung von allen Systemen mit ein und rege dazu an, kleine Sachen sofort zu erledigen.

Erhalten der Funktionsfähigkeit

Unter Umständen ist es nötig, Mini-Pflegepläne vorzusehen, damit bestimmte Systeme richtig arbeiten. Jede ungewohnte Technologie, wie z. B. eine Komposttoilette, braucht klare Anweisungen für die Nutzung, damit sie dauerhaft gut funktioniert. Wenn ein solches System nur mangelhaft funktioniert (z. B. ein stinkendes Kompostklo), dann wird es sehr wahrscheinlich als unbrauchbar eingestuft und wieder abgeschafft, wobei diese Erfahrung die Meinung des Nutzers vielleicht für immer negativ färbt. Denke auch an die Zonierung und klebe die Anweisungen zur Klobenutzung auf die Rückseite der Tür, so dass sie während der Benutzung gelesen werden kann.

Von der Wichtigkeit guter Pflegepläne, die allen zur Verfügung stehen

Ein System ist immer nur so gut wie das Verständnis des Benutzers. Wenn du selbst nicht da sein kannst, sind deutlich formulierte und detaillierte Pflegeanweisungen das Nächstbeste, was du tun kannst. Bevor du gehst, versichere dich, dass deine Kunden alles genau verstanden haben, und dass jedem, der mit deinem Design zu tun hat, die entsprechenden Informationen zur Verfügung stehen.

Die Notwendigkeit von fortlaufender Evaluierung

Schrittweises Gestalten

Nicht alle deine Design-Entscheidungen werden im jeweiligen Fall die richtigen für das Gelände sein: einige Pflanzen überleben nicht, andere mag der Kunde vielleicht nicht. Mikroklimata können sich im Laufe der Zeit verschieben. Die Bedürfnisse der Kunden können sich ändern. All dies kann eine teilweise Neubewertung des Designs erfordern. Je vertrauter ein Kunde mit den Design-Prozessen in der Permakultur ist, desto erfolgreicher wird er selber Veränderungen vornehmen können.

Zusammenfassung

Ein Design ist niemals fertig. Das schön funktionierende System, dass du hinterlässt, kann ohne einen für den Kunden brauchbaren Pflegeplan nach und nach verfallen.

Die wichtigsten Punkte bei der Pflegeplanung sind:

- Wenn möglich, setze zuerst die pflegeleichten Systeme um, da sie weniger Zeitressourcen binden, die dann für den Rest des Entwurfs genutzt werden können.
- Plane umfangreiche Pflegemaßnahmen zeitlich so ein, dass dann auch die meiste Arbeitskraft oder andere Ressourcen zur Verfügung stehen.
- Die Dinge halten wesentlich länger, wenn ihnen regelmäßig etwas Pflege und Aufmerksamkeit geschenkt wird. Plane für wesentliche Elemente monatliche Überprüfungen mit ein.
- Stelle für ungewohnte Systeme brauchbare Anweisungen zur Verfügung, damit sie dauerhaft funktionieren und nicht wieder abgeschafft werden.
- Alle Nutzer eines Geländes müssen Zugang zu einem gut verständlichen Pflegeplan haben, der das ganze Gelände einschließt.

Evaluierung und Optimierung:

- Ein Design funktioniert nur selten genau so wie gedacht; es ist fast unmöglich, alle Einflüsse und möglichen Veränderungen in einem Gestaltungsprozess genau zu erfassen. Eine fortlaufende Evaluation ist daher unumgänglich, damit möglichst schnell auf unvorhergesehene Entwicklungen reagiert werden kann. Fast alle erfolgreichen Designs sind sukzessive entwickelt worden.

- Nachdem du dich aus dem Projekt verabschiedet hast, müssen die Kunden mit unerwarteten Vorkommnissen selbst fertig werden. Tue dein Bestes, um zu gewährleisten, dass sie ein möglichst umfangreiches Verständnis vom Gestaltungsprozess und den Grundzügen der Permakultur haben, um sich erfolgreich um das Gelände kümmern zu können. Am besten ist es, wenn du sie von der Teilnahme an einem Permakultur-Kurs überzeugen kannst.

Flussdiagramm zur Umsetzung und Pflege

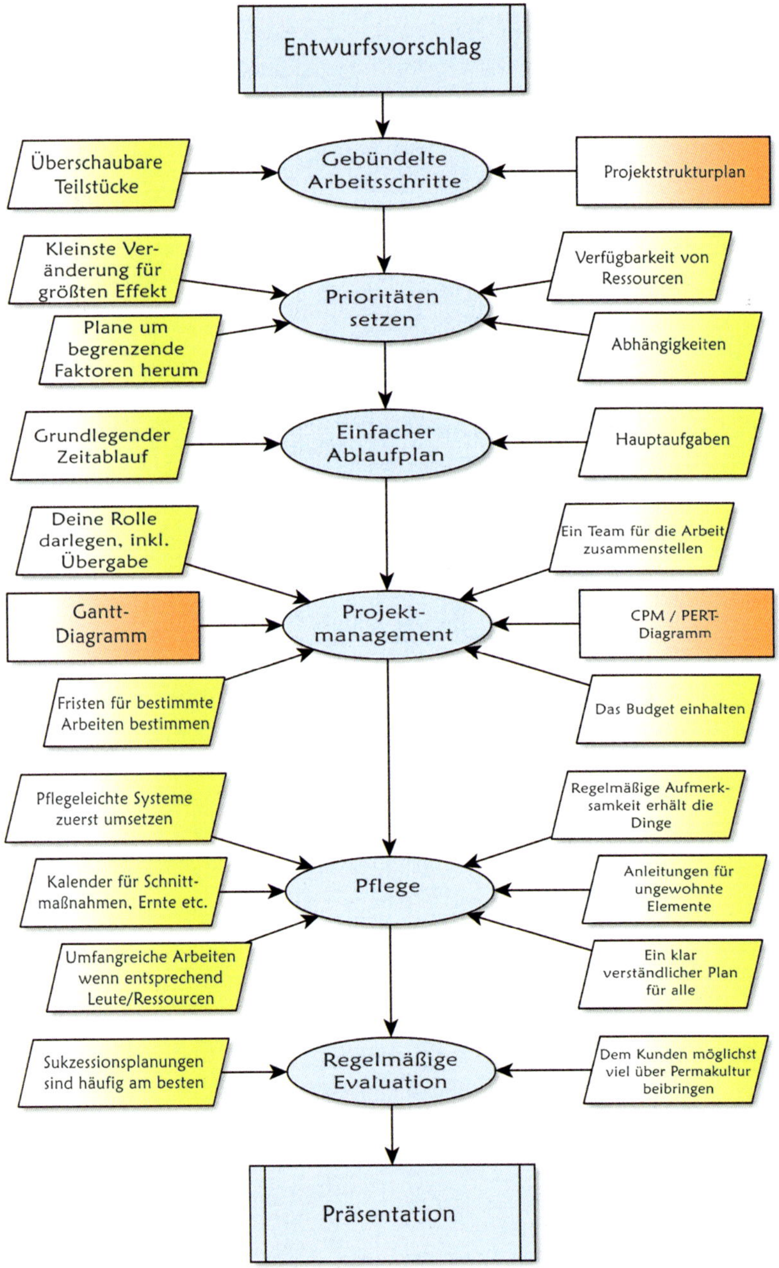

Präsentieren von Ergebnissen

Nachdem du jetzt deinen Entwurf abgeschlossen hast, musst du deine Ideen vielleicht deinem Kunden vorstellen. Als erstes ist es wichtig zu bedenken, dass, egal wie gut sie das Gelände kennen, sie nicht den gleichen Gestaltungsprozess durchlaufen haben wie du und auch mit vielen der Analysemethoden eher nicht vertraut sind. Deine Aufgabe ist es also, nicht nur deine Empfehlungen darzustellen, sondern auch warum du zu welchen Entscheidungen gekommen bist. An manchen Stellen wirst du anders entschieden haben als es ursprünglich gefragt war. Wenn das so ist, begründe genau warum, so dass sie verstehen können, warum dein Vorschlag besser ist. Halte mindestens einen Probedurchlauf deiner Präsentation, vor allem wenn du es nicht gewohnt bist, vor Publikum zu sprechen. Nach meiner Erfahrung ist fundiertes Wissen das beste Mittel gegen Lampenfieber.

Beobachtungen

Beschreibe die wichtigsten Beobachtungen, die du auf dem Gelände gemacht hast.

- Erkläre, was du grundsätzlich über die das Gelände umgebende Landschaft herausgefunden hast (eine Karte kann hilfreich sein).
- Präsentiere deinen Bestandsplan mit allen Overlay-Folien wie Zonen, Sektoren, Zugangspunkten, Pfaden etc.
- Beschreibe, welche Beobachtungen du zum Thema Gefälle gemacht hast.
- Was hast du über die Mikroklimata auf dem Gelände herausgefunden?
- In welchem Zustand ist der Boden? Gibt es Abweichungen in Zusammensetzung, Tiefe, pH-Wert etc.?

- Wie bewegt sich das Wasser über das Gelände, wo sammelt es sich?
- Welche wichtigen Pflanzen-, Tier- und Pilzarten kommen vor?
- Welche Strukturen konntest du auf dem Gelände ausmachen?
- Wie wird Energie gewonnen und genutzt?
- Gibt es natürliche und/oder soziale Ereignisse, die das Gelände beeinflussen?
- Wenn nötig, verwende Fotos, um diese Punkte darzustellen.

Kundeninterview(s)
- Welche Hauptpunkte aus der Kundenbefragung hast du aufgenommen?
- Gehe auf ihre Werte und Visionen ein.
- Gehe auf den für das Design veranschlagten Zeitrahmen und das Budget ein.

Grenzen/ limitierende Faktoren
- Welches sind die wichtigsten limitierenden Faktoren auf dem Gelände?
- Wo hast du Abflüsse von Energie und Ressourcen bemerkt?
- Gibt es weitere Einschränkungen, die du mitbedacht hast?
- Welches sind die wichtigsten limitierenden Faktoren für den Kunden?
- Welche Hauptbeschränkungen des/der Kunden (physisch bzw. „unsichtbar") hat du in deinem Entwurf behandelt?

Ressourcen
- Was und wer auf dem Gelände oder in der Nähe könnte von Nutzen sein?
- – Über welche Hauptressourcen verfügt das Gelände im Überfluss?
- – Welche anderen Ressourcen (günstig, umsonst, reichlich) und Fähigkeiten konntest du vor Ort identifizieren?

- Welches Wissen, welche Erfahrungen und Fähigkeiten hat der Kunde?
- Wie kann sich der Kunde in das Design einbringen? (Denke daran, wie wichtig es ist, dass der Kunde das Projekt/Design als sein eigenes betrachtet.

Analyse

- Welche Schlüsselfunktionen konntest du ausmachen?
- Welche Aspekte im Kundeninterview oder bei der Geländebeobachtung waren dabei ausschlaggebend?
- Beschreibe sie als die vorher formulierten SMARTen Ziele.
- Welche Systeme und Elemente hast du ausgewählt, um all diese Funktionen zu erfüllen und warum?
- Gib einen kurzen Einblick in die von dir verwendeten Analysemethoden, die dir bei den Entscheidungen geholfen haben.
- Welche Verbindungen hast du geschaffen?
- Welche Elemente konntest du zu sich gegenseitig unterstützenden Systemen zusammenfügen (oder Systeme zu Mustern)?
- Welche Prinzipien/Muster hast du zugrunde gelegt?
- Wo hast du Permakultur-Prinzipien/ -Muster auf deine Entwurfsentscheidungen angewandt? Erkläre den Nutzen von natürlichen Mustern.

Entwurf

Zeige deinen fertigen Entwurfsvorschlag

- Präsentiere deine fertigen Entwurfszeichnungen/Overlays/ Modelle oder welches Format auch immer du für die Darstellung deiner Ideen ausgewählt hast.
- Erläutere deine wichtigsten Empfehlungen, die Hauptmerkmale, die das ganze System entscheidend verbessern.
- Bleibe bei den wichtigsten Punkten; wenn du detailliertere Pläne erarbeitet hast, wie z. B. einen Pflanzplan, erwähne es an geeigneter Stelle.

- Weise ausdrücklich auf neu zu schaffende oder verbesserte System hin wie Wasser-, Energie- oder Produktionskreisläufe.
- Gib deinen Kunden ein sicheres Gefühl gegenüber ungewohnter Technologien durch beigefügte Pflegepläne.
- Nenne mögliche Geldgeber oder Partnerorganisationen.

Umsetzung

- Wo soll der Kunde beginnen?

– Empfehle mindestens eine „kleinste Veränderung für größten Effekt“-Strategie, die einen frühen Erfolg garantiert und die Kundin weiter motiviert.

Erläutere deine Empfehlungen zur Umsetzung

- Stelle einen Zeitplan mit möglichen Aufgaben dar, idealerweise mit Hilfe eines geeigneten Instruments aus dem Projektmanagement, wie z. B. eines Gantt-Diagramms.
- Erläutere und begründe dein Vorgehen, Aufgaben nach ihrer Wichtigkeit zu sortieren.
- Lege dar, wie du deinen Entwurf innerhalb des finanziellen Rahmen hältst.
- Biete niedrige, mittlere und hohe Investitionslevel an (Zeit/Kosten), falls es zu unerwarteten kurz-, mittel- oder langfristige Änderungen der finanziellen Voraussetzungen kommt.
- Empfehle Unternehmer oder Dienstleister, die bei der Umsetzung helfen können.

Pflege

- Beschreibe alle nötigen Pflege- und Wartungsarbeiten.
- Welche wiederkehrenden Arbeiten sind nötig? Benenne alle speziellen Technologien, die besonderer Aufmerksamkeit bedürfen.

- Mache deutlich, dass ein Design niemals fertig ist, und dass regelmäßige Beobachtung und gelegentliche Optimierung dazu gehören.

Fragen

- Lade zum Nachfragen ein. Sei ehrlich. Gib zu, wenn du auf etwas keine Antwort weißt und biete an, es herauszufinden.

Die Dokumentation vorlegen

- Übergebe deine Unterlagen.
- Stelle deinem Kunden den gesamten Entwurf als Bericht zur Verfügung, auch wenn du selbst die Umsetzung durchführst oder betreust.

Flussdiagramm Präsentation

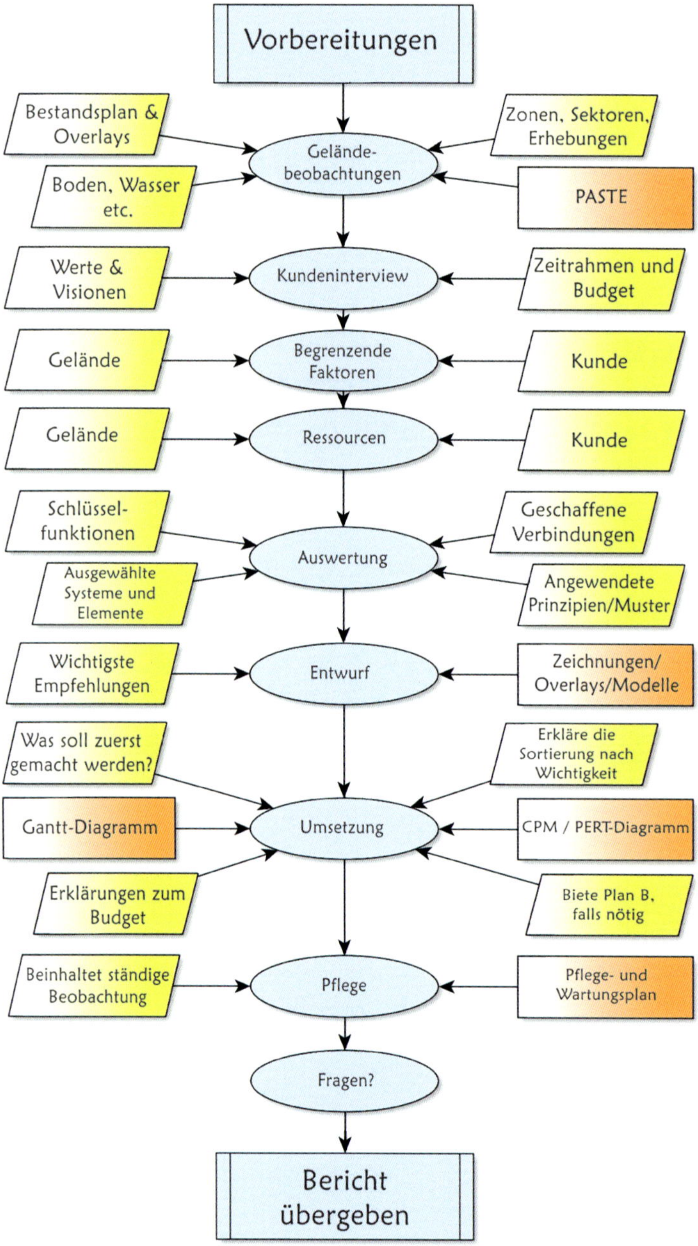

Teil Drei - Mehr als Landschaftsgestaltung

Mehr als Landschaftsgestaltung

Anhänge

Mehr als Landschaftsgestaltung

Die Wurzeln der Permakultur liegen zwar in einem Gegenentwurf zu ausbeuterischer Landnutzung, aber im Laufe der letzten dreißig Jahre gab es auch viele, die erkundeten, wie diese natürlichen Prinzipien auch zur Verbesserung des Designs von ganz vielen anderen Dingen, die wir tun, angewandt werden können.

Hier an dieser Stelle können wir nur einen kurzen Blick auf die vielfältigen Möglichkeiten werfen (dazu wäre sicher ein eigenes Buch nötig), aber ich möchte ein paar Beispiele – zum Teil aus meinem Akkreditierungs-Portfolio – geben, die als Anregung für eigene Erfahrungen dienen sollen.

Gestalten von Prozessen

Bis hierher haben wir uns mit der Gestaltung von Prozessen beschäftigt, die uns einen kontinuierlichen Ertrag bescheren, um dann zu entscheiden, wie diese am besten umzusetzen sind. Tatsächlich sind sehr viele unserer täglichen Aktivitäten eigentlich Prozesse: auf Reisen gehen, Essen zubereiten oder auch ein Buch schreiben. Es verwundert also nicht, dass dieselben Prinzipien oder Gestaltungskriterien uns hier bei der Planung helfen können.

Ein mir sehr vertrauter Prozess ist das Organisieren von Kursen. Mit denselben Beobachtungsstrategien wie zuvor finde ich zu erst von potenziellen Kunden heraus, welche Art Kurs von mir gewünscht wird, und suche dann nach einem geeigneten Ort. Im Laufe der Jahre und mit Hilfe der schrittweisen Gestaltung habe ich so meinen ganz eigenen, gut funktionierenden Organisationsprozess entwickelt. Abgesehen davon ist immer etwas Abstimmung nötig, je nachdem wer als Kursleiter zur Verfügung steht oder auch – ganz wichtig – welche interessanten, inspirierenden Orte besucht werden können.

Für die genauere Planung des Kursablaufs greife ich immer wieder gerne auf die äußerst praktischen Haftnotizen zurück. Beim Stundenplan der Fortbildung für Permakultur-Lehrende (Abb. gegenüber) hatten wir über die Inhalte der einzelnen Einheiten entschieden, mussten aber noch eine Reihenfolge festlegen. Dabei war es äußerst hilfreich, die Zettel immer wieder an verschiedenen Stellen platzieren zu können. Da die Zettel alle gleich groß waren, obwohl die jeweiligen Themen mit unterschiedlicher Dauer geplant waren, schrieben wir auf jeden Zettel die Zeit dazu, um so die Gesamtdauer immer im Auge behalten zu können. Ein bisschen Mathematik gehört zwar dazu, aber diese Methode hat sich für uns seit vielen Jahren als sehr brauchbar bei der Kursplanung erwiesen.

Haftnotizen auf einem großen Blatt Papier können ebenfalls als finale Kursübersicht dienen. Auf diese Art und Weise bleibt

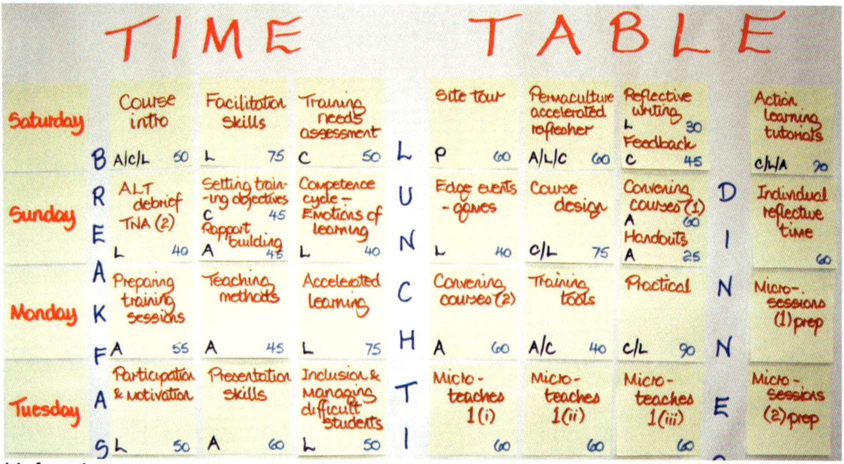

Haftnotiz

ein gewisses Maß an Flexibilität erhalten, wenn nicht alles genau nach Plan läuft. Allerdings nutzt sich die Klebekraft mit der Zeit ab, so dass der Zeitplan dann anfällig werden könnte für eigenmächtige Verfälschungen! Eine etwas technischere Methode ist die Verwendung von

Tabellenkalkulationsprogrammen, die man für mehr als nur für die Buchführung gebrauchen kann. Wenn möglich benutze ich so ein Programm bei der Erstellung meiner eigenen Kursplanung, denn es bietet die Möglichkeit, die Länge einer Sitzung mit einem entsprechend langen Block darzustellen. Es sieht ordentlicher aus, und es kann für alle ein Exemplar ausgedruckt werden. Der Nachteil ist natürlich, dass man einen Computer braucht und zusätzlich Zeit investieren muss, um die Software optimal nutzen zu können.

Heathercombe Permaculture Design Course April 2011

Date	08:30	09:00	09:30	10:00	10:30	11:00	11:30	12:00	12:30	13:00		14:00	14:30	15:00	15:30	16:00	16:30	17:00	17:30	18:00	18:30	19:00	19:30	20:00	20:30
Session	Tidy up	Morning Circle	SESSION 1			BREAK	SESSION 2			LUNCH			SESSION 3			BREAK		SESSION 4			DINNER		SESSION 5		
Sat 2/4													ARRIVALS Settling in, cup of tea etc					Site tour, Locating Ourselves			Domestics		Welcome, Opening Circle, Course Intro & Culture VIDEO: Greening the desert		
Sun 3/4	Tidy up	Morning Circle	Introduction to Permaculture, Ethics & Principles				Intro to Design Process Needs & Yields analysis						Site observation			Pattern understanding			SLIDES: Patterns in nature				Accelerated learning		
Mon 4/4	Tidy up	Morning Circle	Introduction to systems Problems & spirals of erosion				Principles of ecology walk						Wholistic site analysis Elevation planning				Wholistic site assessment exercise Biotime diaries, Intro to microclimates						SLIDES: Permaculture principles		
Tues 5/4	Tidy up	Morning Circle	Review of fundamentals			Wild design game							FREE TIME / Optional eco-shopping trip to Proper Job recycling project										SLIDES: Natural building		
Wed 6/4	Tidy up	Morning Circle	To Steward Wood	SITE VISIT: Steward Community Woodland site tour		Low impact planning		Practical					Whole community planning & design				Community issues, Group process						Action learning guilds		
Thur 7/4	Tidy up	Morning Circle	Soil intro: Fertility factors, types & textures				Soil: Fertility cycles, food web Tilling pros & cons						Site Surveying: Transect Soil profiles, texture / jar tests, indicator plants				Soil conservation, remediation & improvement Biological interventions						SLIDES: Soil conservation & improvement		
Fri 8/4	Tidy up	Morning Circle	Water introduction, characteristics & issues				Water: Find it, Measure it, Move it, Store it, Clean it, Use it						Rainwater harvesting - earthworks & tanks Water audit exercise				Aquaculture		Grey & black water, humanure, composting toilets				Skill sharing		
Sat 9/4													FREE TIME												
Sun 10/4	Tidy up	Morning Circle	Midway review, Evaluation			Group process Design process intro & design areas walk		Design Work: Site survey					Site surveying tools: A-frame, bunyip, pacing			Design Work: Site survey (continued)			Maps & map making				Talking circle		
Mon 11/4	Tidy up	Morning Circle	Design Work: Creating base map					Design Work: Zones & Sectors overlays					Design Work: Client interview			Design Work: Identify functions Choose systems & elements			Trees & their microclimates, Agroforestry				SLIDES: Agroforestry & forest gardening		
Tues 12/4	To Landmatters			SITE VISIT: Landmatters site visit					Lunch at Landmatters		To ART	SITE VISIT: Agroforestry Research Trust Forest Garden site tour					Travel back to Heathercombe		Fruit trees & coppice				Zone 00		
Wed 13/4	Tidy up	Morning Circle	Buildings & structures				Urban strategies (physical & invisible) Transition culture						FREE TIME												
Thur 14/4	Tidy up	Morning Circle	Design Work: Deciding placements					Integrated pest management					Foraging		Seed saving		Kitchen gardening		Cultivated ecology				SLIDES: Example designs Design Work: Deciding placements cont'd		
Fri 15/4	Tidy up	Morning Circle	Real wealth & wiser money				Food choices						Design Work: Client feedback Design overlays				Design Work: Implementation & maintenance planning Finalising designs						Design Work: Preparing plans & notes		
Sat 16/4		Group presentations & feedback			Group presentations & feedback			Group presentations & feedback					Feedback on process, Next steps. PAB, Networks, Diploma			Action learning guilds			Certs. Evaluation, Re-entry, Closing				PARTY!		
Sun 17/4													CLEARING UP & GOING HOME												

Fully outdoors session
Site visit (mainly outdoors)
Travel time
Free time

Mit einem Tabellenkalkulationsprogramm erstellter Zeitplan für einen Permakultur-Design-Kurs.

Ein Kurs richtet sich natürlich nach einem Zeitplan, aber vielleicht möchtest du stattdessen einen Prozess entwerfen, der beginnt, wann auch immer einen die Inspiration dazu überfällt, wie zum Beispiel beim Komponieren. Das war ein Thema, das ich als Teil meines Akkreditierungs-Portfolios umsetzen wollte. Ich schrieb wieder Wörter auf Zettel, die mir halfen, die verschiedenen Ak tivitäten zu ordnen, bevor ich dann schließlich das Ganze als Flussdiagramm aufmalte.

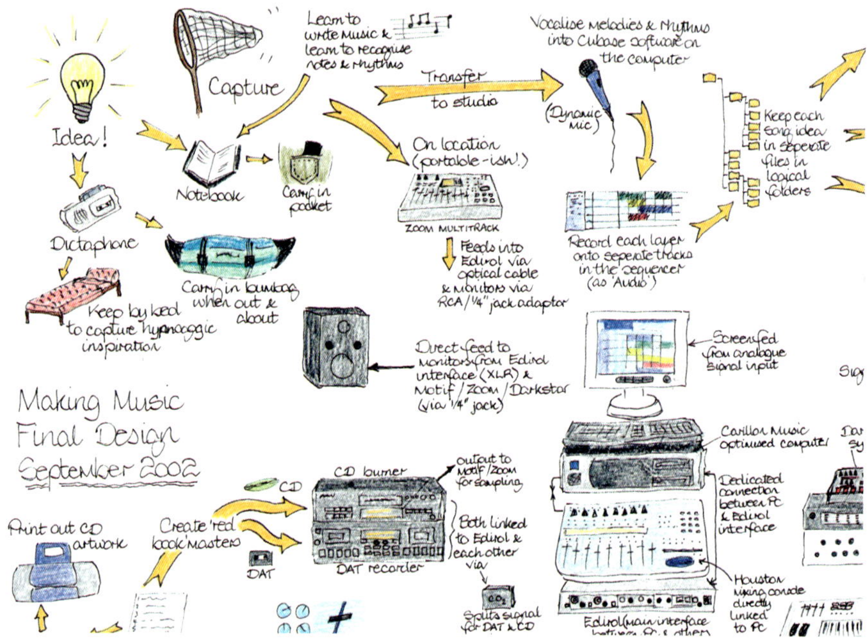

Ausschnitt aus meinem Flussdiagramm zum Musikmachen-Design.

Auf diese Art und Weise die optimalen Abläufe darzustellen, hilft oft auch ganz praktisch bei der besten Platzierung von Werkzeugen und Ressourcen, also der Einrichtung des Arbeitsplatzes. In diesem Fall bedeutete das: Notizbuch und Stift in meiner Tasche und ein Diktiergerät am Bett. Ich hatte vorher schon herausgefunden, dass letzteres besser als Aufschreiben dazu geeignet ist, meine Träume beim Aufwachen festzuhalten, denn so kann man im Traumzustand verharren und sich an mehr Details erinnern. Später benutzte ich eine Mini-Zonierungsübung, um meine Aufnahmegeräte möglichst effizient anzuordnen. Zögere nicht, bekannte Methoden an deine Bedürfnisse anzupassen: In diesem Fall entschied ich, dass Zone 1 der Bereich sein sollte, den ich vom Tisch aus im Sitzen erreichen konnte, Zone 2 der, für den ich aufstehen musste, für Zone 3 musste ich aufstehen und mich umdrehen und für Zone 4 den Raum verlassen (dies hätte allerdings auch ein Regal oder Schrank sein können, wenn ich dafür Platz gehabt hätte).

Mindmaps können auch ganz hervorragend dazu geeignet sein, deine Ideen zu präsentieren. In einem anderen Design wollte ich sehen, wie ich das Beste aus meinem Akkreditierungsprozess machen könnte.

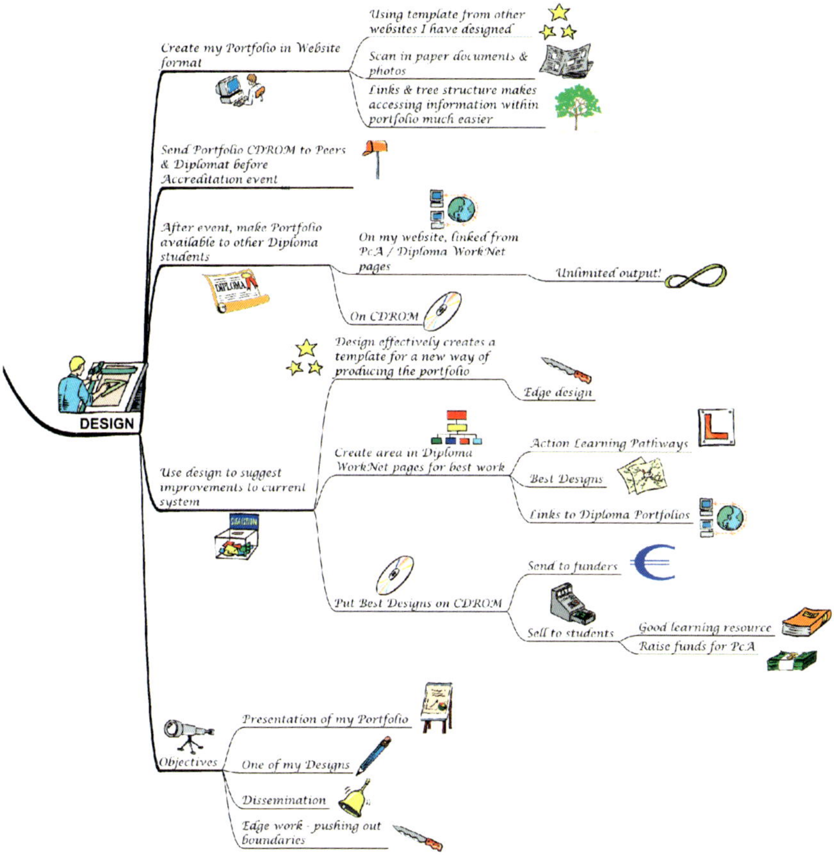

Man braucht nicht unbedingt ein Computerprogramm dafür, aber ich finde, es bietet mehr Flexibilität beim gleichmäßigen Verteilen der Ideen auf dem Papier. Dieses Design war so komplex, dass es schwierig war, es sinnvoll auf nur einem Blatt zu präsentieren. Daher entwarf ich eine Übersicht und anschließend viele kleine Mindmaps, die die Details im Einzelnen darstellten.

Flussdiagramme und Mindmaps zeigen natürlich meistens nur die grundlegenden Zusammenhänge verschiedener Elemente. Um den Zeitfaktor darzustellen, können wieder Gantt-Diagramme verwendet werden, wie ich sie schon im Abschnitt Umsetzung vorgestellt habe.

Die Gestaltung von Zone 00[63]

(Einen ganz persönlichen Permakulturentwurf erstellen)

Beim Entwerfen eines solchen Designs für mich selbst, fing ich zunächst bei dem allerwichtigsten Permakulturgrundsatz an:

„Die einzige ethische Entscheidung ist es, die Verantwortung für unsere eigene Existenz und für die unserer Kinder zu übernehmen".

Bill Mollison

Verantwortung übernehmen heißt, sich all unseres Tuns bewusster zu werden. Wenn wir uns für etwas entscheiden, wählen wir seine Anwesenheit in unserem Leben. Darum hat Ghandi immer gesagt: „Seid selbst der Wandel…". Unsere Gedanken bestimmen unser Tun. Es ist daher sinnvoll, einen solchen Entwurf mit der entsprechenden Geisteshaltung anzugehen. Unliebsame Angewohnheiten sind nur Muster, die ersetzt werden können, aber damit eine Veränderung erfolgreich ist, müssen diese neuen Muster stärker sein als die alten. Die Entscheidung etwas aufzugeben ist nicht genug; wir müssen stattdessen etwas Anderes mit noch größerer Leidenschaft wollen.

Wir selbst sind unser größtes Gut. Bei einem Design für uns selbst sollte daher ein Hauptaugenmerk auf der Gesundheit liegen: lässt man diese außer acht, leidet auch die Wirksamkeit, mit der wir alles andere tun.

[63] Als Zone 0 wird das eigene Haus, als Zone 00 das eigene Leben oder das eigene Innere bezeichnet (Anm. d. Übers.).

Zum Thema Ernährung wurde schon viel geschrieben, so dass ich hier nicht in Wiederholungen verfallen möchte. Gleichwohl hat sich der menschliche Körper, der uns allen zu eigen ist, über Jahrtausende hinweg unter bestimmten Bedingungen entwickelt und braucht zum Gesundbleiben mehr als nur gute Nahrung.

Dynamisches Gleichgewicht ist einer der Schlüssel zu einem gelungenen Design. Die Natur ist immer in Bewegung, aber wo wir auch hinsehen gibt es eine Art dynamische Beständigkeit: ein Fluss verändert seinen Lauf, um ein neues Hindernis zu umgehen, aber er fließt immer von den Bergen zur See. Bewegung ist lebenswichtig, was man auch sehen kann, wenn Wasser stagniert.
Ebenso muss sich unser Körper bewegen, um gesund zu bleiben. Und doch lässt das moderne Leben viele von uns die meiste Zeit in Inaktivität verharren.

Bezeichnenderweise weist Peter Egoscue[64] darauf hin, dass wir nicht nur Bewegung zum Gesundbleiben brauchen, sondern dass Inaktivität die Systeme im Körper auch unterschiedlich beeinflusst. Wohl noch keine Generation zuvor hat so viel Zeit auf einem Stuhl sitzend verbracht. Diese zutiefst unnatürliche Tätigkeit führt zu einem schwachen Rücken und schwachen Bauchmuskeln, aber kräftigen Hüftbeugern. Dieses Ungleichgewicht hat eine Verkrümmung der Wirbelsäule zur Folge, die Schmerzen und Verletzungen nach sich zieht, aber auch sonst unsere Gesundheit stark beeinflusst.

Um dem Prinzip „Arbeite innerhalb der Natur"[65] gerecht zu werden und den Menschen hier als Teil der Natur mit einzuschließen, müssen wir erkennen, wie wichtig die Biomechanik unseres Körpers ist und was passiert, wenn wir sie dauerhaft missachten – eine Erkenntnis, die Lehrer der Alexander-Technik und die stetig größer werdende Schar der Barfußläufer bereits erfasst haben. Ich finde es außerdem sehr interessant, dass sich in soziologischen Kontexten die gleichen Muster finden lassen.

---

[64] The Egoscue Method of Health Through Motion von Pete Egoscue.

[65] Eine Anpassung des bekannteren „Arbeite mit der Natur", um zu betonen, dass wir ein Teil der Natur sind und nicht außerhalb von ihr.

Ungleichgewicht führt zu Spannungen, Fehlstellung der Wirbelsäule oder globales Missverhältnis – beides führt zu Stress, Ineffizienz und Schmerzen.

Eine Methode, die ich anwende, wenn ich woanders Kurse gebe, ist das Führen eines Tagebuchs. Ich verwende es, um festzuhalten, wie gut ich geschlafen habe, was ich esse, wie viel Bewegung ich habe, wie ich mich fühle, wie viel Energie ich habe. Es hilft mir dabei Muster wahrzunehmen, die mir helfen, besser auf mich zu achten. Mit Hilfe eines solchen Tagebuchs habe ich meine Glutenintoleranz entdeckt.

Persönliche Muster - phänologisches Tagebuch				Zusätzl. Infos:	WI-fi/DECT i. d. Nähe? Raumklima		Flurlicht? Klappernde Türen?	
	Tage							
Wetter	morgens: abends:							
Schlaf	Vorhänge? Stunden? Träume? Ungestört?							
Energielevel?	Von 10 möglichen Punkten							
Geist Körper (als erstes) Seele	☺ / ☹							
Frühstück	Was? Menge welche Qualität?							
Morgendliche Aktivitäten	Körperlich? Geistig? Etc.							
Energielevel?	Von 10 möglichen Punkten?							
Geist Körper (morgens)	☺ / ☹							
Seele								
Mittag	Was? Menge welche Qualität?							
Nachmittags-aktivitäten	Körperlich? Geistig? Etc.							
Geist Körper (nachmittags) Seele	☺ / ☹							
Abendessen	Was? Menge welche Qualität?							

Das Erkennen der eigenen Rhythmen ist ein ganz entscheidender Teil beim Erarbeiten eines persönlichen Gestaltungsprozesses. Mit unseren Schlaf- und Wachrhythmen sind wir vertraut, aber auch unsere Energie und Kraft unterliegt Zyklen[66]. Dem Fluss zu folgen und nach dem Mittagessen ein kleines Nickerchen zu halten kann also dazu beitragen, dass wir mehr erreichen.

Ein solches Tagebuch kann dabei helfen, die besten Zeiten für bestimmte Tätigkeiten herauszufinden. Vielleicht bist du ein Morgenmensch und hast festgestellt, dass das deine kreativste Uhrzeit ist?

[66] The Power of Full Engagement von Jim Loehr & Tony Schwartz.

Wir können ein Tagebuch entwerfen, das sowohl festhält, was bei uns gerade los ist (unsere Zonen) und auch, wie das, was um uns herum passiert, uns beeinflusst (Sektoren). Diese Sektoren könnten den zu verschiedenen Tageszeiten unterschiedlichen Lärmpegel des Verkehrs auf unserem Weg zur Schule oder Arbeit beinhalten und uns so dabei zu erkennen helfen, wann es sich auf der Straße am sichersten anfühlt. Oder es lässt sich erfassen, zu welchen Zeiten es am lautesten ist, wenn man für das, was gerade ansteht, etwas Ruhe braucht. Vielleicht entdeckst du mit Hilfe des Ausschlussverfahrens, dass deine Yoga-Zone vollständig von deinem Kinder-Sektor bestimmt wird. Wie bei jedem Design, ist die Beobachtungsphase von größter Wichtigkeit, und das Tolle ist, dass wir hier einen Entwurf für unser eigenes Leben machen und jeden Tag die Chance haben, etwas Neues auszuprobieren.

Ein solcher persönlicher Entwurf kann so ziemlich all unser Tun thematisieren, die Aufsplittung in eine Reihe von kleineren Designs hilft also, alles zu sortieren. So habe ich es bei dem Entwurf für meinen Lebensweg als Teil des Akkreditierungs-Portfolios gemacht: Ich habe das Design in verschiedene Bereiche aufgeteilt wie Essen, Wasser, Bewegung, Unterkunft, Energie, Reisen, Beziehungen, Kommunikation, Kleidung und vieles mehr. Es gibt dabei unglaublich viel zu beachten, fordere also nicht zu viel von dir! Die Natur entwickelt sich langsam. Mache kleine Veränderungen und betrachte dann ihre Wirkung. Allmähliche Veränderungen haben auch eine größere Wahrscheinlichkeit bestehen zu bleiben.

Unsere persönlichen Ressourcen sind unter anderem unsere Fähigkeiten und Erfahrungen. Worin sind wir bereits gut? Begnüge dich nicht damit, was unsere Gesellschaft im Augenblick gerade wertschätzt. Das Leben hat uns bereits zu Experten in einer Reihe von Dingen gemacht. Wie können wir diese Erfahrungen nutzen, um das Leben zu führen, das wir gerne wollen?

Unsere Begrenzungen sind ebenfalls Geschenke, die uns dahin führen können, mit anderen in Wechselbeziehung zu treten. Wir sind alle Ökosysteme in einem größeren Ökosystem und können nicht unabhängig von der Natur oder voneinander existieren.

Die *richtige Lebensweise* heißt, der Gesellschaft, von der wir ein Teil sind, etwas von Wert zur Verfügung zu stellen. Es ist noch gar nicht so lange her, dass alles andere Hunger und Not bedeutete, denn die Menschen waren stark voneinander abhängig. Wir leben in merkwürdigen Zeiten, wo viele von uns nichts mehr von wirklichem Wert bereitstellen. Bis vor kurzem arbeiteten 60% der Briten auf dem Land und stellten Nahrung her. Mit zunehmender Nutzung von Maschinen und fossilen Brennstoffen ist dieser Wert bis heute auf etwa 1% gesunken.

Als ich vor 10 Jahren begann, die richtige Lebensweise für mich zu entwerfen, hielt ich mich an das Prinzip der Redundanz: jede wichtige Funktion soll von mehreren Elementen übernommen werden. Im Ergebnis schuf ich mir ein Einkommen, dass sich aus verschiedenen Standbeinen zusammensetzte, anstatt der Gesellschaft mit nur einer Art Arbeit zu dienen, was ein sehr anfälliger Weg ist, den aber heute viele in ihrem Arbeitsleben einschlagen. Früher waren viele Arbeiten von der saisonalen Verfügbarkeit von Ressourcen abhängig, d. h. auf verschiedene Art und Weise seinen Lebensunterhalt zu verdienen, war für viele also nicht einfach nur eine nette Idee, es war überlebenswichtig.

Ich begriff, dass ich mir zunächst über meine zukünftigen Ziele klar werden musste, und mich dann von dort aus zurückarbeiten konnte. Welche Schritte musste ich vorher gehen, um da anzukommen, wo ich gerne sein wollte? Und wie konnte ich die Voraussetzungen für diese Schritte erfüllen? Und so weiter. In einem Kundeninterview mit mir selbst fragte ich mich schließlich, was mir denn am meisten Spaß machte. Zu diesem Zeitpunkt hatte ich irgendwo gelesen, dass der eigenen Begeisterung zu folgen ein guter Berater sei, ob man sich auf dem richtigen Weg befindet, und bis zum heutigen Tag bin ich froh, genau das getan zu haben, sonst wäre heute nicht der Großteil meiner Arbeitszeit von echter Sinnhaftigkeit erfüllt. Eine Zukunft, in der du von der Gesellschaft für das geachtet wirst, was du am Liebsten machst, mag vielleicht von deinem jetzigen Standpunkt aus schwer vorstellbar sein, aber ich glaube wir alle haben Begabungen, die es wert sind geteilt zu werden. Wie bei allen guten Designs geht es darum herauszufinden, wo diese Begabungen am besten eingesetzt werden können. Das Leben sollte für uns alle schön und erfüllt sein, nicht nur für ein paar glückliche Wenige, und auch unsere Gesellschaft wäre dadurch so viel besser.

Neben der Frage, welche Fähigkeiten und Kenntnisse wir haben, sollten wir auch darüber nachdenken, welche wir gerne erlernen würden. Was würde uns zu einem besseren Mitglied einer weniger verschwenderischen Gesellschaft machen? Einem selbst gewählten Lernweg zu folgen, kann auch das Selbstbewusstsein fördern, vor allem wenn man früher im Leben durch ein allzu starres Schulsystem abgewertet wurde, das nur auf bestimmte Lernstile ausgerichtet ist. Natürlich gibt es auch Druck durch eine Gruppe, der man angehört oder durch kulturell geprägte Erwartungen. Dies sind starke tragende Muster, die sich ursprünglich entwickelt haben, um einer Gemeinschaft Schutz und Halt zu geben. Respektiere sie, aber lass dich dadurch nicht einengen.

Werkzeuge und Ressourcen von ganz physischer Natur sind ebenfalls wichtig. Allerdings besteht die Gefahr, dass wir Energie für ihre Unterhaltung verschwenden, ohne sie zu benutzen. Von der Musterperspektive aus gesehen, sammelt ein wirksames Netz alles ein, was es braucht und lässt alles Überflüssige hindurch. Wenn letzteres sich aber immer mehr anhäuft, entstehen Probleme.

Viele von uns leiden heutzutage eher darunter, zu viele Ressourcen zu haben als zu wenige, und der ganze überflüssige Krempel verstellt nur den anderweitig nutzbaren Platz. Genau deswegen sind Gesellschaftsstrukturen wie das Freecyle-Verschenknetzwerk so toll, denn hier werden nützliche Dinge im angrenzenden Netzwerk aufgehoben und rauben uns nicht den wertvollen Platz in Zone 0. Wer viel Krempel hat, braucht ein großes Haus, um alles aufzuheben, was wiederum mehr Ausgaben, teurere Versicherungen usw. bedeutet, und das muss bezahlt werden, letztendlich durch den Einsatz unserer wertvollen Zeit.

Unsere Einstellung ist hier wieder ein wichtiger Aspekt bei unserem persönlichen Design. Zu Verschenken heißt darauf zu vertrauen, dass diese Ressourcen wieder im Netzwerk zur Verfügung stehen, wenn wir sie irgendwann mal brauchen. Paradoxerweise brauchen wir alle zusammen viel weniger von diesen Ressourcen, damit das funktioniert, als wenn jeder die Sachen einlagert „für den Fall, dass ich sie irgendwann brauche". Tut man das, stehen sich viele Dinge unbenutzt kaputt. Ein Werkzeug in gutem Zustand zu erhalten ist häufig am einfachsten, wenn es viel benutzt wird und nicht gut verstaut im Lager liegt, denn dann erhält es die nötige Aufmerksamkeit in Form von Pflege.

Die Natur ist ein Vorbild darin, Vertrauen in den Überfluss zu haben, ohne das alles zum Stillstand käme. Wenn ein Baum seine Blätter nicht jeden Herbst abwerfen würde, fänden viele Bodenorganismen keine Nahrung, was Auswirkungen auf das ganze Nahrungsnetz hätte. Durch die geringere Bodenbildung hätte auch der Baum wiederum weniger Nutzen und das Leben als Ganzes wäre weniger üppig. Fülle wird in einem System nicht durch die Menge an Ressourcen erreicht, sondern durch die Geschwindigkeit, mit der sie durch das System wandern.

Manch einer mag sagen, dass zunächst einmal die Ressourcen bereits in Umlauf sein müssen, um genug Vertrauen zu entwickeln sich zu beteiligen, aber irgendjemand muss solche Projekte anfangen, wenn es sie noch nicht gibt.

Du siehst wo etwas fehlt? Vielleicht ist das ja dein Geschenk an die Gesellschaft …

Soziale Strukturen gestalten

Einer der Schlüssel zu einer wirklich nachhaltigen Zukunft für uns alle wird sein, wie gut wir unsere sozialen Strukturen gestalten, und du als Permakultur-Gestalter bist geradezu prädestiniert dabei mitzuwirken. Für die Entwicklung von gut funktionierenden sozialen Strukturen müssen wir uns mit der gesamten Gesellschaft befassen, das macht das Ganze etwas schwieriger und zeitaufwändiger als ein Design für uns selbst oder ein paar Kunden. So eine breit gefächerte Analyse ohne erprobten Prozess kann zu Frustration und Desinteresse bei allen Beteiligten führen. Hole also am besten für diese erste Phase der Erstanalyse einen Prozessbegleiter oder Moderator dazu, oder lasse dich selbst in dieser Richtung ausbilden. Eine erfolgreiche Bestandsaufnahme (Beobachtungsphase) kann über den Erfolg eines neuen Projektes entscheiden, es lohnt sich also, in einen guten Start zu investieren.

Jede der Methoden, die ich bereits beschrieben habe, World Cafe, Open Space, Holistic Goal-Setting, Transition Culture und weitere, wie z.B. Dragon Dreaming, ist dazu geeignet herauszufinden, was Menschen wollen. Sicher hast du reichlich eigene gute Ideen, aber die erste Frage sollte immer sein: *Will die Gemeinschaft das überhaupt*? Diese Methoden helfen dabei, das herauszufinden.

Achte beim Sammeln der Informationen darauf herauszufinden, welche Fähigkeiten und Kenntnisse die Leute in der Gruppe haben. Letztendlich kann dein Geschick, die richtigen Leute am richtigen Ort zusammenzubringen und sie mit den passenden Methoden und Werkzeugen auszustatten, den entscheidenden Unterschied machen. Alles gärtnert: finde heraus, wer bereits eine Leidenschaft für eine ganz bestimmte Sache hat und gib ihm oder ihr die Möglichkeit, dafür Anerkennung aus der Gruppe zu erhalten. Malcolm Gladwell betont in seinem Buch „Tipping Point“, wie wichtig zentrale Networker als treibende Kraft für den Erfolg eines neuen Projektes sind.

Nutze den kleinsten Aufwand für den größten Effekt: Stelle fest, wer diese Verbindungsglieder (wie er sie nennt) in der Gruppe oder Gemeinschaft sind und finde Wege, sie mit einzubeziehen. Bei der Bekanntmachung eines neuen Projektes kommt es nicht darauf an, wie vielen Leuten du davon erzählst, sondern wem.

Schlüsselpersonen zu finden ist zwar wichtig, um ein neues Projekt voranzubringen, aber langfristige Resilienz braucht eine bunt gemischte Gruppe von Unterstützern. Während eine dynamische Person ein Projekt zusammenhalten kann, kann ihr Verlust sein Ende bedeuten. Stelle also sicher, dass es mehrere Menschen in jeder wichtigen Rolle gibt.

Die Befragung und Analyse der Gruppe nimmt eventuell die meiste Zeit ein, aber soziale Designs beinhalten fast immer auch einige nicht-lebendige Elemente wie Land oder Gebäude. Diese Orte, an denen die Menschen interagieren, bilden die Landschaft deiner Bestandsaufnahme und Analyse. Wie gut eignen sich die Gegebenheiten für ihren Zweck? Gibt es Verbesserungsmöglichkeiten? Sind sie am optimalen Platz? Die räumliche Anordnung bestimmter Elemente kann ganz entscheidend sein für das Gelingen eines Projektes. Wo leben die potenziellen Nutzer? Bei einer Planerstellung für gemeinschaftlich nutzbare Gartenflächen, trage Häuser mit kleinen oder gar keinen Gärten ein, und auch verwilderte größere Gärten. Welche Wege nehmen die Menschen? Zeichne Zonen und Sektoren ein, um den besten Ort für ein Gemeinschaftszentrum zu ermitteln. Falls Miete ein Thema ist, suche andere Gruppen, die die Kosten mit deiner teilen könnten. Zeichne Ressourcen und Kompetenzen in der Umgebung auf. Mache andere Gruppen vor Ort aus, die vielleicht gute Partner sein könnten. Stelle fest, warum das bisher nicht geschehen ist – was sind hier die wichtigsten begrenzenden Faktoren? Mache Erfolgsgeschichten ausfindig, bei denen es gut funktioniert – vielleicht verwenden sie ein brauchbares Muster, das dir weiter hilft.

Um neue Leute anzuziehen und zu wachsen und so resilienter gegenüber Einflüssen von außen zu sein (Sektoren), müssen soziale Strukturen auch ein Gefühl von Gleichheit vermitteln. Das kann wirtschaftliche und rechtliche Veränderungen nötig machen, aber eine starke Gemeinschaft kann ihre Mitglieder unterstützen und entsprechend reagieren. Die erstarkende Transition-Town-Bewegung, mitbegründet von Permakultur-Designer Rob Hopkins, will genau das erreichen, indem sie lokalen Gemeinden, angesichts von Klimawandel und Peak Oil, Muster anbietet, die die Resilienz fördern.

Einige Projekte, wie die immer beliebter werdenden Gemeinschaftsgärten, fangen ganz bei Null an. Hier bieten sich viele Möglichkeiten, ein Gefühl von Partizipation sicherzustellen, indem jeder in den ganzen Prozess von der Planung bis zur Umsetzung mit einbezogen wird. Mache etwas, das die Leute wirklich wollen und sie werden motiviert sein, es weiter zu entwickeln und sich dafür einzusetzen.

Eines solltest du beachten – wenn du dich dafür entscheidest, die Gruppe als Prozessbegleiter zu unterstützen, wird es sehr viel schwieriger sein, alle mit einzubeziehen und gleichzeitig deine Kenntnisse der Permakulturplanung und –Praxis erfolgreich einzubringen. Das ist ein weiterer Grund, warum es manchmal besser ist, einen versierten Moderator von außen dazu zu holen. Vermittle von Anfang an ein klares Gerechtigkeitsgefühl, so dass die Leute sich sicher und wertgeschätzt fühlen und die Gruppe besser zusammenarbeitet.

Am Ende profitieren wir alle von guten Netzwerkstrukturen. Sie sind z. B. hervorragend dazu geeignet, Saatgut und Pflanzen zu vermehren und weiterzugeben. Ich habe einmal einen Garten angelegt, bei dem alle Pflanzen mir auf die eine oder andere Art und Weise geschenkt wurden. Ironischerweise wurde mir dieses Geschenk später von einem Bagger wieder genommen, aber

Wunderschön gestaltete Saatguttütchen einer Transition-Town-Gruppe.

bis dahin hatte ich schon viel von meinem Überschuss an Pflanzen an andere weitergegeben. Saatgut-Netzwerke bieten neben der Vermehrung von alten Sorten eine tolle Plattform für den Austausch mit anderen Gärtnern.

Um eine neue Initiative zu starten, ist es meistens das Beste, mit etwas anzufangen, das mit hoher Wahrscheinlichkeit erfolgreich sein wird, und von da aus ein Netzwerk aufzubauen. Hat sich das erstmal etabliert, sind nachfolgende Projekte leichter umzusetzen, und du kannst auch auf mehr Erfahrung zurückgreifen. Versichere dich, dass du alle Elemente der Systeme und Subsysteme, die du gestalten willst, auch wirklich erfasst hast. Bei meinem Aikido-Design stellte ich ganz schnell fest, dass ich, um meinen eigenen Lernprozess zu optimieren, auch auf die Bedürfnisse der anderen Schüler, meines Lehrers, des Vereins und der Schule insgesamt eingehen musste.

Permakultur auf diese Art und Weise für Planungsaufgaben zu nutzen ist in meinen Augen ein noch ziemlich unerforschtes Gebiet. Inwiefern lassen sich die Prinzipien auf unser Design anwenden? Was ist mit den ethischen Grundsätzen? Wenn die Dinge nicht so gut laufen wie gedacht, wo sind die wichtigsten Knackpunkte im System? Vielleicht gib es viele Ideen, aber niemanden der sie umsetzt? Wo können wir mit kleinen Eingriffen große Verbesserungen herbeiführen? Sehe Lösungen anstatt Probleme: Es mag Händler geben, die Verschenk-Websites abgrasen, um die Sachen dann weiter zu verkaufen, aber verliere hier nicht den grundsätzlichen Zweck von Verschenk-Kreisen aus den Augen, nämlich zu verhindern, dass diese Ressourcen auf der Müllkippe landen. So gesehen, ist es ein Erfolg!

Denke vor allem auch daran, reichlich Zeit für's Feiern einzuplanen. Feste sind der Klebstoff, der eine Gemeinschaft zusammenhält. Feiere das Ende eines Projektes, aber genauso auch die Stationen dazwischen. Feiert die Jahreszeiten. Feiert eure Begabungen ....

Reflexion des Prozesses

Kein Design ist je vollständig abgeschlossen. Wahrscheinlich verabschiedest du dich irgendwann und übergibst es in die Hände von anderen, aber was auch immer du in Gang gebracht hast, es benötigt eine gewisse Aufmerksamkeit von diesen Personen. Und das muss auch so sein, denn du wirst für sie sicher Systeme zur Ernte von Energie und Ressourcen aufgesetzt haben.

Ebenso wird kein Design je perfekt sein. Um das zu erreichen bräuchte es wohl die gesammelten Ideen einer unendlichen Zahl von Permakultur-Gestaltern. Aber auch dann verändern sich die Bedingungen auf dem Gelände und schon muss optimierend in das System eingegriffen werden. Das bedeutete nicht nur eine ständige Überwachung dessen ganz realer Leistungsfähigkeit, sondern auch die Reflexion deiner Beobachtungen.

Für viele ist das Leben mittlerweile so hektisch geworden, dass für diesen wichtigen Teil des Prozesses meistens nicht mehr viel Zeit übrig bleibt. Oft wird uns gesagt, durch Fehler lernt man am besten, und das ist gut, wenn dem denn auch wirklich so ist. Meistens machen wir immer wieder die gleichen Fehler und kehren sie dann am liebsten unter den Teppich. Mein Vorschlag ist, eine Kultur des Fehler-Feierns zu entwickeln, sich für sie zu begeistern und zu entdecken, was man daraus gelernt hat. Und diese Lernerfahrung dann in den nächsten Gestaltungsprozess einfließen zu lassen und so zu einem besseren Gestalter zu werden. Die Evolution war und ist so erfolgreich, weil das Leben viele Fehler macht: Wenn man viele Dinge ausprobiert, die nicht funktionieren, entdeckt man irgendwann auch diejenigen, die gut sind.

Frage dich also, was gut in deinem Gestaltungsprozess geklappt hat, aber auch genauso, was nicht nach Plan gelaufen ist. Welche Teile deines Designs haben sich unter realen Bedingungen nicht so bewährt, wie du es gedacht hast? Was hast du daraus gelernt? Wie wird es dein nächstes Design verbessern? Hattest du Spaß dabei? Ich hatte und habe auf jeden Fall jeden Tag Spaß. Ich habe riesig viel gelernt von den Dingen, die ich falsch gemacht habe. Ich hoffe, dass diese Seiten dich vor einigen Fehlern, die ich gemacht habe, bewahren, dann kannst du später ein paar eigene Fehler an andere weitergeben. Vom heutigen Standpunkt aus betrachtet, entdeckte ich viele Lücken in meinem Design-Portfolio. Hurra! Ich habe in den letzten acht Jahren etwas gelernt. Dieses Buch spiegelt mein heutiges Verständnis wider. Bitte sag mir für die nächste Überarbeitung, was du denkst und bis dahin feiere mit mir meine Fehler. Ich lerne auch immer noch dazu.

Aufruf zum Handeln

Wie du vielleicht bemerkt hast, liebe ich den Vorgang des Gestaltens. Ich liebe die Kreativität, die sich aus unserem Inneren heraus einstellt, wenn es schwierig wird. Abgesehen von den großen Schwierigkeiten, die uns drohen, freue ich mich auf die Zukunft. Ich freue mich, weil ich immer wieder Leute treffe, deren größtes Anliegen es ist, einen positiven Beitrag in der Welt zu leisten. Leute wie du.

Vielen Dank, dass du dieses Buch gelesen hast – ich hoffe, es hilft dir dabei, den Prozess der Permakultur-Gestaltung besser zu verstehen. Hier noch ein Prinzip: Information ist die entscheidende potenzielle Ressource. Indem ich hier vieles von dem, was ich gelernt habe, mit anderen teile, hoffe ich, eine Unterstützung beim Gestalten von vielen tollen Projekten zu sein, die wiederum andere dazu inspirieren, etwas ähnliches zu tun. *Das bedeutet aber, du musst etwas damit anfangen*! Hier und jetzt übergebe ich dir also den Stab …

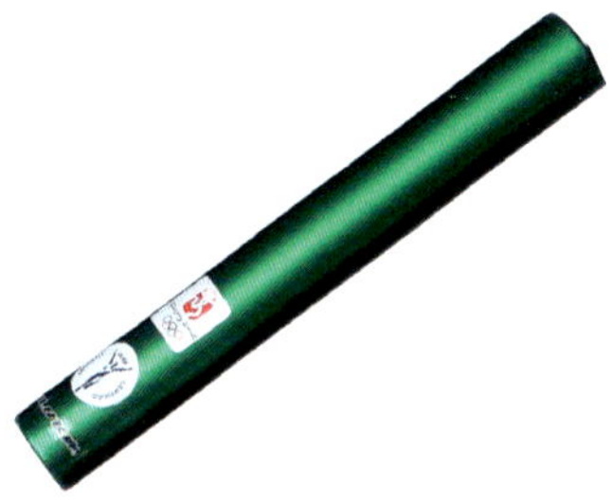

Die gute Nachricht ist, es gibt bereits ein ständig wachsendes Netzwerk von spannenden und innovativen Permakultur-Projekten, die in Großbritannien und anderswo in Gang gebracht wurden. Viele davon kann man besuchen und sich inspirieren lassen. Möglichkeiten bietet dabei das Netzwerk der LAND-Zentren der britischen Permaculture Association. Diese LAND-Zentren (Learning and Network Demonstration), die es inzwischen in ganz Großbritannien und in anderen europäischen Ländern gibt, können alle nach Absprache besichtigt werden, viele bieten aber eher Besucherführungen als Praktikumsplätze an.

Auch im deutschsprachigen Raum gibt es viele Permakultur-Projekte, die besichtigt werden können. In fast allen Regionen gibt es inzwischen entsprechende Vereine und Organisationen als Ansprechpartner (mehr dazu im Anhang).

Wer mehr und tiefergehendes Action-Learning sucht, für den bietet WWOOF (World Wide Opportunities on Organic Farms) die Chance, auf der Basis von freiwilliger Arbeit im Austausch gegen Unterkunft und Verpflegung viel über biologischen Anbau zu lernen.

Besuche an solchen Orten können äußerst inspirierend sein, aber warum warten? Fang einfach an – vor deiner Tür oder auf der Fensterbank, wenn kein Garten vorhanden ist. Tu etwas. Ein kleines Projekt ist genauso gut, wenn du gerade nicht für mehr Zeit hast. Bill Mollison rät, von bereits funktionierenden Bereichen auszugehen. Achte auf die Grenzen deiner Belastbarkeit und überfordere dich nicht – das erhöht die Chancen dabei erfolgreich zu sein. Erfolg spornt zum weiteren Tun an, Misserfolg macht ein Stückchen weiser. In jedem Fall gewinnst du etwas! Eines noch: Wir alle müssen irgendwo anfangen, und ich glaube, jeder von uns steht genau da, wo er stehen muss, um das zu tun, wozu er hier ist.

Genieße die Reise und sei eine Inspiration für andere. ☺

Anhänge

Diese Seiten am Schluss sollen ein Wegweiser zu weiteren Informationsquellen sein, einschließlich meiner ausgesprochenen Lieblingsbücher zum Thema Permakultur, und einem Download-Link zu Arbeitsblättern, Mind Maps, Bildern mit höherer Auflösung und allen Flussdiagrammen zum Gestaltungsprozess zum Ausdrucken. Ich hoffe, sie sind nützlich für dich.

Quellenverzeichnis

1. Permaculture: A Designers' Manual (PDM), Bill Mollison S. 78-79 (dt: Handbuch der Permakultur-Gestaltung)
2. Eine gute Einführung ist Thinking in Systems, Donella H. Meadows (dt.: Die Grenzen des Denkens: Wie wir sie mit System erkennen und überwinden können)
3. Introduction to Permaculture, Bill Mollison, Kapitel 1
4. Colleen Stevensons Arbeiten sind hier zu finden: www.colleenstevensongraphics.com
5. Biomimicry, Janine Benyus
6. Beispiele auf Mark Fishers exzellenter Website: www.self-willed-land.org.uk
   Mark liefert auch eine gute Beschreibung der Gestaltungsprinzipien auf seiner Webseite.
7. Six Thinking Hats, Edward de Bono, (dt: Das Sechsfarben-Denken. Ein neues Trainingsmodell)
8. People & Permaculture, Looby Macnamara
9. Permaculture One , Bill Mollison & David Holmgren
10. Nature Diary, Janet Marsh
11. Changing Nature, eco notes of a digital woman, Helen Moore

12. Naturkalender des britischen Woodland Trust, einer Stiftung zum Schutz und Erhalt der Wälder www.naturescalendar.org.uk
13. Aus: Bridging Industry to Permaculture, DVD – EcoSutra
14. PDM, Mollison, S. 16
15. The Permaculture Way by Graham Bell, S. 71-72 (dt. Permakultur praktisch. Schritte zum Aufbau einer sich selbst erhaltenden Welt)
16. PDM, Mollison, S. 15
17. PDM, Mollison, S. 46-47
18. The One-Straw Revolution by Masanobu Fukuoka, S. 33-34 (dt: Der große Weg hat kein Tor)
19. PDM, Mollison, S. 37-39
20. PDM, Mollison, S.47-48
21. PDM, Mollison, S. 13
22. PDM, Mollison, S. 70
23. A Pattern Language by Christopher Alexander et al (dt: Eine Mustersprache)
24. Fuzzy logic (nicht-binär, von engl. unscharf, verwischt) ist die Theorie, die sich damit beschäftigt
25. "Strip cropping wheat and alfalfa to improve the biological control of the wheat aphid Macrosiphum avenae..." – Ke-Zheng Ma et. al.
26. PDM, Mollison, S. 60
27. PDM, Mollison, S. 62-64
28. "A map is a visual representation of an area – a symbolic depiction highlighting relationships between elements of that space such as objects, regions, and themes." Wikipedia (dt. Suchbegriff: Karte (Kartographie))
29. Darren Doherty zeigt das sehr gut in seinen 'Keyline on the Beach' Videos.
30. Water for Every Farm by P.A.Yeomans
31. www.aranyagardens.co.uk
32. The Egoscue Method of Health Through Motion von Pete Egoscue
33. The Power of Full Engagement von Jim Loehr & Tony Schwartz

Der vollständige Gestaltungsprozess – Flussdiagramm

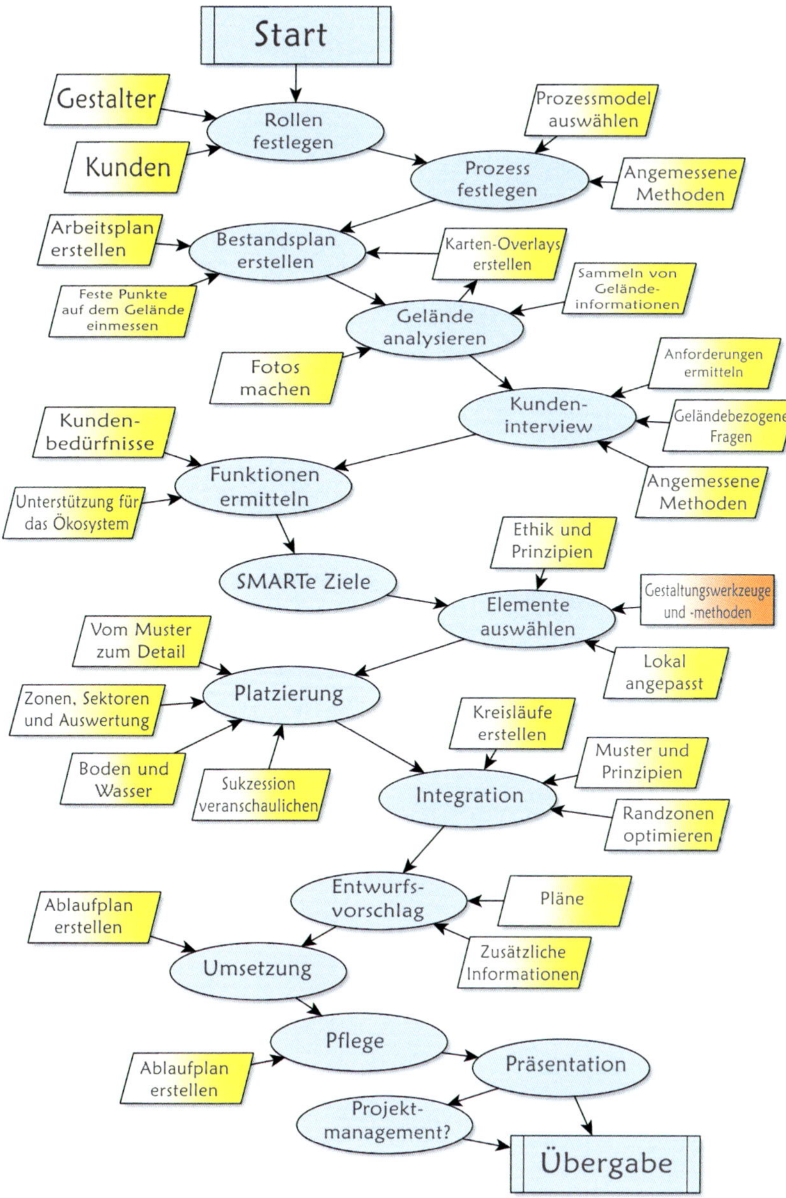

Ressourcen

Online-Materialien

Die folgenden weiterführenden Materialien können hier heruntergeladen werden:

www.aranyagardens.co.uk/design-guide-downloads.html

- alle meine eigenen Zeichnungen in höherer Auflösung
- Arbeitsblätter und Tabellen
- alle Prozess-Flussdiagramme
- Mindmaps (begrenzende Faktoren/Ressourcen/Mikro-Klima)
- Bodenanalysetabellen
- und vielleicht noch mehr ....

Buchempfehlungen

Eine keinesfalls vollständige Liste, nur einige meiner Lieblingsbücher[67]:

Permakultur-Gestaltung

Einführend:
Burnett, Graham: Beginner's Guide to Permaculture
Whitefield, Patrick: Permaculture in a Nutshell (dt: Permakultur kurz & bündig)

Weiterführend:
Mollison, Bill: An Introduction to Permaculture
Mollison, Bill/Holmgren, David: Permaculture One und Permaculture Two

[67] Ergänzt um einige deutsche Bücher (Anm. d. Übers.).

Bell, Graham: The Permaculture Way (dt: Permakultur praktisch. Schritte zum Aufbau einer sich selbst erhaltenden Welt)
Mars, Ross: The Basics of Permaculture Design

Umfassend:
Mollison, Bill: Permaculture: A Designers' Manual (dt.: Handbuch der Permakultur-Gestaltung)
Holmgren, David: Permaculture: Principles & Pathways Beyond Sustainability (dt: Permakultur. Gestaltungsprinzipien für zukunftsfähige Lebensweisen)
Whitefield, Patrick: The Earth Care Manual (dt: Was wir für die Erde tun können)
Morrow, Rosemary: Earth User's Guide to Permaculture

Permakultur-Garten / Essbare Landschaften

Kourik, Robert: Designing and Maintaining your Edible Landscape Naturally
Hemenway, Toby: Gaia's Garden
Kleber, Eduard und *Gerda*: Gärtnern im Biotop mit Mensch
Holzer, Sepp: Sepp Holzer's Permaculture (dt: Sepp Holzers Permakultur)
Bell, Graham: The Permaculture Garden (dt.: Der Permakulturgarten. Anbau in Harmonie mit der Natur)
Bane, Peter: The Permaculture Handbook: Garden Farming for Town & Country
Woodrow, Linda: The Permaculture Home Garden

Systeme und Muster

Schneider, Michael S.: A Beginner's Guide to Constructing the Universe
Heaven and Earth – ed. *Roucoux, Katherine*, Phaidon (dt: Himmel und Erde, mit weiteren Autoren)
Bartholomew, Alick: Hidden Nature (dt.: Das Verborgene in der Natur)
Paturi, Felix: Nature: the Mother of Invention
Meadows, Donella H.: Thinking in Systems (dt.: Die Grenzen des Denkens: Wie wir sie mit System erkennen und überwinden können)

Boden und Wasser

Soule, Judith D. & Piper, Jon K.: Farming in Nature's Image
Jenkins, Joseph: The Humanure Handbook
Stamets, Paul: Mycellium Running
Fukuoka, Masanobu: The One-Straw Revolution and The Natural Way of Farming (dt.: Der große Weg hat kein Tor und In Harmonie mit der Natur. Die Praxis des natürlichen Anbaus)
Lancaster, Brad: Rainwater Harvesting for Drylands and Beyond (volumes 1 & 2)
Lowenfels, Jeff & Lewis, Wayne: Teaming with Microbes
Thornton, Judith: The Water Book
Yeomans, P. A.: Water for Every Farm

Bäume

Crawford, Martin: Creating a Forest Garden
Jacke, Dave: Edible Forest Gardens (volumes 1 and 2)
Whitefield, Patrick: How to Make a Forest Garden – (dt.: Das große Handbuch Waldgarten)
Treesponsibility: Sowing the Seeds of Change
Law, Ben: The Woodland Way

Nahrung

Pinkerton, Tamzin & Hopkins, Rob: Local Food
Dowding, Charles: Organic Gardening and Salads for All Seasons
Toensmeier, Eric: Perennial Vegetables
Fern, Ken: Plants for a Future
Coleman, Elliot: The Winter Harvest Handbook – (dt.: Handbuch Wintergärtnerei. Frisches Biogemüse rund ums Jahr)

Gebäude

Alexander et al, Christopher: A Pattern Language (dt.: Eine Mustersprache)
Kahn, Lloyd: Shelter and Home Work
Day, Christopher: Spirit and Place

direkt zu Bäumen und anderen Pflanzen zu leiten.

Mustersprache – Eine strukturierte Methode, um gute Designpraktiken innerhalb eines Fachgebietes zu beschreiben, häufig in der Architektur und Landschaftsarchitektur.

Mykorrhiza – Pilze, die eine symbiotische Lebensgemeinschaft mit Pflanzenwurzeln eingehen und dabei unter anderem biologisch verfügbare Stoffe mit Pflanzenzucker austauschen.

Swale – Ein entlang einer Höhenlinie verlaufender Graben zum Regenwasser sammeln, wodurch der Ablauf von Oberflächenwasser verringert und der Boden besser durchfeuchtet wird; zur Bewässerung von Bäumen und Erhalt des Grundwasserspiegels.

Schlauchwaage – Wasserwaage, die aus einem durchsichtigen Schlauch besteht; die Enden sind an einem aufrechten Holz mit Höhenmarkierungen befestigt. Der Schlauch wird etwa bis zur Hälfte der Hölzer mit Wasser gefüllt (zum Beispiel einen Meter hoch bei einem zwei Meter hohen Pfosten). Das Instrument wird benutzt, um entweder gleich hohe Punkte in der Landschaft zu finden (Höhenlinien markieren) oder um den Höhenunterschied zwischen zwei oder mehreren Geländepunkten oder Elementen festzustellen.

System (aus der Systemtheorie) – Der Zusammenschluss einer Reihe von Elementen oder Subsystemen, die miteinander interagieren; ihr ganzheitliches Verhalten kann durch das Verhalten einzelner Elemente bestimmt werden und/oder durch das Ergebnis ihrer Beziehungen, häufig durch Rückkopplungsschleifen. Systeme haben Funktionen oder Zwecke, nach denen sie oft benannt werden.

Thermosiphon – Eine Methode des passiven Wärmeaustauschs, bei dem durch natürliche Konvektion des Fluids eine mechanische Pumpe überflüssig ist.

Verkrustung – Bildung einer harten Erdkruste bei offenen liegenden Böden nach starkem Regen.

Waldgarten – Ein System der Landbewirtschaftung und Lebensmittelerzeugung, das Waldökosysteme zum Vorbild hat, bei dem aber stattdessen Bäume (wie z. B. Früchte und Nüsse), Sträucher, Kräuter und mehrjährige Gemüsepflanzen eingesetzt werden, die eine direkt vom Menschen zu verwendende Ernte ergeben.

Über den Autor

Aranya experimentiert mit den Möglichkeiten der Permakultur seit seinem PDK-Offenbarungserlebnis im Jahr 1996. In den darauf folgenden Jahren beplante er eine Reihe von Gärten ebenso wie einige andere, nicht landgebundene Projekte, die er 2003 schließlich für sein Diplom in Permakultur-Design zusammenfasste. Seitdem verfolgt er auch seinen Weg als Permakulturlehrer, und gibt mittlerweile pro Jahr etwa 10 zweiwöchige Permakultur-Designkurse. Dabei trifft er immer wieder tolle Menschen, die ihm Hoffnung für die Zukunft geben, und die auch großen Einfluss auf dieses Buch hatten. Aranya ist seit langem Barfußläufer und ist sich sicher, dass dies ihm dabei hilft, aufmerksamer gegenüber der Natur zu sein, geerdet zu bleiben und mit leichten Schritten über die Erde zu wandeln.

Websites

Aranyas Blog: www.abundantfuture.co.uk
Aranyas Website: www.aranyagardens.co.uk
Kurse: www.designedvisions.com
Online-Learning: www.learnpermaculture.co.uk
Diese Websites bieten viele weitere Informationen:
Permaculture Association (Großbritannien):
www.permaculture.org.uk
Permakultur Institut e.V. (Deutschland): www.permakultur.de
Permaculture magazine: www.permaculture.co.uk
Permaculture Global Network: www.permacultureglobal.com
Permaculture Research Institute: www.permaculture.org.au
Permaculture Activist (USA): www.permacultureactivist.net
TED (many inspiring talks): www.ted.com

Bildnachweise

Alle Fotos und Abbildungen © Aranya, außer:
Aranya's Fotos von Arbeiten der Kursteilnehmer
– S. 141-144,147-8,155 / Crap Cycle Lanes (Eye Books) – S. 59 / istockphoto
– S. x,xi,2,4,7,10,30,46,47,56,80,92,112,138,152,162,166,172,183,185,186 /
Colleen Stevenson – S. 14 / www.magneticdeclination.com website – S. 49 / Desbois
design – S. 64,69 / Darren Doherty – S. 145

ISBN 978-3-922201-94-6

Von Nikolay Kurdyumov. 384 Seiten plus 16 Seiten Kunstdrucktafeln mit 44 Farbfotos. Aufgelockert mit 80 witzigen Cartoons. Format 14,8 x 21,0 cm. Softcover

Der bekannte russische Gärtner und Gartenbuchautor Nikolay Kurdyumov präsentiert viele praktisch umsetzbare Anleitungen, zahlreiche Ratschläge, Tipps und Tricks aus seinem naturgemäßen Selbstversorger- und Permakulturgarten in Russland. Der Autor teilt mit seinen Lesern eine große Fülle von selbst gewonnenen und erworbenen Erfahrungen. Außerdem lässt er bewährte Gartenweisheiten und altes Wissen vieler russischer Gartenpraktiker der letzten 100 Jahre wieder aufleben. Sein Humor und seine positive Haltung sind ansteckend!

ISBN 978-3-922201-50-2

Von Herwig Pommeresche. 224 Seiten plus 16 Seiten Kunstdrucktafeln mit 70 Farbfotos. Format 14,8 x 21,0 cm. Hardcover

Der Autor hat herausgefunden, dass wir offenbar ein unzureichendes Verständnis von den Mechanismen haben, mit denen Pflanzen ihre Nährstoffe aufnehmen und verarbeiten. Pflanzen können, vereinfacht gesagt, durch „Umstülpung" ihrer Feinwurzelzellen größere Nahrungspartikel aufnehmen und ins Zellinnere befördern. So können auch größere Moleküle und sogar ganze Zellen (wie Bakterien) aufnehmen, und zwar – und das ist das Interessante daran – auch in lebendiger Form. Müssen wir diese Erkenntnisse zum Anlass nehmen, unsere landwirtschaftliche Praxis auf den Prüfstand zu stellen?

ISBN 978-3-922201-95-3

Von Vivian Böllersen. 160 Seiten mit 61 Farbabbildungen und 13 Tabellen. Format 14,8 x 21,0 cm. Softcover

Das Buch beinhaltet einen unterhaltsamen Einblick in die Kultur- und Nutzungsgeschichte der Walnuss in Deutschland. Dem Ursprung, der Morphologie und dem Konsum von Walnüssen werden anschauliche Seiten gewidmet, im Mittelpunkt steht aber die Darstellung der Anbausituation in Deutschland sowie die instruktive Schilderung von konkreten Kulturführungsmaßnahmen, wie sie bis dato in Deutschland erhoben und erforscht wurden. Weitere Schwerpunkte liegen in der Übersicht der Krankheits- und Schaderreger sowie bei der möglichen Nutzung der Walnuss als Holzproduzent.

ISBN 978-3-922201-09-0

Von Erhard Hennig. 206 Seiten. Zahlreiche Farb- und SW-Fotos auf Kunstdrucktafeln. Format 14,8 x 21,0 cm. Hardcover

Das von einem jahrzehntelangen Kenner und anerkannten Fachmann spannend geschriebene Lehr- und Lesebuch gibt einen nahezu umfassenden und dabei praktisch umsetzbaren Einblick in den schon als schicksalshaft zu bezeichnenden Kreislauf Boden – Pflanze – (Tier) – Mensch. Der Öko-Landbau-Pionier Erhard Hennig lässt seine Leser am faszinierenden, geheimnisvollen Leben noch gesunder Böden teilhaben. Er vermittelt in diesem Buch das Wissen unserer garten- und ackerbautreibenden Großeltern zur fachlich richtigen Anwendung der Kompost- und Humuswirtschaft.

ISBN 978-3-922201-21-2

Von Margarete Langerhorst. 232 Seiten, zahlreiche Farbfotos. Format 14,8 x 21,0 cm. Softcover

Die Autorin entwickelte mit ein gut durchdachtes gärtnerisches Mischkulturenkonzept nach dem Vorbild der Natur. So entstehen in jeder neuen Gartensaison Lebensgemeinschaften von Nutzpflanzen, die optimal zueinander passen, sich gegenseitig unterstützen, in ihrer Entwicklung fördern und vor bestimmten „Schädlingen" und Krankheiten schützen. Die Autorin hat ihre Mischkulturenpraxis, die für kleine wie größere Gärten gleichermaßen geeignet ist, nahezu bis zur Perfektion entwickelt. Wichtige Fragen der Ernährung sind ebenso Bestandteil des hoch informativen Buches wie eine Schilderung über den Lebensstil der Autorin und ihrer großen Familie, die sich vegan ernährt.

ISBN 978-3-922201-31-1

Von Gerda Kleber und Dr. Eduard W. Kleber. 256 Seiten. Zahlreiche Zeichnungen, Skizzen und Tabellen. 8 farbige Foto-Kunstdrucktafeln. Format 17,0 x 24,0 cm. Hardcover

Das erste grundlegende Permakultur-Handbuch von deutschsprachigen Autoren für die gemäßigte Klimazone! Es handelt sich um ein gut durchdachtes Mischkonzept aus der Biogarten- und Permakulturpraxis, das in erster Linie die Erzeugung von qualitativ hochwertigem Gemüse und Obst im Selbstversorgergarten zum Ziel hat. Die ökologischen Aspekte werden dabei als Chance erkannt mit und nicht gegen die Natur zu arbeiten. Ein wichtiger Faktor in diesem Konzept ist der gelungene Versuch, möglichst viele Gartenelemente miteinander zu vernetzen, und deren Mehrfachfunktionen zu erkennen und sinnvoll zu nutzen.

ISBN 978-3-922201-87-8

Von Helmut Schimmel. 184 Seiten mit zahlreichen, vierfarbigen Abbildungen. Format 14,8 x 21,0 cm. Softcover.

Der Autor beschäftigt sich seit vielen Jahren mit der Pflege und der Vermehrung von Kompstwürmern sowie mit der Erzeugung von wertvollem Wurmhumus. Er schöpft aus seinem großen, über Jahrzehnte erworbenen Wissensschatz, von dem er mehr als reichlich an seine Leser abgibt. Seine Mitarbeiter gehören der Erdwurmart *Eisenia foetida* an.
Diese kleinen Würmer sind in der Humuswirtschaft unentbehrlich. Sie sind für die Verbesserung der Bodenfruchtbarkeit grundsätzlich von großer Bedeutung. Die Wurmkompostierung ist zudem eine hervorragende Alternative zu herkömmlichen Kompostierungsverfahren, die im Allgemeinen unter teils hohen Energieverlusten leiden.

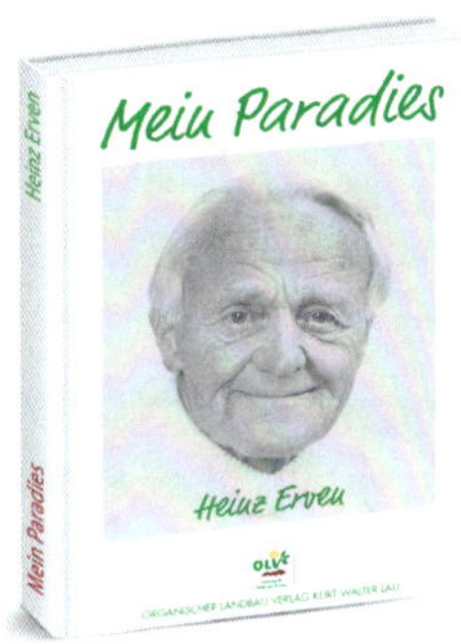

ISBN 978-3-922201-91-5

Von Heinz Erven. 120 Seiten. Ca. 50 farbige Abbildungen. Format 21,0 x 14,8 cm. Softcover

Diplom-Landwirt Heinz Erven, ein Pionier und Selbstversorger auf dem Gebiet des naturgemäßen und permakulturellen Anbaus von Obst und Gemüse, bewirtschaftete bei Remagen am Rhein ein 6,5 Hektar großes Gelände. Seit 1948 arbeitete er ohne jeden Einsatz von salzhaltigen Düngemitteln und ohne Herbizide, Insektizide oder Fungizide. In seinem schon damals mit Spannung erwarteten Buch gibt er seine 32-jährige Erfahrung weiter, illustriert mit zahlreichen farbigen Abbildungen in vorwiegend Original-Aufnahmen aus seinem Betrieb.

ISBN 978-3-922201-89-2

Von Kurt Kuhn. 192 Seiten. Zahlreiche Farbabbildungen und Skizzen. Format 14,8 x 21,0 cm. Softcover

Dieses Buch eines langjährig erfahrenen Praktikers im Obstbau wendet sich in erster Linie an Selbstversorger, die in ihrem Selbstversorgergarten oder auf eigener Baumwiese gesundes und leckeres Obst natürlich und nachhaltig erzeugen möchten. Seinen großen Fundus an Erfahrungen gibt der Autor in Form von gut nachvollziehbaren Empfehlungen, Tipps und Tricks an seine Leser weiter. Anfänger auf dem Gebiet des Selbstversorger-Obstbaus finden so einen raschen Einstieg in die eigene Praxis. Doch auch der schon erfahrene Obstliebhaber bekommt in diesem Buch zahlreiche Anregungen und Denkanstöße angeboten, die er möglicherweise so noch nicht erhalten hat.

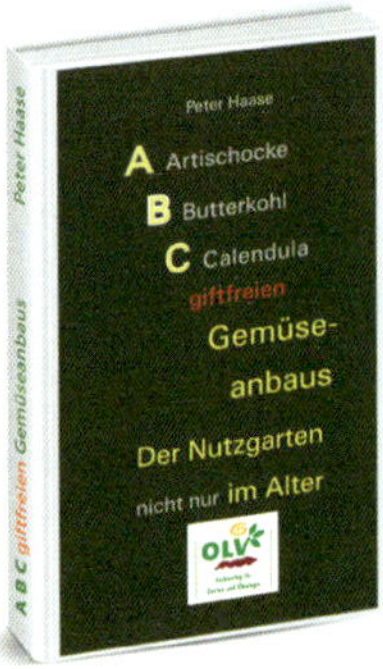

ISBN 978-3-922201-81-6

Von Peter Haase. 272 Seiten. 327 Fotos. 16 Zeichnungen, 49 schematische Darstellungen. 6 Seiten Anbautabellen. Format 10,5 x 19,0 m. Softcover

Das Buch ist eine „kleine Schatzkiste" für die Jackentasche! Im Mittelpunkt steht die alphabetisch geordnete und reich bebilderte Beschreibung vom 145 Kräuter-und Gemüsearten und -Sorten mit allem, was man wissen sollte: von der Aussaat, Pflege bis zur Ernte. Dabei wird der Kartoffel besondere Aufmerksamkeit zuteil.
Das Büchlein lebt u. a. von dem erstaunlich reichem Erfahrungswissen des Autors, von unzähligen Ratschlägen und Hinweisen, alles recht individuell und originell beschrieben! Ein weiterer Schwerpunkt des Buches sind fundierte Ratschläge aus der jahrzehntelangen Praxis des Autors zu nahezu alle anfallenden Gartenarbeiten.

ISBN 978-3-922201-84-7

Von Margareth Sekera. 104 Seiten. Viele SW-Skizzen, Tabellen und Fotos. Format 14,8 x 21,0 cm. Softcover

Das vorliegende Werk gibt alle notwendigen Hinweise zur Beurteilung der Bodenstruktur und zeigt dabei klar und nachvollziehbar die Krankheitsbilder im Boden auf. Praktische Hinweise zur Heilung des Gareschwundes, biologisch richtige Bodenbearbeitung und die Zusammenstellung von „Gesundungs-Fruchtfolgen" geben dem Landwirt und Gärtner wertvolle Ratschläge zu zeitgemäßer Bewirtschaftung und zur unerlässlichen Erhaltung der überlebensnotwendigen Bodenfruchtbarkeit.

ISBN 978-3-922201-02-1

Von Raoul H. Francé. 104 Seiten. Doppelband. Viele Abbildungen nach Zeichnungen des Verfassers. Tabellen und Fotos. Format 14,8 x 21,0 cm. Hardcover

Diese für alle naturkundlich und landbaulich Interessierten bestimmte Texte in diesem Doppelband, mit den vom Verfasser nach der Natur angefertigten Zeichnungen, beruht auf der unendlich geduldigen Kleinarbeit des Forschers. Nur wer in der Forschung so verankert ist wie R. H. Francé es war, kann es sich erlauben, so allgemeinverständlich, ja fesselnd zu schreiben, ohne jemals den festen Boden unter den Füßen zu verlieren. Diese beiden Schriften bilden nicht nur die Basis für ein Verständnis der großartigen Zusammenhänge der Lebensgemeinschaften intakter Böden, sondern auch die naturkundlichen Grundlagen für eine Bodenbearbeitung ohne Bodenwendung, Bodenbedeckung, Gründüngung und Kompostierung, alles wichtige Methoden des ökologischen Land- und Gartenbaus.